Eis a vossa Mãe

Dados Internacionais de Catalogação na Publicação (CIP)
(Câmara Brasileira do Livro, SP, Brasil)

Schmitt, Domingos
  Eis a vossa Mãe : a ladainha lauretana para os devotos de Maria / Domingos Schmitz. – Petrópolis, RJ : Vozes, 2024.

  ISBN 978-85-326-6791-5

  1. Cristianismo 2. Devoções diárias – Cristianismo
  3. Escrituras cristãs 4. Espiritualidade – Igreja Católica – Meditações 5. Literatura devocional
  6. Palavra de Deus 7. Virgem Maria I. Título.

23-187876   CDD-232.91

Índices para catálogo sistemático:

1. Virgem Maria : Devoção : Cristianismo   232.91
Aline Graziele Benitez – Bibliotecária – CRB-1/3129

Frei Domingos Schmitz, OFM

Eis a vossa Mãe
A Ladainha Lauretana para os devotos de Maria

por Frei Domingos Schmitz, OFM

Petrópolis

© 2024, Editora Vozes Ltda.
Rua Frei Luís, 100
25689-900 Petrópolis, RJ
www.vozes.com.br
Brasil

Todos os direitos reservados. Nenhuma parte desta obra poderá ser reproduzida ou transmitida por qualquer forma e/ou quaisquer meios (eletrônico ou mecânico, incluindo fotocópia e gravação) ou arquivada em qualquer sistema ou banco de dados sem permissão escrita da editora.

Imprimatur
Por comissão especial do Exmo. e Revmo. Sr. Bispo de Nictheroy, D. José Pereira Alves. – Petrópolis, 20 de junho de 1937. –
Frei Oswaldo Schlenger, O.F.M.

CONSELHO EDITORIAL

Diretor
Volney J. Berkenbrock

Editores
Aline dos Santos Carneiro
Edrian Josué Pasini
Marilac Loraine Oleniki
Welder Lancieri Marchini

Conselheiros
Elói Dionísio Piva
Francisco Morás
Gilberto Gonçalves Garcia
Ludovico Garmus
Teobaldo Heidemann

Secretário executivo
Leonardo A.R.T. dos Santos

PRODUÇÃO EDITORIAL

Aline L.R. de Barros
Marcelo Telles
Mirela de Oliveira
Otaviano M. Cunha
Rafael de Oliveira
Samuel Rezende
Vanessa Luz
Verônica M. Guedes

Conselho de projetos editoriais
Luísa Ramos M. Lorenzi
Natália França
Priscilla A.F. Alves

Editoração: Giulia Araújo
Diagramação: Editora Vozes
Revisão gráfica: Nilton Braz da Rocha
Capa: Pedro Oliveira

ISBN 978-85-326-6791-5

Este livro foi composto e impresso pela Editora Vozes Ltda.

℣. Senhor, ℟. *tende piedade de nós.*
℣. Cristo, ℟. *tende piedade de nós.*
℣. Senhor, ℟. *tende piedade de nós.*
℣. Cristo, ℟. *ouvi-nos.*
℣. Cristo, ℟. *atendei-nos.*
℣. Deus Pai do céu, ℟. *tende piedade de nós.*
℣. Deus Filho Redentor do mundo, ℟. *tende piedade de nós.*
℣. Deus Espírito Santo, ℟. *tende piedade de nós.*
℣. Santíssima Trindade, que sois um só Deus,
  ℟. *tende piedade de nós.*

℣. Santa Maria, ℟. *rogai por nós.*
℣. Santa Mãe de Deus, ℟. *rogai por nós.*
℣. Santa Virgem das virgens, ℟. *rogai por nós.*
℣. Mãe de Cristo, ℟. *rogai por nós.*
℣. Mãe da Igreja, ℟. *rogai por nós.*

℣. Mãe de misericórdia, ℟. *rogai por nós.*
℣. Mãe da divina graça, ℟. *rogai por nós.*
℣. Mãe da esperança, ℟. *rogai por nós.*
℣. Mãe puríssima, ℟. *rogai por nós.*
℣. Mãe castíssima, ℟. *rogai por nós.*
℣. Mãe sempre virgem, ℟. *rogai por nós.*
℣. Mãe imaculada, ℟. *rogai por nós.*
℣. Mãe digna de amor, ℟. *rogai por nós.*
℣. Mãe admirável, ℟. *rogai por nós.*
℣. Mãe do bom conselho, ℟. *rogai por nós.*
℣. Mãe do Criador, ℟. *rogai por nós.*
℣. Mãe do Salvador, ℟. *rogai por nós.*
℣. Virgem prudentíssima, ℟. *rogai por nós.*
℣. Virgem venerável, ℟. *rogai por nós.*
℣. Virgem louvável, ℟. *rogai por nós.*
℣. Virgem poderosa, ℟. *rogai por nós.*
℣. Virgem clemente, ℟. *rogai por nós.*
℣. Virgem fiel, ℟. *rogai por nós.*
℣. Espelho de perfeição, ℟. *rogai por nós.*
℣. Sede da sabedoria, ℟. *rogai por nós.*
℣. Fonte de nossa alegria, ℟. *rogai por nós.*

℣. Vaso espiritual, ℟. *rogai por nós.*

℣. Tabernáculo da eterna glória, ℟. *rogai por nós.*

℣. Moradia consagrada a Deus, ℟. *rogai por nós.*

℣. Rosa mística, ℟. *rogai por nós.*

℣. Torre de Davi, ℟. *rogai por nós.*

℣. Torre de marfim, ℟. *rogai por nós.*

℣. Casa de ouro, ℟. *rogai por nós.*

℣. Arca da aliança, ℟. *rogai por nós.*

℣. Porta do céu, ℟. *rogai por nós.*

℣. Estrela da manhã, ℟. *rogai por nós.*

℣. Saúde dos enfermos, ℟. *rogai por nós.*

℣. Refúgio dos pecadores, ℟. *rogai por nós.*

℣. Socorro dos migrantes, ℟. *rogai por nós.*

℣. Consoladora dos aflitos, ℟. *rogai por nós.*

℣. Auxílio dos cristãos, ℟. *rogai por nós.*

℣. Rainha dos anjos, ℟. *rogai por nós.*

℣. Rainha dos patriarcas, ℟. *rogai por nós.*

℣. Rainha dos profetas, ℟. *rogai por nós.*

℣. Rainha dos apóstolos, ℟. *rogai por nós.*

℣. Rainha dos mártires, ℟. *rogai por nós.*

℣. Rainha dos confessores da fé, ℟. *rogai por nós.*

℣. Rainha das virgens, ℟. *rogai por nós.*

℣. Rainha de todos os santos, ℟. *rogai por nós.*

℣. Rainha concebida sem pecado original, ℟. *rogai por nós.*

℣. Rainha assunta ao céu, ℟. *rogai por nós.*

℣. Rainha do Santo Rosário, ℟. *rogai por nós.*

℣. Rainha da paz, ℟. *rogai por nós.*

℣. Cordeiro de Deus, que tirais os pecados do mundo,
℟. *perdoai-nos, Senhor.*

℣. Cordeiro de Deus, que tirais os pecados do mundo,
℟. *ouvi-nos, Senhor.*

℣. Cordeiro de Deus, que tirais os pecados do mundo,
℟. *tende piedade de nós.*

℣. Rogai por nós, santa Mãe de Deus,
℟. *para que sejamos dignos das promessas de Cristo.*

Sumário

Nota do editor, 13

Poucas palavras, 15

1. Eu sou a flor do campo 17

2. Ladainha de Nossa Senhora 22

3. Senhor, tende piedade de nós 27

4. Pai dos céus, que sois Deus: tende piedade de nós 32

5. Santa Maria, rogai por nós 36

6. Santa Maria, rogai por nós 41

7. "Maria" 46

8. Santa Maria, rogai por nós 51

9. Santa Mãe de Deus, rogai por nós 56

10. Santa Virgem das Virgens, rogai por nós 61

11. Mãe de Jesus Cristo, rogai por nós 66

12. Mãe da divina graça, rogai por nós 71

13. Mãe puríssima, rogai por nós 76

14. Mãe castíssima, rogai por nós 81

15. Mãe imaculada, rogai por nós 86

16. Mãe intacta, rogai por nós 91

17. Mãe amável, rogai por nós 97

18. Mãe admirável, rogai por nós 102

19. Mãe do bom conselho, rogai por nós 107

20. Mãe do Criador, rogai por nós 112

21. Mãe do Salvador, rogai por nós 117

22. Virgem prudentíssima, rogai por nós......................122

23. Virgem venerável, rogai por nós 127

24. Virgem louvável, rogai por nós.................................131

25. Virgem poderosa, rogai por nós................................135

26. Virgem benigna, rogai por nós 143

27. Virgem fiel, rogai por nós.......................................149

28. Espelho de justiça, rogai por nós 155

29. Sede da sabedoria, rogai por nós...............................160

30. Causa da nossa alegria, rogai por nós........................165

31. Vaso espiritual, rogai por nós..................................170

32. Vaso honorífico, rogai por nós.................................174

33. Vaso insigne de devoção, rogai por nós!....................179

34. Rosa mística, rogai por nós......................................183

35. Torre de Davi, rogai por nós....................................188

36. Torre de marfim, rogai por nós.................................193

37. Casa de ouro, rogai por nós.....................................197

38. Arca da aliança, rogai por nós...................................202

39. Portas do céu, rogai por nós 211

40. Estrela da manhã, rogai por nós 216

41. Saúde dos enfermos, rogai por nós 220

42. Refúgio dos pecadores, rogai por nós........................224

43. Consoladora dos aflitos, rogai por nós......................229

44. Auxílio dos cristãos, rogai por nós...........................234

45. Rainha dos anjos, rogai por nós................................239

46. Rainha dos patriarcas, rogai por nós.........................244

47. Rainha dos profetas, rogai por nós 248

48. Rainha dos apóstolos, rogai por nós 253

49. Rainha dos mártires, rogai por nós............................257

50. Rainha dos confessores, rogai por nós 263

51. Rainha das virgens, rogai por nós............................268

52. Rainha de todos os santos, rogai por nós.................273

53. Rainha de santidade...279

54. Rainha vestida de glória 283

55. Rainha concebida sem pecado original, rogai por nós ..288

56. Candor de luz eterna...293

57. Rainha do Santo Rosário, rogai por nós 298

59. Os benefícios da recitação do Rosário......................303

60. Rainha da paz, rogai por nós 307

61. Cordeiro de Deus, que tirais o pecado do mundo!....312

À minha excelsa Mãe,
em sinal de veneração e amor filial,
humilde oferta do mais indigno
de seus filhos,

O autor

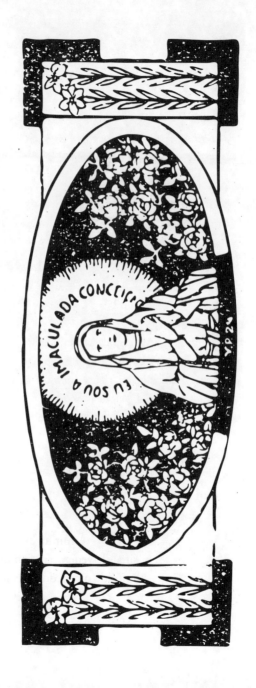

Nota do editor

Repleta de riquezas e simbolismos que foram se construindo ao longo da história do catolicismo, a ladainha lauretana traz vários títulos e nomes pelos quais os cristãos se dirigem a Nossa Senhora.

Em 1919, a Editora Vozes publicou pela primeira vez a obra *Eis a vossa Mãe*, escrita por Frei Domingos. A princípio, a obra era um roteiro de reflexões para o mês de maio que tomava por base cada invocação da ladainha de Nossa Senhora.

Embora algumas invocações tenham sofrido alterações em comparação à ladainha que é rezada atualmente, a versão de Frei Domingos é rica e merecia ser reeditada. Obra de uma especial beleza literária e religiosa, *Eis a vossa Mãe* oferece a você leitor, devoto de Maria, ricas reflexões com embasamento doutrinal, teológico e espiritual. Desejamos que esse caminho pelas preces marianas alimente a devoção à Virgem.

Santa Maria, rogai por nós!

Poucas palavras

Sirvam de preâmbulo, a esta ligeira explicação dos títulos que compõem a ladainha de Nossa Senhora, as poucas palavras que nesse lugar julgo indispensável dizer.

Tem-se dito e escrito muito e belamente sobre a dignidade e glória de Maria; há brilhantes produções literárias publicadas em sua honra, em vista do que essa simples exposição, que aqui ofereço aos seus devotados servos, figura apenas como um balbuciar de criança. Nossa Mãe Celestial, porém, não desprezará o humilde trabalho do último e mais indigno de seus filhos, pois, ditou-o unicamente o ardente desejo de lhe aumentar o número de devotos, mostrando-lhes, nas invocações da ladainha lauretana, a sua grandeza, tal qual a ensina a Santa Igreja.

Poderão outros fazer coisa melhor, com mais talento, eloquência e primor; mas eu escrevi com todo o meu coração!

Na interpretação dos diferentes títulos procurei esclarecer o sentido dogmático de cada um, baseando-me sempre nas palavras da Sagrada Escritura, da Santa Igreja e dos Santos Padres.

A posição de Maria é tão elevada, sua santidade, dignidade e poder tamanhos que não se necessita recorrer a lendas e fantasias. Pelo contrário, a devoção baseada na doutrina da Santa Igreja, que relativamente a Maria exprime tudo o que se pode dizer de uma simples criatura elevada por Deus à maior dignidade que uma inteligência criada pode conceber, tem mais fundamento e maior firmeza.

Oferecendo a ladainha belo assunto para as noites do mês de maio, acomodei-a a este fim, desenvolvendo matéria para quatro meses, de modo a não ser preciso repetir cada ano a mesma leitura.

E, como em muitas igrejas, máxime entre os devotos de Nossa Senhora, há o louvável costume de se prepararem para as festas marianas com uma novena, ajuntei ainda algumas considerações para as principais festas, indicando igualmente as explicações da ladainha apropriadas ao mesmo fim.

Na última parte coligi um devocionário com as orações mais usadas e necessárias ao cristão, julgando formar assim um livro mais completo para o devoto de Maria que desejar acompanhar os exercícios públicos em sua honra, eximindo-o do incômodo de levar consigo dois ou mais livros.

Sei que este trabalho tem numerosas lacunas; não obstante, o verdadeiro devoto de Nossa Senhora, qual laboriosa abelha, poderá tirar dele o mel do amor de Deus e a Maria Santíssima. Que a excelsa Mãe de Deus, nossa Mãe Celestial, seja cada vez mais venerada, amada e invocada! Queira ela, a cujos pés deponho esta modesta oferta, abençoá-la, bem como a seus piedosos leitores e a seu humilde autor.

Nos cum prole pia
Benedicat Virgo Maria

Petrópolis, 6 de janeiro de 1919.

1. Eu sou a flor do campo

Toda a natureza geme, diz o Apóstolo São Paulo! Na verdade, pesa sobre ela a maldição divina, provocada pelo pecado de Adão: *A terra será maldita em teu nome* (Gn 3,17).

Dessa maldição, que atingiu a todos os seres, mesmo os irracionais, apenas a flor parece ter ficado isenta. Como o seu encanto atrai as nossas vistas e como o seu doce perfume nos inebria o coração! Nascendo da terra, ergue a sua haste, levanta-se sobre a poeira, abre o seu cálice à luz do sol, absorve o orvalho matutino e reveste-se da mais bela cor, enchendo com a doce fragrância do seu perfume o ambiente no qual nada há que aborreça ou lembre a maldição do paraíso.

Bela imagem de **Maria, que é a flor de toda a criação** visível e invisível! Isenta do infortúnio comum, ela sobrepuja as outras criaturas em pureza e santidade. Desde o primeiro instante de sua existência, dirigiu o coração para a divina luz, embebendo sua puríssima alma no orvalho da graça e da amizade de Deus.

Como a flor se destaca entre as plantas formando sua coroa e a açucena se ergue entre os espinhos, assim Maria se distingue das almas santas, sobrelevando todas, para tornar-se a auréola de toda a beleza e santidade. Ela mesma declara, com as seguintes palavras da Sagrada Escritura: *Eu sou a flor do campo e a açucena dos vales* (Ct 2,1).

E no Livro do Eclesiástico continua: *Crescendo me elevei como o cedro do Líbano e como o cipreste no Monte Sião, para o alto lancei os meus ramos como a palmeira em Cades, como as roseiras em Jericó; elevei-me como formosa oliveira nos campos e como o plátano nas praças à borda das águas* (Eclo 24). O Espírito Santo, comparando-a à açucena, diz: *Como a açucena entre os espinhos, assim é a minha amiga entre as filhas* (Ct 2,2).

Em homenagem, pois, à flor do campo e à açucena dos vales, a Igreja consagrou o belo mês de maio, mês das flores e das alegrias. Foi realmente uma escolha feliz! Quem mais digna de receber nossas homenagens, nossos louvores e nossas flores do que Maria, a mística flor, Rainha de todos os santos, excelsa Mãe de Deus e nossa Mãe amável? Quem mais merecedora das primícias da formosa primavera, das mimosas flores dos nossos jardins, do doce perfume das nossas rosas, da riqueza da nossa flora, do que Maria, perene primavera cheia de flores espirituais e cujo coração é um jardim delicioso, onde viçosamente desabrocham, fragrantes, as belíssimas flores de todas as virtudes?

A flor simboliza a virtude, ainda por isso é uma expressiva **e bela imagem de Maria**. Em seu coração imaculado encontramos todas as virtudes plantadas e cultivadas pelo Espírito Santo.

Do mesmo modo que a flor, Maria encanta e atrai, o seu doce perfume enche o céu e a terra, e causa mesmo admiração aos anjos. *Quem é esta que sobe pelo deserto, qual varinha de fumo, composta de aromas de mirra, de incenso e de toda a casta de polvilhos odoríferos,* perguntam eles uns aos outros.

Efetivamente! Não é apenas esta ou aquela virtude que em Maria admiramos; ela traz consigo *toda a casta de polvilhos odoríferos*: a humildade da violeta; a majestade da rosa, seu admirável amor; o girassol, sua fé e confiança; o lírio, sua inatingível pureza; o cravo, sua imperturbável paciência; enfim, todas as virtudes, na plenitude de sua cor e fragrância. Com efeito! Maria é o jardim fechado "*hortus conclusus*", mais rico em flores do que o próprio paraíso. É o "jardim místico", o encanto dos anjos, a glória da humanidade. Ela apresenta o seu virginal coração cercado de lírios e ornado de todas as flores espirituais. É assim que pode dizer: "Eu sou a Mãe do amor formoso, do temor, do conhecimento e da santa esperança. Em mim se encontra toda a graça do caminho e da verdade; em mim toda a esperança da vida e da virtude. Passai por mim, vós todos que me cobiçais, e vos encheis de frutos meus, porque meu espírito é mais doce do que o mel e a minha herança vence em doçura o mel e o favo" (Eclo 24,20).

Resolução: *A primeira flor que oferecemos a Maria é o nosso coração.*

Mística flor

Maria, a mística flor, não somente encanta, mas atrai e induz à imitação. Assim como não se pode contemplar a Virgem Puríssima no esplendor de suas virtudes, sem a amar e procurar imitar essas virtudes. Não nos é possível contemplar este místico jardim, admirar suas belas flores, sem sentirmos um grande desejo de as transplantar para o nosso coração.

A devoção a Maria é também uma virtude e como tal produz este belo efeito: enobrece os sentimentos, eleva nossa mente do baixo, do comum, às alturas da perfeição, tornando-a desejável ao nosso coração. Sendo, pois, uma virtude, tem os seus graus e na sua perfeição apresenta o fruto: a imitação de Maria. É moralmente impossível nutrir no coração uma filial devoção a Nossa Senhora, honrá-la, obsequiá-la com atos de piedade e ao mesmo tempo amar o pecado. A meditação da sua vida, a contínua invocação do seu santo nome e as pequenas devoções instituídas em sua honra levam o cristão e o pecador mais obstinado a detestar o vício e a agradar a sua Mãe Celestial. Os próprios santos encontraram no culto mariano o maior estímulo para a sua santificação. Atraídos pela beleza das exímias virtudes de sua "Rainha" tomavam-na como modelo de perfeição e esforçavam-se por seguir as suas pisadas, afirmando com a Sagrada Escritura: *In odorem unguentorum tuorum currimus.*

Desde a infância que Santa Rosa de Lima teve grande devoção por Maria Santíssima e, como considerava tudo com os olhos da fé, via nas flores, particularmente na rosa, o símbolo de Maria, por isso o seu maior prazer era enfeitar a sua santa imagem com esta flor.

Procurando uma vez, no dia 1º de maio, umas rosas para satisfazer o seu piedoso costume e não encontrando nenhuma, dignou-se Deus operar um milagre para contentar o santo desejo de Rosa, fazendo brotar no lugar por ela apontado três daquelas belíssimas flores. A santa apanhou-as e, colocando-as aos pés da Virgem Imaculada, disse:

Quem me dera oferecer-vos com estas rosas todos os corações e inflamá-los no vosso amor!

Neste mês tudo nos convida a oferecer a Maria as flores dos nossos jardins.

Oxalá tivéssemos os nobres sentimentos de Santa Rosa, vendo nas diferentes flores que enfeitam o altar de Nossa Senhora outras tantas virtudes, e procurássemos cultivá-las em nosso coração! O perfume da virtude atrai-a mais do que todas as flores nascidas nos espinhosos campos de nossa terra e que rescendem suave aroma junto à sua imagem.

Se celebrarmos desse modo o mês de Maria, as flores que a ela oferecermos estarão dignamente colocadas a seus pés, como intérpretes genuínas dos sentimentos gratos e amorosos de nossos corações.

Resolução: Praticar cada dia uma virtude determinada para no fim do mês oferecer um ramalhete espiritual a Maria, Rainha das flores.

2. Ladainha de Nossa Senhora

Uma das orações mais belas e mais tocantes que o povo cristão consagra à Virgem Santíssima é a ladainha lauretana. É um colar de pérolas e de pedras preciosas, um conjunto admirável de gemas que lhe oferece a Igreja de Jesus; é o preito mais eloquente de quanto a venera, dirigindo-lhe em fervorosas súplicas títulos que constituem, separadamente, uma apoteose à sua grandeza, santidade e poder; é, enfim, uma completa mariologia que nos mostra o lugar eminente que Maria ocupa no universo, particularmente na ordem da salvação.

Esses títulos ou invocações, de que é formada a ladainha, oferecem às almas piedosas um belo e edificante assunto de meditação, especialmente para as belas noites do mês de maio.

É conveniente que conheçamos em primeiro lugar a significação de ladainha em geral, para depois estudarmos esta sua origem, seu uso e as graças que a sua devota recitação nos merece. Um exato estudo nos revelará novas grandezas em Maria, a nossa confiança em seu poder e bondade aumentará e com maior prazer e devoção recitaremos esta belíssima prece.

Ladainha significa, no seu sentido próprio, rogação ou súplica, e consiste em uma oração rezada alternativamente pelo sacerdote e pelo povo, na qual se invoca a misericórdia de Deus, recorrendo diretamente a Ele, ou aos santos, como seus amigos e nossos advogados.

O uso da ladainha é muito antigo, já o encontramos nas liturgias da primeira era cristã, em que tinham a forma diferente de hoje, mas começavam sempre com a invocação: *Kyrie eleison*. Senhor, tende piedade de nós. Também é antiquíssimo o costume de concluir a ladainha rezando três vezes o **Agnus Dei**.

A Igreja, em suas instruções relativamente à prática das ladainhas, proibiu o exercício público de quase todas, aprovando apenas cinco, que podem ser rezadas altamente em todos os templos. Uma, a mais antiga, pertence mesmo à liturgia; é a ladainha de todos os santos, que se reza na consagração da igreja, na sagração dos bispos, na ordenação, na bênção da água batismal, nos dias de rogações etc.

A mais recitada, porém, embora tenha aparecido em segundo lugar, é a ladainha de Nossa Senhora. Ignora-se a sua origem e o seu autor; sabe-se, entretanto, que já no século XII era ela conhecida. Iniciada em Loreto, de onde o seu nome de ladainha lauretana, era ela solenemente cantada na santa casa de Nazaré.

Saudamos a Maria e imploramos a sua poderosa intercessão junto ao trono de Deus, em 48 invocações, algumas das quais são dos últimos tempos. O Papa Pio V mandou acrescentar à ladainha a invocação – "*Auxilium christianorum*", Auxílio dos cristãos – porque foi por intermédio de Maria que se obteve a grande vitória sobre os turcos em Lepanto. "*Regina sine labe originali concepta*", Rainha concebida sem pecado, é do Papa Pio IX. Também Leão XIII ajuntou mais dois títulos – "*Regina sacratissimi rosarii*", Rainha do Santo Rosário – e – "*Mater boni cosilii*", Mãe do bom conselho.

Ultimamente, Bento XV mandou ajuntar a súplica – "*Regina pacis*", Rainha da paz – esperando obter por intermédio de Maria o termo do terrível flagelo que assolou a humanidade.

O direito de acrescentar invocações está reservado unicamente ao papa.

A história prova e documenta que não foi em vão que a Igreja deu a Nossa Senhora estes honrosos títulos; jamais a sua confiança foi iludida.

Resolução: *Meditar nas invocações desta ladainha, para melhor conhecer a grandeza de Maria.*

Disposição da ladainha

Recitando com atenção as quarenta e oito invocações de que a ladainha é composta descobre-se, facilmente, uma admirável ordem e harmonia entre elas. Embora oração originada da devoção do povo, manifesta certa inspiração divina, tão acertada, profunda e completa é a sua doutrina sobre Nossa Senhora. É uma perfeita mariologia.

Em primeiro lugar encontramos três títulos que encerram todos os outros, porquanto realçam a santidade, divina maternidade e perpétua virgindade de Maria.

Seguem-se mais onze, que elevam a sua grandeza de Mãe de Deus; os seis seguintes engrandecem a sua imaculada virgindade. Vemos ainda outros, em número de dez, tirados da Sagrada Escritura, no Antigo Testamento.

Nestes, Maria nos é apresentada na sua beleza de modelo das virtudes. Em mais sete, que particularmente enchem as nossas almas de ilimitada confiança na sua grande misericórdia, se mostra o seu poder e a sua bondade para com os cristãos. Por fim, vemos Nossa Senhora na sua glória de Rainha do céu e da terra, digna de veneração dos homens no tempo, e da dos santos e anjos na eternidade. Por conseguinte, esta ladainha deve agradar imensamente ao coração do cristão, devoto de Maria, e satisfazer plenamente a sua piedade. Se desejamos proclamar a excelsa dignidade da Virgem Mãe, a ladainha nos põe nos lábios os mais honrosos títulos! Se queremos animar a nossa confiança, ela nos fala do amor e bondade de Nossa Senhora nos mais tocantes termos; se queremos, enfim, exaltar a sua imensa glória, ainda a ladainha nos aponta a Rainha do universo. Rezar, portanto, piedosamente esta oração é louvar a Maria, é congratular-se com a sua glória, é recorrer à sua poderosa proteção e encher a alma oprimida de coragem e consolação.

Sabemos de diversos santos que tinham grande predileção por essa ladainha. Assim, entre outros, São Geraldo que, para expulsar os demônios ou para alcançar outra qualquer graça importante, recorria frequentemente à sua piedosa recitação. Com São Paulo da Cruz deu-se um fato que merece ser citado, por ser deveras comovente e porque revela o valor da recitação devota de tão majestosa oração.

Eis o caso: uma senhora e duas filhas guardavam, no coração, terrível ódio a um condenado, marido e assassino de sua filha e irmã. Várias tentativas fez o santo para conseguir o seu perdão, ao que elas respondiam irascivelmente: vingança! E sua cólera crescia na razão direta dos conselhos do piedoso homem. Ele depositou, então, toda a sua confiança em Maria, a quem recitava a ladainha enquanto as três senhoras permaneciam no seu implacável desejo de castigo. A toda explosão de raiva, respondia São Paulo com uma invocação fervorosa. O milagre não se fez esperar: Nossa Senhora venceu o rancor daquelas criaturas que, em presença da grande multidão, estenderam a mão ao assassino, perdoando-lhe de todo o coração.

Tenhamos, pois, grande amor a esta oração por tantos motivos veneráveis; já pela sua antiguidade, já por ter tido início na santa casa de Nazaré; venerável ainda por ter sido aprovada e recomendada pela Santa Igreja, por ser cantada e recitada diariamente em todos os templos do universo por milhares e milhares de devotos de Nossa Senhora; venerável, enfim, pelas copiosas graças que a sua devota recitação nos merece, entre outras a de indulgência plenária uma vez por mês, que a Igreja nos concede.

Resolução: *Rezar a ladainha de Nossa Senhora, frequentemente, pelo menos aos sábados.*

3. Senhor, tende piedade de nós

Começa-se a ladainha com a comovente e tocante súplica: *Kyrie eleison. Senhor, tende piedade de nós.*

Conservou a Igreja essa introdução em língua grega, prosseguindo o texto em latim, porque representam estes dois idiomas a ciência e o poder.

Toda a ciência humana, porém, e todo o poder na terra se devem curvar perante a majestade divina e implorar-lhe a sua misericórdia. Deus é o Senhor de todas as coisas, e todas as graças nos vêm de suas mãos; sem a sua vontade, no céu e na terra nada se move. É o princípio e o fim de toda a criatura. Os nossos trabalhos, os nossos cuidados, a nossa circunspecção, a nossa atividade, todos os nossos esforços, enfim, nada valem e nada podem, quando Deus não os auxilia com a sua bênção. Esta verdade, o Profeta Davi, no Salmo 126, confessa-a humildemente:

"Se o Senhor não edificar a casa, em vão trabalham os que a edificam; se o Senhor não guardar a cidade, inutilmente se desvela o que a guarda."

Convencida desta verdade, a Igreja antepôs à ladainha a humilde súplica: "Senhor, tende piedade de nós". É uma prece muito usada nas orações litúrgicas. Na santa missa, este grito tocante se repete nove vezes, e nas bênçãos, antes da oração principal, três. A Igreja imita a mulher cananeia que gritava atrás de Jesus: *Senhor, tende piedade de mim*, e que com esse pedido alcançou a graça desejada. Santo Agostinho afirma ser o grito universal de todos os povos.

Realmente, não há oração tão humilde e poderosa!

Nela confessamos nossa impotência e fraqueza, proclamamos a onipotência divina e manifestamos a nossa ilimitada confiança na bondade e misericórdia de Deus. Os sentimentos de que devemos estar possuídos, quando em nossas necessidades e tribulações implorarmos a divina clemência, são: **profunda humildade**, acompanhada de **filial confiança**; demonstra-o Jesus belamente na tocante parábola do fariseu e do publicano. A humilde oração deste lhe valeu o ter sido justificado, graça que não pôde alcançar o orgulho daquele. Pois, como Jesus mesmo afirma: "Deus resiste aos soberbos e exalta os humildes".

A oração de um coração humilhado, Deus não a rejeita, pelo contrário, ela tudo obtém da majestade divina.

Aquele que adora a Deus com boa vontade será por Ele amparado e a sua deprecação chegará até as nuvens.

A oração do que se humilha penetrará as nuvens e não se consolará enquanto lá não chegar; e só se retirará quando o Altíssimo lhe tiver lançado os olhos.

Assim diz o Livro do Eclesiástico, que em outro lugar afirma: *E o Senhor não diferirá o despacho por muito tempo* (Eclo 35,20-22).

Não há oração que em tão poucas palavras traduza sentimentos tão humildes como essa; por isso, a Igreja colocou-a no início do grande peditório de suas ladainhas.

Sejam os mesmos os sentimentos em nossos corações, e este Deus, que *olha os humildes*, atenderá ao nosso pedido, como atendeu àquela infeliz mulher.

Resolução: *Reconhecer a própria miséria e fraqueza.*

Jesus Cristo, tende piedade de nós

A verdadeira humildade não desanima. Pelo contrário, quanto mais humilde nossa alma, mais corajosa se torna. Pois, olhando de um lado a própria grande fraqueza, vê no outro o poder e a bondade de Deus, assim diz com São Paulo: "Posso tudo com Aquele que me conforta". A confiança é a inseparável companheira da humildade.

Pouco teria adiantado à mulher conhecer o seu estado lastimoso se não tivesse mostrado confiança na bondade e clemência de Jesus, confiança que a animava e que lhe inspirou aquelas humildes palavras, que lhe mereceram a sua cura.

Tal virtude não se baseia em nossos sentimentos, nem no valor da nossa oração, *nosso auxílio está no nome do Senhor*, diz o humilde com a Sagrada Escritura (Sl 123,8), mas nos infinitos merecimentos de Nosso Senhor Jesus Cristo; por isso acrescentamos – "*Christe, audi nos, Christe, exaudi nos*; Jesus Cristo, ouvi-nos, Jesus Cristo, atendei-nos".

Realmente, como poderíamos chegar ao trono de Deus, se não tivéssemos um advogado para defender a nossa causa? Este "advogado" é Jesus Cristo, nosso Divino Salvador. O Apóstolo São João escreve:

Si quis peccaverit advocatum habemus apud Patrem Jesum Christum justum et ipse propitiatio pro peccatis nostris.

Mas, se alguém tiver pecado, temos por advogado para com o Pai, Jesus Cristo justo, porque Ele é a propiciação pelos nossos pecados (1Jo 2,1-2).

Sendo Jesus nosso "advogado" diante do Pai, podemos chegar a Deus com toda a segurança como recomenda o Apóstolo São Paulo. *Cheguemo-nos, pois, confiadamente ao trono da graça, a fim de alcançarmos misericórdia e de acharmos graça para sermos socorridos em tempo oportuno* (Hb 4,16).

Jesus é misericordiosíssimo para com todos os que o invocam. Seu coração divino é muito compassivo para com as nossas misérias e benignamente atende aos nossos rogos. Seu poder e sua bondade inspiram-nos confiança, que não pode ser diminuída ainda mesmo pelos nossos pecados. São estes, pois, os sentimentos que a Igreja deseja despertar em nosso coração, quando põe em nossa boca a súplica humilde e tocante que se encontra no início da ladainha de Nossa Senhora. De fato, se desejamos que nossa oração seja agradável aos ouvidos de Deus; se queremos que Ele incline favoravelmente seu coração aos nossos pedidos não nos esqueçamos de alimentar em nosso peito estes dois sentimentos: **humildade** e **confiança**, porque então nos será dada a resposta que Jesus deu à mulher cananeia: "Faça-se contigo como quiseres".

Quanto agrada a Deus a oração humilde e contrita, sabemo-lo ainda pela vida de Taís do Egito.

Convertida da vida pecaminosa, retirou-se, a mandado de São Nono, a um deserto onde em augusta cela nada mais fazia senão rezar: "Tu, que me criaste, tem piedade de mim". Assim viveu e rezou três anos. Viu São Nono um dia o céu aberto, em que se levantava um trono de glória; perguntando para quem era, uma voz lhe respondeu: "Este trono é para aquela arrependida". São Nono procurou-a então para mitigar a sua penitência, mas três dias depois entrava ela na glória eterna!

Repitamos, pois, muitas vezes este grito de alma penitente e contrita: "*Kyrie eleison*", "Senhor, tende piedade de nós" – e certo é – "*cor contritum et humiliatum Deus non despicet*", "coração contrito e humilhado, Deus não desprezará" (Sl 50).

Resolução: *Fazer as orações em espírito de humildade e de penitência.*

4. Pai dos céus, que sois Deus: tende piedade de nós

Toda a oração que dirigimos a Deus ou aos santos deve nascer da fé e, se a sua fonte for outra, será sem valor e sem efeito. É São Paulo quem diz: *Sem fé é impossível agradar a Deus*. Exige-a Jesus igualmente, todas as vezes que lhe pedem um favor: *Se podes crer* – disse Ele ao pai do lunático que pedia a salvação do filho. Quando fazia um milagre atribuía-o quase sempre, expressamente, à fé de quem lhe havia pedido: *A tua fé te salvou*. Quantas vezes censurava aos homens a falta dessa virtude. – "Se não vedes sinais e milagres, não credes" – e para animá-la disse: *Se tiverdes fé, tudo vos será possível* (Mc 9,22). Declara ainda: *Crê, porque tudo quanto pedires ser-te-á concedido: quae orantes petitis, credite quia accipietis* (Mc 2,24).

Conhecendo esta verdade, deseja a Igreja que, recitando a ladainha, façamos sobretudo um **ato de fé** nos principais mistérios da nossa santa religião. Por isso colocou à frente das invocações a de cada uma das três pessoas da Santíssima Trindade:

> Pai dos céus, que sois Deus, tende piedade de nós.
> Filho redentor do mundo, que sois Deus, tende piedade de nós.
> Espírito Santo, que sois Deus, tende piedade de nós.

E em seguida a das três pessoas juntas: Santíssima Trindade, que sois um só Deus: tende piedade de nós.

Apresenta, pois, a Igreja nessas invocações as três verdades fundamentais da religião: os mistérios da **Santíssima Trindade**, da **encarnação** do filho de Deus e o da nossa **redenção**.

O primeiro mistério ensina que em Deus há três pessoas distintas formando, juntas, um só Deus; a Igreja manda rezá-lo no ofício dominical, segundo a explicação do grande Santo Atanásio.

Devemos, pela fé católica (diz ele), reconhecer e professar Deus e Senhor em três pessoas, sem as confundir ou separar-lhes a substância; proclamar e venerar a Trindade na unidade e jamais dizer ou suspeitar três deuses ou três senhores. Há um só Pai, um só Filho, um só Espírito Santo; nessa Trindade não se pode falar de mais cedo ou mais tarde, de maior ou menor, porque as três pessoas são eternas e iguais.

Cito aqui a doutrina da Santa Igreja sem pretender explicar ou fazer compreender tão sublime mistério. Tantos há na natureza que a nossa inteligência limitada não pode penetrar, por exemplo a vida da grama alastrando-se pelo solo, e seria, portanto, ridículo procurar compreender um Deus que habita em luzes infinitas, encerrando em si toda a grandeza possível e imaginável! Daí canta a Igreja o adorável mistério da Santíssima Trindade, no prefácio da missa: "Verdadeiramente é digno e justo, razoável e proveitoso render-vos graças em todo o tempo e lugar, Pai eterno, Deus onipotente, que sois, em vosso Filho unigênito e o Espírito Santo, um só Deus e um só Senhor, não na singularidade de pessoas, mas na unidade da substância. Pois, o que por vossa revelação cremos da vossa glória, sem diferença e distinção cremos de vosso Filho, cremos do Espírito Santo. Para que, confessando a verdadeira e eterna divindade, adoremos nas pessoas a propriedade de cada uma, na essência a unidade e na majestade a igualdade".

Não é questão de muitas indagações: fé humilde e devota adoração devemos à Santíssima Trindade.

Resolução: *Repetir muitas vezes:*
"Glória ao Pai e ao Filho e ao
Espírito Santo" etc.

Encarnação e redenção

Invocando as três pessoas da Santíssima Trindade, damos à segunda um título que lhe é particular e não comum às outras duas: Filho, redentor do mundo, tende piedade de nós. Com esta palavra *redentor do mundo* confessamos o grande e sublime mistério da encarnação e o da Paixão e morte de Jesus Cristo. O mistério da encarnação encerra em si muitos outros, que estão em íntima conexão com ele; e crendo nele confessamos todas as outras verdades. Ouçamos novamente Santo Atanásio no já citado símbolo, em que, depois de ter explicado exuberantemente a doutrina católica sobre o mistério da Santíssima Trindade, continua:

"Para ganhar a vida eterna devemos crer fielmente na encarnação de Nosso Senhor Jesus Cristo e bem assim que Ele é Filho de Deus, verdadeiro Deus e verdadeiro homem".

Explicando somente a doutrina verdadeira sobre a natureza e personalidade de Jesus Cristo, faz a seguinte conclusão: "Este Deus e homem é um único Cristo, que padeceu para nos salvar; desceu aos infernos, ao terceiro dia ressurgiu dos mortos, subiu ao céu, está sentado à mão direita de Deus Pai Todo-poderoso, de onde há de vir a julgar os vivos e os mortos. No seu segundo advento, todos os homens hão de ressurgir com os mesmos corpos e hão de dar conta de todas as suas obras. Aqueles que praticaram o bem entrarão na vida eterna e os que praticaram o mal serão sepultados no inferno. É esta a fé católica, sem a qual ninguém se pode salvar".

Eis o que professamos com a boca e com o coração, quando, no início da ladainha, invocamos as três pessoas da Santíssima Trindade. Sirva tal invocação para renovarmos a nossa fé nos principais mistérios da Santa Religião, porquanto, iluminados por ela, jamais a nossa mente andará nas trevas, e os santos mistérios, que hoje veneramos e aceitamos humildemente, construirão no céu a nossa alegria e a nossa glória.

A época atual é cheia de perigos para o cristão fervoroso, e, embora de há muito tenha naufragado a fé em Deus e em Jesus Cristo, seu Divino Filho, esta não enfraquecerá, enquanto conservarmos amor e devoção à Virgem Mãe. Todos os seus devotos, mostra-o a experiência, são homens piedosos.

Na verdade, ela nos conserva este tesouro por meio do qual chegamos a Jesus.

Temos na vida de São Pedro, o mártir, grande devoto de Nossa Senhora, um exemplo frisante de como ela conserva e fortalece a fé nos que lhe demonstram amor e fidelidade.

Atacado por uns hereges que o odiavam pela sua crença, em voz alta recitava o símbolo apostólico, enquanto os golpes mortais o prostravam em terra. Quase morto, molhou o dedo no próprio sangue e escreveu no chão a palavra: "Credo".

> Resolução: *Em todas as tentações contra a fé, recorrer a Maria, para que ela nos conserve a graça de viver e morrer na Igreja Católica, apostólica, romana.*

5. Santa Maria, rogai por nós

Passamos hoje a ocupar-nos com a parte principal e característica da ladainha de Nossa Senhora.

Quarenta e oito vezes lhe dirigimos títulos sempre belos e novos, e a cada um ajuntamos o grito de socorro: *Ora pro nobis*, rogai por nós.

O admirável conjunto desses títulos e invocações, sancionados pela Santa Igreja, evidencia claramente o quanto Nossa Senhora é amada pelo povo cristão, e qual a veneração que a própria Igreja lhe devota. Há, porém, quem censure nossa devoção a Maria Santíssima: quem se escandalize com a filial confiança que nela depositamos; quem se julgue obrigado a protestar contra o culto que o povo católico em peso lhe tributa, acusando-nos de idolatria, por honrarmos como Deusa quem é simples criatura.

Contra essa acusação gratuita e ofensiva, apresento e recomendo a atenta leitura da ladainha lauretana, tão bela, tão sublime, tão cheia de encantos e consolações, e que traduz em orações o mais genuíno sentir do povo cristão e o oficial pensamento da Santa Igreja Católica, e é a prova mais cabal de quanto se enganam nossos adversários.

Adoramos um Deus, **veneramos** e **invocamos** os santos. Deus é o Senhor absoluto de todas as criaturas; os santos são seus amigos. Por isso, dirigindo-nos a Deus, dizemos: **"Tende piedade de nós"**; dirigindo-nos a Maria, suplicamos: "**Rogai por nós**". Portanto, a ladainha, embora dê a Maria os títulos mais empolgantes, sempre prova que estabelecemos diferença entre ela, a mãe de Jesus, e Jesus, seu filho, que ao mesmo tempo é "Deus de Deus, Luz da Luz, Deus verdadeiro de Deus verdadeiro".

Jesus Cristo, ouvi-nos, Mãe de Jesus Cristo, rogai por nós; rogai por nós a este vosso Filho que é Deus, e que, sendo vosso Filho, não vos negará o que lhe pedirdes.

Receiam eles que nos possamos exceder nos louvores a Maria. Consagramos-lhe, é verdade, uma devoção terna; dedicamos-lhe um afeto excepcional, afeto, amor e veneração de bons filhos e, como estes conhecem que nunca é demais o amor que dedicam àquela que lhes deu a vida, assim também nós, católicos, jamais devemos ter receio de, em nossa veneração a Maria, transgredir os limites de equidade e de justiça. Pelo contrário, nossos louvores, por mais expansivos que sejam, não poderão alcançar a dignidade de Maria. É o grande Agostinho que assim declara: *Que hei de dizer de vós, eu, de tão fraca inteligência? Tudo o que disser em vosso louvor, será sempre menos do que vossa dignidade merece.* Em outro lugar o mesmo santo doutor afirma: *Com que podemos contribuir para a glória de Maria, nós, que somos tão pequeninos e fracos, de tal forma que, se todos os nossos membros se transformassem em outras tantas línguas, ainda assim não poderíamos louvá-la dignamente.* Isso também exclama São Bernardo: *Não há nada que tanto me agrade e ao mesmo tempo tanto me impressione, como falar das glórias da Virgem Mãe. Embora a louvássemos com afeto e devoção, seria tudo isso menos digno.*

Poderia citar ainda outros Santos Padres, que são unânimes em reconhecer a sua incapacidade para louvar dignamente a excelsa Mãe de Deus.

Imitemos, pois, o seu exemplo, louvando a Maria com toda a força da nossa alma.

Resolução: *Todo o dia cantar os louvores de Maria.*

Base do culto mariano

Insistem os adversários do culto mariano em que, louvando e invocando tanto a Nossa Senhora, havemos necessariamente de esquecer a Jesus e diminuir-lhe o amor a que tem direito.

Ah! Que triste escusa, que suposição pequenina e avíltante! O culto que nós, católicos, prestamos a Maria, ao invés de diminuir a honra que devemos a Deus, aumenta-a.

Sabemos perfeitamente que ela, embora a mais santa, é pura criatura; sua grandeza e santidade, seu poder e glória, tudo o que é, enfim, recebeu-o de Deus, o que aliás é a primeira a reconhecer:

Fecit mihi magna qui potens est. Fez grandes coisas em mim o Todo-poderoso.

Respexit humilitatem ancillæ suae. Olhou a humildade de sua escrava.

Foram as grandes coisas que Deus operou em Maria que a tornaram venerável, venerabilíssima, aos nossos olhos.

Veneramos e admiramos em Maria a obra-prima de perfeição e santidade que saiu das mãos do Criador, na qual o Todo-poderoso esgotou as riquezas de sua onipotência e os recursos de sua sabedoria e misericórdia. Porventura se ofende o artista por admirarmos a produção do seu gênio? Ao contrário, julga-se tanto mais fortificado quanto mais exaltarmos a sua obra. Assim os louvores que prestamos a Maria recaem sobre aquele que a fez tão bela, santa e amável. Por isso, diz São Jerônimo:

É fora de dúvida que tudo quanto se faz em honra da Mãe de Deus recai plenamente em honra do mesmo Deus (Ep. ad. P. Eust.).

Um filho reprovará acaso que se louve à sua mãe, ou ouvirá descontente os louvores que se lhe prestarem? Não sente antes o seu coração cheio de alegria? Quanto maior for o respeito, o amor e a dedicação que sentirmos por este, tanto maior deverá ser a veneração que àquela dedicamos.

Portanto, o culto mariano, longe de nos fazer esquecer a pessoa adorável de Jesus Cristo, é o termômetro da nossa fé e amor ao Filho de Deus.

Amamos a Jesus e por isso devemos amar a sua mãe; amamos o nosso Deus e criador, e, portanto, aquela que é a sua filha predileta e obra mais perfeita.

A devoção a Nossa Senhora nasce necessariamente da fé e do amor de Jesus. Só um coração frívolo e frio não sentirá amor para com a Mãe de Jesus.

Onde é Ele mais honrado e adorado como Filho de Deus? Na Igreja Protestante, despida de qualquer culto mariano, ou na Igreja Católica, que de mil modos manifesta sua veneração a Maria?

Muitíssimos dos protestantes que negam à Mãe de Deus toda a honra, tratando-a com certo desprezo, hoje em dia duvidam até da divindade de Jesus Cristo.

Jesus e Maria são duas pessoas inseparáveis, e, invocado aquele, esta se apresenta necessariamente; repelindo e ofendendo uma, a outra foge, e sente-se ofendida. Nunca poderemos construir uma barreira entre essas duas pessoas, pois a glória de Maria é a solene glorificação de Jesus.

Ele mesmo o entende assim e disse-o à sua querida discípula Santa Gertrudes que tinha o costume de concentrar todos os seus pensamentos na divina pessoa de Jesus Cristo. Procurava pensar mais neste do que em sua Mãe, mesmo quando rezava diante do seu altar. Teve por isso receio de desagradar a Nossa Senhora, pelo que Jesus lhe disse:

Nada receies, minha filha, as orações que diriges à minha Mãe, pensando mais em mim, são-lhe sumamente agradáveis; para que não te aflijas, porém, eu permito que te ocupes mais com ela quando em presença de sua imagem.

Longe de mim – respondeu a santa –, como poderei afastar meu pensamento de Vós, meu Deus, meu sumo bem, para pensar em outra pessoa?

Ao que lhe retorquiu Jesus:

Faze, minha filha, o que te aconselho, certa de que eu, quando me deixares para saudar minha Mãe, de boa mente considerarei este ato e recompensá-lo-ei com a mesma generosidade com que hei de recompensar a virtude e o heroísmo daqueles fiéis, que pela honra de meu nome se separam de mim, renunciando ao doce colóquio comigo.

Vemos, assim, que nossa devoção e confiança em Maria não devem ter limites. Promovamos por toda a parte a devoção a Nossa Senhora, pois é o caminho mais certo e mais seguro de chegar a Jesus. Por Maria a Jesus.

Resolução: *Meus amigos serão Jesus e Maria.*

6. Santa Maria, rogai por nós

A todos os títulos, sumamente honrosos, que formam a ladainha de Nossa Senhora, a Igreja antepõe a simples invocação de seu santo nome: Santa Maria, rogai por nós. São duas palavras que indicam toda a sua grandeza e nos dão a conhecer as graças e privilégios que lhe foram concedidos.

Santo Ambrósio afirma que os santos recebem de Deus a graça de terem um nome apropriado aos seus méritos, e, segundo a opinião de muitos Santos Padres, Maria Santíssima recebeu o seu nome do céu. Se Deus conferiu a Abraão, a Jacó e a muitos outros santos do Antigo Testamento um nome que revelava a sua missão e seus merecimentos, com maior razão, impondo à futura Mãe de seu Divino Filho o nome "Maria", quis indicar sua missão, seus merecimentos e a posição que devia ocupar entre os homens.

Realmente, nesse simples nome descobrem os Santos Padres toda a grandeza da Mãe de Deus. Em geral, traduzem-no por "Senhora" e "Estrela do Mar", duas significações que merecem nossa maior atenção e nos inspiram grande confiança.

"Maria" exprime em primeiro lugar **"Senhora"**, **"Soberana"**, **"Rainha"**. De fato, é soberana, senhora em toda a extensão da palavra, e Rainha **do céu, da terra, dos anjos** e dos santos.

Entrando no paraíso e pronunciando o doce nome "Maria", os espíritos celestes se inclinam, os santos descem de seus tronos e o céu inteiro honra-o, por ser o de sua Rainha.

"Rainha dos anjos", "Rainha de todos os santos", assim a saudamos no fim da ladainha. Em outra oração ainda, a Igreja lhe dá o título de **"Rainha do céu"**. Rainha do céu, alegrai-vos, aleluia, e outra antífona: "Salve, Rainha dos céus. Salve, Senhora dos anjos".

Maria Santíssima é igualmente **Rainha do universo**. Não houve, não há, nem haverá outra que se possa igualar a ela. Não houve, nem haverá quem tenha tido tantos súditos fiéis, e possuído reino tão vasto e de tanta duração! Os súditos de Maria são os milhões e milhões de cristãos que diariamente invocam o seu santo nome, venerando-a com sumo respeito. O seu reino na terra é a Igreja Católica, estabelecida em todas as partes do globo; vai do Oriente ao Ocidente; de um polo ao outro; não conhece fim, perdurará até a consumação dos séculos. Por isso a Igreja canta em seu nome, na festa da Assunção: "Eu fui assim firmada em Sião e repousei igualmente na cidade santificada, e em Jerusalém está o meu poder; e vim me arraigar num povo honrado, nesta porção de meu Deus, que é a sua herança, e na plenitude dos santos onde se acha a minha assistência" (Eclo 24,15-16).

Sim; o nome de Maria está arraigado nos corações do povo cristão. Ela é a nossa Rainha! Que reino suave e meigo exerce ela! Quem não gosta de obedecer e servir a tão boa rainha? Digamos-lhe: "*Specie tua et pulchritudine tua, intende, prospere proecede et regna*". "Levanta-te na tua beleza e majestade, avança com felicidade e reina" (Sl 45,5). Felizes as nações que servem a Maria e a reconhecem e veneram como sua rainha. Naqueles tempos não havia tanta discórdia entre as nações; não foram sacudidas pelas revoluções, como em nossos dias! Mas, felizmente, ainda há nações que amam a Maria e lhe prestam homenagens de grande devotamento. Assim, embora não oficialmente, o povo brasileiro se ufana de servir a Nossa Senhora da Conceição como a sua excelsa padroeira e rainha. Oficialmente, nos últimos tempos, o povo da Baviera escolheu e proclamou a Nossa Senhora "Rainha da Baviera". Ainda hoje estampa no selo a imagem dela com a inscrição: "Senhora da Baviera".

Resolução: *Protestar a Nossa Senhora diariamente a nossa fidelidade.*

Rainha do inferno

Maria Santíssima é rainha até do **inferno**; seu poder estende-se aos espíritos malignos. A ela se aplicam as palavras que o salmista disse de Jesus: *De Sião fará sair o Senhor o cetro do teu poder; reina no meio de teus inimigos* (Sl 109). É para o inferno, como diz a Sagrada Escritura, *terribilis ut castrorum acies ordinata,* terrível como um exército bem disciplinado. A mesma verdade explica São Bernardo:

"Diante de um grande exército não sente o inimigo tanto medo como sentem os poderes infernais do nome e proteção de Maria. Como a cera se desfaz ao fogo, assim fogem eles sempre que encontrem a frequente lembrança e devota invocação deste santo nome".

Quanta confiança, pois, nos deve inspirar a invocação do santíssimo nome de Maria!

Se ela está conosco, quem nos poderá resistir? Se peleja ao nosso lado, que poderemos recear? Invocando o seu santo, doce e poderoso nome, podemos dizer com o Profeta:

"Ainda que se acampem exércitos contra mim, o meu coração não temerá" (Sl 26,3).

Esta verdade tão consoladora, os santos e devotos de Nossa Senhora experimentaram-na muitas vezes. O poder do seu santíssimo nome foi verificado não somente nas lutas espirituais como ainda nos combates dos cristãos contra os infiéis.

Era costume entre os exércitos cristãos entrar em combate com os infiéis, invocando o santíssimo nome de Maria.

E a sua confiança nunca foi desiludida, pois frequentemente a proteção desse santo nome visivelmente lhes valeu.

Belíssimo exemplo, que evidentemente demonstra o poder de tão santo nome, temos na grande vitória, que os cristãos alcançaram sobre os turcos, às portas de Viena, em 1683.

O piedoso Sobieski, rei da Polônia, a pedido do papa, foi em socorro do Imperador Leopoldo, mas não confiava nas suas tropas, porque eram poucas e em nenhuma proporção com o exército inimigo, mas, invocando o santo nome de Maria, em que depositava grande confiança, atacou os turcos, obtendo uma estrondosa vitória, com a qual, humanamente, ninguém podia contar. Todos, tanto Sobieski como seus soldados, atribuíram esta à invocação do nome de Maria Santíssima. Por isso o Papa Inocêncio XI decretou para o mundo inteiro a realização de uma festa, no dia 12 de setembro, dia da vitória, cujo fim é venerar e celebrar o "Santíssimo nome de Maria".

Oh por que não invocamos mais vezes este nome tão doce, tão poderoso? Por que vossos lábios tão raras vezes o pronunciam? Nosso coração tão pouco o recorda? Se o tivéssemos invocado sempre, em nossas aflições, nos combates da vida, na hora do perigo, em grave tentação, não haveríamos de chorar tantas quedas. Que ele seja, pois, para o futuro, nosso escudo na hora da luta; seja o grito que saia de nosso peito, quando atacado por cruel inimigo. Nossa língua repetidas vezes o pronuncie, nosso coração muitíssimas o invoque, nossa mente sempre o recorde, e verificaremos que Maria é uma senhora soberana, poderosa, boa, carinhosa e propícia para os que a invocam.

Resolução: *Em todas as aflições, perigos e tentações pronunciar devotamente o santíssimo nome de Maria.*

7. "Maria"

O vosso nome, ó Maria, é como o óleo, diz São Bernardo. Se a primeira interpretação do nome de Maria já enche a nossa alma de alegria, e lhe inspira confiança, maior será ela quando considerarmos a outra significação que lhe dão os Santos Padres: **"Estrela do mar"**.

Estrela do mar! O nauta deposita a sua confiança na estrela, cuja luz o orienta, indicando-lhe o rumo a seguir, e dizendo-lhe até o tempo da viagem. Quando tudo se envolve em espessas trevas, quando grossas neblinas impedem a vista, e o mar agitado pelo vendaval expõe o navio a perigo de naufrágio, as suaves luzes da estrela, rompendo as nuvens, enchem-no de consolação; ele cria ânimo e, com a mão segura, dirige a nau, evitando com felicidade os rochedos, fugindo à voragem. É esta a imagem do cristão que navega sobre as ondas procelosas do mar desta vida miserável. Pois, que somos nós? Nautas perdidos, que navegamos para a eternidade e a cada instante envolvidos por densas trevas.

Trevas são as contínuas dúvidas em que vivemos, as paixões que nos tiram a clarividência, as perturbadoras preocupações com as coisas deste mundo; as aspirações e os desejos da nossa carne; as misérias humanas, as tristezas, os aborrecimentos, os desgostos, enfim todo o exército das tribulações que perturbam a nossa mente.

Trevas são ainda, e sobretudo, o desânimo e o desespero que não raras vezes envolvem e martirizam a nossa alma. Precisamos, pois, de luzes; precisamos, como o nauta, da estrela que dissipe as trevas, ilumine a nossa marcha, inspirando-nos ânimo e coragem. Ai daquele que navega nessas trevas sem o brilho da suavíssima luz da estrela do mar! Sua ruína é certa, seu naufrágio inevitável!

Consolemo-nos, pois não navegamos sem as luzes benfazejas da estrela do mar e essa *Ave maris stella, Dei mater alma.* Salve, estrela do mar, excelsa Mãe de Deus.

Quando as suavíssimas luzes de Maria iluminam a nossa viagem, todas as dúvidas, incertezas, misérias, sensibilidades e tristezas desaparecem e novas esperanças enchem o nosso coração; guiados então pelo fulgor dessa brilhante estrela, tocaremos seguros o porto de salvação.

Vitam praesta puram, iter para tutum, ut videntes Jesum, semper collaetemur. Dá-nos uma vida pura, põe-nos em via segura, para que a Jesus cheguemos e sempre nos alegremos, continua a Igreja no já citado hino em que saúda Nossa Senhora como estrela do mar.

A missão de Maria é, pois, servir-nos de guia e amparo, luz e esperança na viagem para a eternidade. É o que lhe pedimos quando dizemos: "A vós bradamos, os degredados filhos de Eva, a vós suspiramos, gemendo e chorando neste vale de lágrimas".

Deixemos, pois, entrar em nossa alma a luz benfazeja da estrela do mar, deixemos iluminar os nossos passos por seus raios rutilantes. Andemos na claridade desta luz. Seja tudo com Maria, tudo por Maria, tudo para Maria. Então podemos cantar com o povo cristão em santa confiança:

> Sois, ó Virgem bela
> Nossa luz e guia,
> Sois nossa esperança,
> Sois nossa alegria.

Resolução: *Pronunciar o doce nome de Maria sempre com devoção.*

Estrela do mar

A santidade, doçura e força do santo nome de Maria, São Bernardo as descreve em palavras tão belas, que não podemos deixar de transcrevê-las, convencidos de que lhe são doce harmonia aos ouvidos e bálsamo ao coração. Ei-las:

"O nome da Virgem é Maria, significa 'Estrela do mar' e é o mais apropriado à Virgem Mãe de Deus. Sem perder seu brilho, a estrela emite o seu raio; sem perder a sua virgindade, Maria nos deu seu filho. Ela é a radiosa estrela cujo brilho nos vem do céu, penetra os infernos, ilumina o universo inteiro, acende os corações, inflama as virtudes e consome os vícios. Sim, é aquela estrela radiante e luminosa que aparece sobre o vasto mar desta vida, fulgurante por seus méritos, resplandecente por seus exemplos".

Depois de, com tais palavras, descrever as belezas do santo nome de Maria, convida-nos a invocá-la sempre e nunca perder de vista o seu brilho, dizendo:

"Vós todos, que vogais sobre o mar tempestuoso deste mundo e quereis escapar ao naufrágio, não percais de vista essa estrela misteriosa. '*Respice stellam*'".

Se o vendaval da tentação se desencadear sobre vós, se sentirdes a vossa coragem prestes a soçobrar de encontro ao rochedo da tribulação, "*respice stellam*" – não percais de vista a estrela, "*voca Mariam*" – invocai Maria.

Se o espírito de orgulho e vaidade tentar seduzir-vos, se o verme da inveja e ciúme buscar roer o vosso coração, "*respice stellam*" – "*voca Mariam*".

Se os transportes da ira vos roubarem a tranquilidade da consciência, se a ferrugem da avareza tentar aderir à vossa alma, se os engodos da voluptuosidade desassossegarem a vossa virtude – "*respice Mariam*", olhai para Maria.

Se a consideração das vossas infidelidades vos perturbar, se o temor dos juízos de Deus vos assustar, se a vista de vossos pecados vos emergir na melancolia e na desesperança, "*cogita Mariam*" – pensai em Maria.

Em todos os perigos, em todos os combates, nas vossas dúvidas, nas vossas incertezas – pensai em Maria, invocai Maria.

Não esmoreça o seu nome em vossos lábios, não se afaste de vosso coração. E, para que jamais vos falte o seu auxílio, não vos desvieis dos caminhos de suas virtudes. Se a seguirdes, não vos desviareis; se nela esperardes, não desesperareis. – Pensando nela, não errareis. – Se vos guiar com a sua mão maternal, jamais caireis; se vos proteger, nada tereis que recear; se vos conduzir, nunca vos fatigareis; e, se vos for propícia, entrareis no porto de salvação e experimentareis em vós mesmo com quanto direito se diz: E o nome da Virgem era **Maria**.

Destas belíssimas palavras lembraram-se duas meninas, filhas de Maria, que num sábado de tarde voltavam da fábrica, trazendo contentes o produto do trabalho de uma quinzena inteira.

Já bem distantes da cidade, num caminho afastado e deserto, repararam, com grande susto, que eram seguidas por um homem e uma mulher. Apressaram o passo, eles fizeram o mesmo, com intenção visível de lhes roubar o pouco dinheiro que traziam, pelo que, com a fronte coberta de suor, cheias de angústia, andaram mais depressa ainda. Longe de qualquer recurso, que poderiam fazer?

Veio-lhes ao pensamento o que tinham ouvido na última reunião das Filhas de Maria, e então piedosamente se recomendaram à sua mãe santíssima, cujo santo nome invocaram, exclamando:

Mostrai que sois "Mãe", neste momento em que tão grande perigo nos ameaça!

E eis que de repente tiveram uma ideia feliz: pararam um pouco e, em voz alta, chamaram pelo irmão, como se este as esperasse no caminho. Os dois perseguidores julgaram que realmente as meninas tivessem visto alguém que as pudesse defender, desistiram do seu intento e resolveram fugir.

Resolução:
> *Ó doce nome, Maria,*
> *Sempre nos lábios,*
> *Até morrer,*
> *Teu doce nome*
> *Quero trazer.*

8. Santa Maria, rogai por nós

O predicado mais nobre que se pode atribuir a uma criatura é "santo", predicado que a Igreja ajunta ao doce nome de Maria, empregando-o em toda a sua extensão.

Chamando-a assim, a Igreja Católica, que não pode errar na sua doutrina, nem na manifestação do seu culto, presta-lhe a maior homenagem e a mais significativa prova da sua especial veneração. Honrando-a mais do que todos os anjos e santos, proclama-a, por conseguinte, **a mais santa de todos**.

Efetivamente, assim o é: designando-a "Santíssima", não proferimos uma simples frase, exprimimos pelo contrário a crença universal de todo o povo cristão. Maria é a criatura mais santa, o Arcanjo Gabriel nos diz isso claramente: *Ave*, diz ele a Maria, *cheia de graça…bendita sois vós entre as mulheres*. Notemos bem; o anjo, usando esta expressão, indicou a santidade que possuía Maria, além das muitas graças que a encarnação do verbo de Deus lhe viria trazer. **Estas graças** recebeu-as a Virgem, unânimes são os Santos Padres em afirmar, desde o primeiro momento de sua Imaculada Conceição e em grau incomparavelmente superior às dos anjos e santos juntos.

É o que aliás também afirmam as palavras da Sagrada Escritura que a Igreja diz a respeito de Maria: "*Multae filiae congregaverunt divitias tu supergressa es universas*". – "Muitas filhas juntaram riquezas, tu excedeste-as a todas" (Pr 31).

Para provar essa verdade citam os Santos Padres o Salmo 86, dizendo: "Maria é aquela cidade de que fala o profeta: *Fundamenta eius in montibus Sanctis: diligit domunis portas Sion super omnia tabernacula Jacob*. Os seus fundamentos estão nos montes santos; o Senhor ama as portas de Sião, mais do que todos os tabernáculos de Jacó".

Esses montes são os anjos e os santos, sobre cuja santidade Deus construiu o grande edifício da santidade de Maria, por isso Ele prefere as portas – isto é, o princípio desse edifício que é Maria, a todos os tabernáculos de Jacó, que são os anjos e os santos.

O salmista nos indica a razão disto: "*Homo natus est in ea, et ipse fundativ eam Altissimus*" – "Um homem nela nasceu e o Altíssimo a edificou".

Dela nasceu o Homem-Deus: eis o motivo de toda a sua grandeza e de sua imensa santidade. Tendo sido criada e construída pela sabedoria divina para ser a casa de Deus, devia ser santa e digna para poder receber o filho de Deus. A dignidade de ser Mãe de Deus, "fora da qual não há outra maior, abaixo de Deus" (Santo Anselmo), supõe uma maior santidade em tudo igual à dignidade.

Que grau de santidade devia possuir a alma de Maria, já na sua Imaculada Conceição!

Ela, a Virgem prudentíssima, que tão bem soube negociar com os talentos que Deus lhe havia dado, **aumentando-os dia a dia,** com maior razão que São Paulo poderá dizer: "*Gratia eius in me vacua non fruit*". "A sua graça não tem sido vã em mim" (1Cor 15,10).

A graça de Deus em Maria deve ter aumentado consideravelmente durante os nove meses em que ela se tornou o tabernáculo vivo do Altíssimo, trazendo em seu seio o verbo de Deus encarnado. E depois nos 33 anos que viveu em íntima união com Jesus, sendo testemunha dos segredos de seu divino coração, que é "a fonte de vida e santidade".

Maria é o reflexo perfeito do coração divino de Jesus; a sua perfeitíssima cópia; tão rica em graça quanto foi possível a uma simples criatura. Cuidemos que da superabundância de graças recebamos quantas nós precisamos.

Resolução: *Cooperar sempre fielmente com a graça de Deus.*

Maria, modelo de virtude

Maria não é somente santíssima pela abundância de graças, é santíssima pela abundância e perfeição das virtudes, que no seu coração floresceram tão admiravelmente, que não admite comparação.

Houve santos que se distinguiram pela fé, como Abraão; outros pela caridade, como São Vicente de Paulo; mais outros pela sua pureza, por exemplo Santa Inês, Cecília, Águeda, Catarina etc. Assim outros em outras virtudes. Oh! Que há de mais admirável do que a humildade de São Francisco de Assis, de São Francisco de Bórgia! Que extraordinária brandura a de São Francisco de Sales! Com quanta paciência Jó e Santa Isabel da Hungria receberam os sofrimentos? Mais ainda. A magnanimidade de São João Gualberto, e a penitência e mortificação de São Pedro de Alcântara! Maria Santíssima, porém, não somente se distinguiu nesta ou naquela virtude, mas praticou-as todas heroicamente e com uma perfeição superior à dos outros santos. Portanto, podemos repetir: "Muitas filhas juntaram riquezas, mas vós, ó Maria, excedestes a todas".

Realmente, quer em **graça** quer em **virtude**, Maria excedeu a todos: é santíssima.

É tanta a perfeição da Virgem, diz São Bernardino de Sena, *que Deus reservou para si só o conhecê-la* (Sm 52). Devemos, pois, exclamar com o Arcanjo Gabriel e Santa Isabel: *Bendita sois vós, entre as mulheres.*

Considerando a plenitude de graças e virtudes de Maria, escreve São Jerônimo: "Tudo o que se vê em Maria é toda pureza e simplicidade, toda graça e verdade, toda misericórdia e justiça, que veio do céu" (*Epist. ad Eustoch.*)

A Santa Igreja põe na boca de Maria as seguintes palavras, que exuberantemente evidenciam a mesma verdade:

"*In me gratia omnis viae et veritatis, in me omnis spes vitae et virtutis.*" "Em mim há toda a graça do caminho e da verdade, em mim toda a esperança da vida e da virtude" (Eclo 24,25).

Convencido disso, exclama Santo Agostinho:

"*Ó femina plena et supurplena gratia.*"

"Ó mulher, ó senhora, cheia mais que cheia de graça".

Assim como o sol e a lua excedem as estrelas em beleza e claridade, Maria excede os anjos e os santos em santidade, pois, segundo a Escritura, e:

"*Pulchra ut luna electa ut sol.*" "Bela como a lua, escolhida como o sol" (Ct).

"Santa Maria"; estas duas palavras nos revelam a imensa grandeza desta criatura privilegiada! Pronunciando-as com devoção, servem de estímulo para amarmos a virtude e aspirarmos à perfeição. Quando nos assustarmos com a nossa própria indignidade, a santidade de Maria será a nossa esperança.

Um piedoso jovem, que tinha o louvável costume de recitar diariamente o Ofício de Nossa Senhora e o Santo Rosário, caiu gravemente enfermo, pelo que todos julgavam que ele deixasse essa edificante devoção. Mas qual!

Embora com grande dificuldade, praticou-a sempre, até o último instante, colhendo-o a morte com o livrinho do Ofício em uma das mãos e o Rosário na outra. E foi durante a recitação da *"Ave-Maria"*, depois das palavras "Santa Maria", que ele entregou sua alma inocente, indo terminar a sua prece junto ao trono da Mãe de Deus.

O mais admirável é que ninguém conseguiu arrancar-lhe das mãos os piedosos objetos com os quais foi sepultado!

Quem não deseja morrer com o dulcíssimo nome de Maria nos lábios!

Seja durante a nossa vida o nosso grito: "Santa Maria, rogai por nós", e sê-lo-á também na hora da morte.

Resolução: Meditando sobre a
santidade de Maria, esforçar-se para
fazer progressos na virtude, cooperando
fielmente com a graça de Deus.

9. Santa Mãe de Deus, rogai por nós

Nas três primeiras invocações da Ladainha de Nossa Senhora temos o alicerce de sua grandeza e a causa principal da nossa veneração.

Na invocação precedente consideramos por partes a sua santidade; nesta vamos examinar atentamente a sua incomparável dignidade de Mãe de Deus; e a sua ilibada virgindade será o assunto de nossa consideração de amanhã.

Todos os demais títulos que damos em seguida a Maria, por mais honrosos que sejam, procedem desta tríplice raiz, como flores e frutos do mesmo tronco.

Na presente invocação, saudamo-la, pois, na qualidade de Mãe de Deus, dizendo: "Santa Mãe de Deus, rogai por nós". Duas palavras tão curtas, tão simples, mas que encerram uma **dignidade** tão grande e tão além da inteligência humana, que somente Deus a pode compreender.

Esse título "Mãe de Deus" representa a pedra mais brilhante da coroa dos imensos privilégios de Maria Santíssima. É a raiz, da qual nasceram as outras graças e distinções, que lhe foram concedidas, por ter sido escolhida para Mãe do Filho de Deus, tais como: a sua Imaculada Conceição, a sua perpétua virgindade, a isenção de qualquer culpa venial etc.

Não nos ocupemos aqui com a grandeza dessa distinção, que temos de estudar mais adiante: vejamos antes a significação do presente título, observando o que a Igreja ensina: é ele uma **realidade**, ou uma figura, uma metáfora, uma expressão da nossa piedade?

Houve tempo em que homens mal instruídos quiseram roubar a Nossa Senhora o seu título mais importante, o de "Mãe de Deus", e assim degradá-la, colocando-a ao nível das outras mulheres. Foi o infeliz Nestório que, não compreendendo a imensa dignidade de uma criatura ser Mãe de Deus, em vez de humildemente adorar a excessiva clemência de Deus e admirar a grandeza de Maria, procurou na sua própria inteligência a explicação desse mistério. Dividiu Jesus Cristo em duas pessoas: uma divina, outra humana, dizendo que Maria Santíssima não podia ser chamada propriamente "Mãe de Deus", mas somente Mãe de um Homem-Deus, pois que deu à luz a um homem ou à humanidade de Jesus.

É um ensinamento inteiramente contrário às palavras da Sagrada Escritura, que diz claramente: *"Ideoque quod nascetur ex te Sanctum vocabitur Filius Dei".* "Por isto o que nascer de ti será chamado Santo Filho de Deus" (Lc 2).

Esta nova doutrina era evidentemente injuriosa a Jesus e a Maria, razão pela qual a Santa Igreja a condenou solenemente, depois de rigoroso exame e profundo estudo. Os bispos, que para este fim se reuniram em Éfeso, sob a presidência de São Cirilo, bispo de Alexandria, representando o papa, rejeitaram unanimemente a doutrina de Nestório e de seus adeptos, declarando que Maria Santíssima é **realmente Mãe de Deus**, não como se dela tivesse nascido a divindade, mas a segunda pessoa da divindade, Jesus, que é Deus e Homem verdadeiro.

O povo de Éfeso, que aguardava ansiosamente a decisão dos bispos, ouvindo esta sentença, festejou com estrondosas manifestações a maternidade divina de Maria; e em toda a parte se ouviu cantar: "Maria é Mãe de Deus! Maria é Mãe de Deus"!

Mais tarde, a mesma heresia foi condenada, novamente, pelo Concílio de Calcedônia em 451. O Papa Leão I dirigiu aos bispos reunidos naquela cidade uma carta excomungando o herege:

"Anátema Nestório! Está excomungado Nestório, porque crê e ensina que a bem-aventurada e sempre Virgem Maria não é Mãe de Deus, mas somente Mãe de um homem, de modo que ele faz da natureza humana de Jesus uma pessoa distinta, e não reconhece um único Cristo, no verbo de Deus e na humanidade, antes separa e distingue um do outro, chamando a um Filho de Deus, e a outro simples homem".

Os bispos, ao lerem esta carta, prorromperam em aplausos e exclamaram: *"Scribatur!"* "Escreve-se". Maria é Mãe de Deus! **É verdadeiramente Mãe de Deus!** Cristo é um só e este é Deus e Homem! Nós cremos o que crê Leão!

Também nós cremos que Maria Santíssima é verdadeiramente Mãe de Deus e, saudando-a, dizemos: Rogai por nós, Santa Mãe de Deus, para que sejamos dignos das promessas de Cristo.

Resolução: *Repetir frequentemente esta invocação.*

Maria e a maternidade divina

Já nos primeiros séculos a Igreja tinha que velar pela honra de Maria. Em solene sessão salvou-lhe a áurea coroa de dignidade, que é a maternidade divina. Resume-se a doutrina da Igreja nessas poucas palavras: Maria não somente é chamada Mãe de Deus, mas é verdadeiramente Mãe de Deus. Pois dela nasceu, não simplesmente a humanidade de Jesus, nem um simples homem, mas uma pessoa, o Homem-Deus, que é a segunda pessoa da Santíssima Trindade.

Do mesmo modo pensava Santa Isabel quando, iluminada pelo Espírito Santo, percebeu a maternidade divina de Maria e exclamou:

"Unde hoc mihi ut veniat Mater Domini mei ad me?" "Donde me vem esta dita, de ser visitada pela Mãe de meu Senhor?" (Lc 2).

Isto já havia anunciado o Profeta Isaías:

"Eis que uma virgem conceberá e dará à luz um filho, que se chamará Emmanuel, Deus conosco" (Is 8).

Está de pé a doutrina da Santa Igreja!

Oh! Congratulemo-nos com Maria Santíssima pela sua grande dignidade. Louvores sejam dados a Deus por ter salvado essa qualidade, sumamente honrosa a sua mãe: qualidade que para ela é a base de toda a grandeza e para nós o motivo mais forte de venerá-la e de nela confiarmos.

Vale tudo diante de Deus, e nada pode negar-lhe, pois é sua Mãe, diz São Fulgêncio.

Belo exemplo de amor filial a Maria e de fé em sua maternidade divina deu São Máximo, chanceler do Imperador Heráclio, que, desprezando as vaidades do mundo, se retirou para a solidão. Neste ínterim, o Imperador Constante, sucessor de Heráclio, abraçou a heresia do monotelismo, a qual ensinava uma só vontade em Jesus Cristo.

Constante, para fazer triunfar a nova doutrina, procurou atrair os homens de maior ilustração de seu império, particularmente o ex-chanceler Máximo, a quem desejava colocar entre os defensores do monotelismo! Este, porém, não quis negar a sua fé, só para agradar ao imperador, que, furioso, o mandou para o exílio, fazendo constar, com o fim de excitar contra o santo o ânimo dos soldados, por quem aliás Máximo era muito estimado, que ele havia abandonado a fé católica, negando a maternidade divina de Maria.

Na viagem teve de passar por onde acampava o exército, cujos soldados, indo ao seu encontro pedir-lhe a bênção, contaram-lhe, profundamente tristes, a tremenda acusação de que era vítima, rogando-lhe ao mesmo tempo que reparasse tão grande escândalo! Com grande dor ouviu Máximo o que lhe disseram os soldados! Lágrimas ardentes correram-lhe pelas faces: prostrou-se então por terra e, levantando as mãos para o céu, disse em alta voz:

"Quem não confessa e não crê que a sempre Virgem Maria seja verdadeiramente Mãe de Deus será amaldiçoado por Deus Pai, por Deus Filho, por Deus Espírito Santo, pelos anjos e santos por todos os séculos".

Nós jubilosamente cremos esta verdade; nossa língua e nosso coração confessam-na quando com toda a Cristandade diariamente rezamos e exclamamos:

"Santa Maria, Mãe de Deus, rogai por nós, pecadores, agora e na hora de nossa morte. Amém".

Resolução: *Fazer o que puder para
que Maria, a excelsa Mãe de Deus,
seja mais fielmente servida e amada.*

10. Santa Virgem das Virgens, rogai por nós

O terceiro alicerce sobre o qual se constrói o grandioso edifício do culto mariano é a virgindade. "Santa e imaculada virgindade, com que louvores te posso celebrar?" De fato, se a virgindade em geral a todos atrai e causa admiração, que dizer, que citar sobre a excelsa virgindade de Maria, cuja heroicidade em guardar essa virtude excede a tudo quanto pode imaginar a inteligência humana! Não só é virgem, mas ama, escolhe, defende e prefere a virgindade à honra da maternidade divina e à doce esperança de entrar em relações com o próprio Messias. Tudo isso em tempos, no meio de um povo e em circunstâncias que induziam justamente o contrário.

Foi a **primeira** entre as filhas de Eva, a primeira entre as de Israel, que voluntariamente e até por um voto se obrigou a viver em perfeita e perpétua castidade. Quanto amor deveria sentir o seu coração por essa virtude, para quebrar com os costumes e tradições de seu povo e expor-se às censuras e repreensões de seus parentes! Com efeito, somente este fato é suficiente para a proclamarmos Virgem das virgens, Rainha das virgens!

Também o modo por que conservou esse estado a eleva sobre todas as outras virgens que nela encontram o **modelo** mais perfeito que se pode exibir!

Quando o Arcanjo Gabriel lhe anunciou a graça de ter sido escolhida para Mãe do Salvador, ela não hesitou em recusar firmemente essa imensa dignidade se tivesse de sacrificar a sua virgindade. Por isso, respondeu imediatamente:

"*Quomodo fiet istud quoniam virum non cognosco?*" "Como se pode dar isto, se não conheço varão?" (Lc 2).

Explicando essas palavras, diz Santo Agostinho:

"Ela não responderia assim, se não se tivesse obrigado por um voto à perpétua virgindade".

E Belarmino afirma:

"Aquelas palavras não querem dizer: agora não conheço varão; do contrário, seria ridícula semelhante pergunta".

Ela queria conservar-se virgem, ainda que tivesse de renunciar à dignidade de Mãe de Deus! Que sentimentos puros e elevados! Sentia e pensava com maior nobreza que os próprios anjos!

Que Nossa Senhora, por um privilégio divino, se tornou Mãe, **conservando a integridade virginal**, quer na encarnação, quer no nascimento de Jesus e depois durante a sua vida toda, está fora de dúvida e é doutrina expressa da Santa Igreja, que no símbolo apostólico nos manda rezar:

"...Creio em Jesus Cristo, um só seu Filho, Nosso Senhor, o qual foi concebido do Espírito Santo – nasceu de Maria Virgem..."

Resolução: *Estimar a virgindade.*

Maria, modelo de consagração virginal

Infelizmente, houve quem quisesse negar a Maria a auréola da virgindade: foi o protestantismo que reclamou a triste honra de macular com a sua heresia e contradição a coroa de lírios que orna a fronte da Virgem Mãe. Baseia-se ele em algumas palavras da Sagrada Escritura: que fala de *irmãos de Jesus*. Querem, a todo o transe, interpretar a seu modo essas palavras, não se lembrando de que a sua interpretação é sumamente injuriosa a Nossa Senhora, contrária a outras palavras da mesma Escritura que ensina a perpétua virgindade de Maria e é contra o unânime sentir do povo cristão. Não se pode levantar contra Nossa Senhora calúnia que mais lhe ofenda os sentimentos!

Quem poderia admitir que Maria, depois de perante o anjo ter defendido com tanto zelo e amor a sua virgindade, preferindo-a à mais alta dignidade que o ser humano pode revestir. Depois de ter sido alvo de extraordinárias operações divinas, como ela mesma o reconhece: *fez grandes coisas em mim o Todo-poderoso, cujo nome é santo*; depois de se ter tornado o tabernáculo vivo do Altíssimo, sendo elevada sobre os querubins e serafins, entrando por assim dizer em afinidade com a Santíssima Trindade e de ter, com o seu leite virginal, alimentado o próprio Filho de Deus – esquecesse todas as prerrogativas, graças e distinções, para ceder aos apetites da carne, colocando-se no número das míseras filhas de Eva, que só em dores e com a perda da auréola virginal podem dar à luz! Oh! Não! Pensar desse modo não é igualar Maria às outras mulheres, é deprimi-la, negando-lhe toda a dignidade; é colocá-la abaixo de qualquer mulher sensata; por isso, longe de merecer a nossa veneração, digna seria de todo o desprezo.

Em vez de nos congratularmos com Jesus, por ter encontrado uma Mãe digna de oferecer a substância necessária para a sua humanidade sacrossanta, deveríamos apresentar-lhe as nossas condolências, por não ter achado quem com dignidade soubesse desempenhar essa missão divina.

Todo o nosso ser se revolta com tal hipótese e indignados podemos apenas bradar:

"Calai-vos, ingratos! Morreu o vosso amor filial para com a Mãe de Jesus! Nem sabeis fazer-lhe justiça! Mas, quanto menos respeitardes aquela que é Mãe do Salvador, tanto mais havemos nós de honrá-la e com a Santa Igreja não cessaremos de afirmar: depois do parto ficastes virgem inviolada, Mãe de Deus, rogai por nós".

O que dizer dos chamados *irmãos* de Jesus, de que falam os santos evangelhos? A Sagrada Escritura usa frequentemente dessa expressão, sem com isso designar irmãos corporais, mas apenas parentes. Sabemos que Ló e Abraão eram apontados como *irmãos* e, no entanto, os mesmos livros nos dizem que o seu parentesco não era esse. Também em outro lugar do Antigo Testamento se diz *irmãos*, quando se trata de qualquer parente. Da mesma maneira o Evangelista fala nos *irmãos* de Jesus, referindo-se à sua parentela, no que o acompanha a Sagrada Escritura. O Apóstolo São Paulo também escreve:

"*Dos outros apóstolos não vi nenhum senão a Tiago, irmão do Senhor*".

Entretanto, Tiago era filho de Alfeu e de Maria, parenta de Nossa Senhora.

Os Santos Padres nunca acharam que fosse obstáculo, para admitir e crer firmemente na imaculada virgindade de Maria, essa palavra: *irmãos de Jesus*. Rejeitando todas as objeções dos hereges, rezaram sempre o símbolo apostólico: *nasceu de Maria Virgem*.

Certo religioso da ordem de São Domingos andava muito preocupado e perplexo com a perpétua virgindade de Maria. Por isso procurou a Santo Egídio, irmão franciscano, com o fim de lhe manifestar a sua dúvida; mas não teve tempo de falar, pois, mal se havia aproximado do santo, este tomou uma vara e com ela bateu três vezes no chão dizendo:

"Irmão pregador: Nossa Senhora foi virgem antes do parto, no parto e depois do parto".

De cada vez que bateu, brotou na terra um belíssimo lírio.

Não precisamos de milagre para crer uma verdade tão honrosa para Maria Santíssima e tão agradável ao nosso coração.

Cremos, porque a Santa Igreja nos ensina.

Resolução: *Mostrar o meu amor à virgindade, animando as almas escolhidas, que quiserem consagrar-se a Jesus, a perseverar na sua santa resolução.*

11. Mãe de Jesus Cristo, rogai por nós

Todos os títulos que damos a Nossa Senhora estão em íntima conexão com Jesus, que é fonte da grandeza de Maria. O filho de Deus, com quem, pela maternidade divina, ela entrou na mais estreita relação e intimidade, é a causa de tudo quanto de grande se pode dizer a seu respeito. Por isso, a sua honra essencial declina sobre a pessoa de Jesus. Maria é a verdadeira mãe de Jesus, cujo corpo foi formado no seu seio puríssimo, e cujo sangue virginal foi a substância da qual o Espírito Santo formou no útero da Virgem os membros sagrados do Divino Infante! Durante nove meses o sangue puríssimo de Maria alimentou o corpo do Menino Deus, constituindo os dois durante esse tempo um ser orgânico. *Quia idem est quod illa*, porque Ele era o mesmo que ela, diz São Pedro Damião. Marcião, os maniqueus e outros hereges ensinariam que o corpo de Jesus não era verdadeiramente corpo humano, mas um corpo fictício tal qual o do Arcanjo Rafael, quando acompanhou o jovem Tobias.

Valentino e Apeles também afirmaram que Jesus tinha um corpo aéreo e que este passou pelo seio da Virgem como por um canal, de modo que, segundo a doutrina desses hereges que negaram a humanidade de Jesus e logicamente a verdadeira maternidade de Maria, aquele não recebeu os seus membros da substância desta.

Devemos sustentar, quando dizemos "Mãe de Jesus Cristo", uma tríplice verdade ensinada pela Sagrada Escritura: 1) Jesus é verdadeiramente homem; 2) Jesus recebeu a sua humanidade das entranhas de Maria, por conseguinte, ela é mãe de Deus; 3) Jesus recebeu os seus membros humanos exclusivamente de Maria, sem concurso de qualquer outra pessoa, por isso, com maior direito do que qualquer outra mãe, ela pode se dizer Mãe de Jesus.

Abrindo-se a Sagrada Escritura, lendo atentamente a mensagem do anjo enviado por Deus para anunciar o grande mistério da encarnação, desvanece-se qualquer dúvida que porventura se possa ter a respeito da humanidade de Jesus Cristo. Quando o anjo falava a Maria, usava expressões comuns: eis que conceberás no teu ventre e parirás um filho; o santo que nascer de ti será chamado Filho de Deus. E, para evitar sentido ambíguo, São João diz claramente no princípio de seu evangelho: "*Et Verbum caro factum est*" – "E o Verbo se fez carne". Também Jesus se declara repetidas vezes verdadeiro homem, e de preferência se intitula "filho do homem".

Mais tarde, o Apóstolo São Paulo ensina expressamente a verdadeira humanidade de Jesus. *Semetipsum exinanivvit formam servi accipiens et habitu inventus ut homo.* Ele, o Filho de Deus, se aniquilou, assumindo a forma humana, tornando-se em tudo igual ao homem, exceto no pecado.

Se Jesus não fosse um verdadeiro homem, e se o seu corpo fosse fictício, também o seria a nossa redenção; fictícios igualmente o seu nascimento, suas obras, seus trabalhos e sofrimentos, sua Paixão e morte, sua ressurreição e gloriosa ascensão; conseguintemente, vã toda a nossa esperança! Mas não! Jesus Cristo é verdadeiro Deus e verdadeiro homem, do qual diz o símbolo Niceno que o sacerdote reza na missa: *"Et incarnatus est de Spiritu Sancto; ex Maria Virgine et homo factus est"*. "Fez-se carne pelo Espírito Santo e de Maria Virgem se fez homem". Quando na Santa Missa nos ajoelharmos para recitar essas palavras, adoremos profundamente o grande mistério da encarnação do filho de Deus, glorificando a sua sacrossanta humanidade, o preço da nossa redenção.

Jesus Cristo é, portanto, verdadeiro homem; tomou nossa carne das puríssimas entranhas de Maria Virgem, que por isso é chamada "Mãe de Jesus", expressão inexata e imprópria, se ela não lhe tivesse dado a sua carne mortal.

Resolução: Agradecer a Maria por ter dado seu puríssimo sangue, do qual foi formado o corpo de Jesus.

"Bem-aventurado o ventre que te trouxe e os peitos que te alimentaram".

O Evangelho nos narra que uma mulher, vendo os milagres de Jesus e ouvindo a sua doutrina, cheia de entusiasmo, engrandeceu aquela que foi digna de ser mãe de filho tão santo e poderoso, dizendo: *"Beatus venter qui te portavit et ubera quae suxisti"*. "Bem-aventurado o ventre que te trouxe e os peitos que te alimentaram."

Interpretando essas últimas palavras, escreve São Beda o seguinte: "Grande devoção e profunda fé revelou esta mulher que, enquanto os escribas e fariseus, tentando ao Senhor, blasfemavam, reconheceu com toda a sinceridade a encarnação do Senhor e confessou-a com toda a firmeza. A sua profissão de fé fez calar a calúnia dos inimigos presentes e impôs silêncio à perfídia dos futuros hereges. Como naquele tempo os judeus negaram a divindade de

Jesus, mais tarde apareceram alguns heréticos recusando acreditar que a sempre Virgem Maria tivesse dado da sua própria carne a substância para os membros humanos do unigênito Filho de Deus, que pela graça do Espírito Santo havia de nascer de Maria; que Jesus tivesse a mesma substância que sua Mãe e fosse verdadeiro homem".

Continua o mesmo santo: "Se a carne que o Verbo de Deus recebeu na sua encarnação é estranha à carne de Maria, não há razão alguma para engrandecer e exaltar o ventre que o trouxe e os peitos que o alimentaram: o Apóstolo São Paulo afirma que o Filho de Deus foi feito da mulher e feito segundo a lei. Não merecem atenção aqueles que querem que se leia: "nascido da mulher e feito segundo a lei". Mas sim **"feito da mulher"**, pois, concebido e formado no útero da Virgem, recebeu a sua carne, não do nada, nem de fora, mas tirou-a da carne materna, senão não poderia ser chamado verdadeiramente Filho do Homem. Dada essa explicação, levantemos a nossa voz em união com toda a Igreja, da qual essa mulher foi a representante, e digamos ao Divino Salvador: "Bem-aventurados o ventre que te trouxe e os peitos que te alimentaram" (*Ofício de Nossa Senhora*).

A doutrina da Santa Igreja confirma peremptoriamente tais palavras desse grande doutor relativamente à encarnação do Filho de Deus, obra maravilhosa e divina. Portanto, Maria é mãe de Jesus, mais do que qualquer outra mulher é mãe de seu filho.

Só Deus no céu e Maria na terra podem dizer a Jesus: "Tu és meu filho, hoje eu te gerei". Jesus é todo de Maria e é só de Maria! Ah! Que união admirável! Que distinção para Maria poder oferecer a sua carne, o seu sangue, para o Espírito Santo formar a sacrossanta humanidade de Jesus, digna de toda a honra e glória!

Por aí se pode imaginar quão puro deve ser o amor que Jesus sente por sua mãe, a quem, sem exagero, podemos afirmar, Ele nada recusará. Basta que ela lhe aponte os braços que o sustentaram para Jesus boamente lhe conceder tudo o que lhe pedir.

A Sagrada Escritura, na pessoa de Salomão, nos apresenta uma bela imagem do poder de Maria sobre seu Divino Filho. Estava em seu trono este sábio rei, quando sua mãe entrou: imediatamente se levantou, abraçou-a e, colocando-a sobre outro trono à sua direita, disse-lhe: "Peça, minha mãe, pois não é justo que vá descontente". Ao lado de Jesus, sentado à mão direita de seu Pai, está Maria sobre um trono de glória, e Jesus, com mais ternura e fidelidade do que Salomão, lhe diz: "Peça, minha mãe, pois não é justo que vá descontente". Santa Gertrudes, a quem Jesus fez as maiores revelações, ouviu-o dizer um dia a sua mãe: "Minha mãe, peça o que quiser", ao que ela respondeu: "Peço misericórdia para com os miseráveis". Nós somos esses miseráveis que a mãe de Jesus lhe recomenda tão ternamente. Recorramos a ela, dizendo com a Santa Igreja: A vós bradamos, os degredados filhos de Eva...depois deste desterro nos mostrai a Jesus, bendito fruto do vosso ventre! Oh! Clemente, oh! Piedosa, oh! Doce, sempre Virgem Maria.

Resolução: *Receber a santa comunhão com toda a devoção, rogando a Maria Santíssima que nos auxilie a receber dignamente aquela carne imaculada que foi tirada da sua.*

12. Mãe da divina graça, rogai por nós

Por três motivos merece Maria Santíssima ser chamada "mãe da divina graça". Primeiramente, por ser **mãe daquele que é o autor de todas as graças**, Jesus Cristo, o Filho de Deus, no qual habita a plenitude da divindade! Embora chamemos Nossa Senhora *mãe da divina graça*, sabemos que toda a graça vem de Jesus: "*Per quem omnia, in quo omnia*". Só em Jesus como em fonte originária encontraremos a vida da alma! Diz São Paulo: "*In quo habemus redemptionem per sanguinem eius, quae superabundavit in nobis*". "No qual nós temos a redenção pelo seu sangue, a remissão dos pecados, segundo as riquezas de sua graça, que Ele derramou com abundância sobre nós" (Ef 1,7).

Só por Jesus podemos chegar ao trono de Deus. *Ninguém*, diz Ele, *pode chegar ao Pai, senão por mim, pois eu sou o caminho, a verdade e a vida.*

Jesus nos foi dado por Maria, que é a origem e o princípio de nossa salvação, porque nos deu o Salvador e é a mãe do autor de todas as graças.

O segundo motivo pelo qual bem acertadamente a denominamos "mãe da divina graça" **é a abundância de graças** que ela recebeu em seu coração. *Ave, cheia de graça*, atesta o mensageiro celeste. Maria é o vaso sagrado, onde

Deus deposita as riquezas de sua bondade e misericórdia. Não houve criatura que tivesse sido cumulada de graças tão abundantes e variadas! *Os outros todos,* diz São Jerônimo, *receberam parte das graças, mas em Maria se infundiu toda a plenitude de graça.*

Por isso afirma o mesmo santo doutor: *Deus ama a Santíssima Virgem unicamente, mais do que a todos os outros santos.* E com razão, pois São João Crisóstomo diz que ela é mais santa do que os serafins e querubins e, sem comparação alguma, mais gloriosa do que todos os exércitos celestes. Não é, pois, de admirar que a Igreja a invoque: "mãe da divina graça, rogai por nós".

A Igreja nessa invocação tem em vista um terceiro motivo, que nos interessa de um modo particular: chama-a "mãe da divina graça" por ter sido constituída por Deus **dispensadora de todas as graças**. É uma doutrina que encontra pleníssimo acordo entre todos os Santos Padres. São Bernardo cognomina Maria: *aquaeductus divinae gratiae* – o aqueduto da divina graça, e diz que Deus não nos quer dar graça alguma que não passe por suas mãos maternas. Santo Agostinho dizia: "Vós, ó Maria, sois cheia de graça que achastes em Deus e esta graça deveis distribuir pelo mundo inteiro". São Germano diz que ela é a procuradora geral de todos os bens e a salvadora de nossa miséria. "Por seu intermédio, os míseros alcançam misericórdia, os ingratos a graça, os pecadores perdão, os humildes as coisas sublimes, os peregrinos a pátria" (Sto. A.).

Segundo a opinião de um outro santo, Maria é a tesoureira das graças de Deus, pois nela, por ela, com ela e dela o mundo recebe e há de receber todos os bens. Nossa Senhora quis ilustrar essa verdade numa visão a Santa Catarina de Gênova. Apareceu à santa com as mãos cheias de ouro, de pérolas e de pedras preciosas:

Veja, minha filha, disse ela, estas são as graças que eu quero distribuir aos homens: o ouro significa a graça da minha proteção, as pérolas a da minha direção e as pedras denotam a minha bênção.

Felizes os que se lembram de pedir a Nossa Senhora este ouro de sua proteção, as pérolas de sua direção e as pedras de sua bênção, pois o que lhes faltará? Quem os incomodará? Digam-no essas almas que inteiramente confiam a Maria!

Resolução: *Nos maiores perigos lembrar-se de Maria.*

Ave cheia de graça

A doutrina, segundo a qual Nossa Senhora é distribuidora de todas as graças, não é apenas uma piedosa opinião de alguns Santos Padres, aliás comumente admitida na teologia. Ela encontra na Sagrada Escritura pleno apoio. Dois fatos, que se deram na vida de Maria Santíssima, fatos que o Evangelista descreve minuciosamente, ilustram e confirmam admiravelmente esse título de Maria "distribuidora de todas as graças". Pois foi pelas mãos de Maria que Jesus distribuiu as primeiras graças, uma de ordem sobrenatural, outra de ordem natural. O primeiro fruto da redenção, a santificação de São João Batista no ventre de sua mãe, operou-se por meio de Maria. A sua voz e a sua saudação foram a causa externa dessa grande obra da graça divina! Mais tarde, quando Jesus se apresentou ao mundo como Messias, e para provar a sua missão divina operou o primeiro milagre, foi ainda Maria quem pediu. Nestes dois fatos tão significativos, Ele nos mostra claramente que quer distribuir todas as suas graças, temporais ou espirituais, pelas mãos abençoadas de sua mãe santíssima.

Sendo assim, exclama São Bernardo, "Maria abre a todos o seio de misericórdia, para que, de sua plenitude, os cativos recebam liberdade; os doentes, saúde; os tristes, consolação; os pecadores, perdão; os justos, a graça final; os anjos, alegria; por fim a própria Santíssima Trindade, honra e glória, e o Filho de Deus, a substância de sua carne humana".

A Santa Igreja também quer que recorramos a Maria e junto dela procuremos as graças de que precisamos; para isso se serve das belas palavras da Sagrada Escritura e em nome de Maria nos diz: "Vós todos, que tendes sede, vinde às águas, e os que não tendes prata apressai-vos, comprai e comei: vinde, comprai sem prata, sem comutação alguma, vinho e leite". Mais uma vez repete esse convite pela boca do sábio, oferecendo à própria humanidade as suas riquezas: "Vinde e comei o pão que vos dou e bebei o vinho e o leite que vos preparei" (Pr). O pão, o vinho e o leite, que ela tão boamente nos oferece, significam a graça de Deus, e por ela fortalecidos poderemos percorrer o caminho da virtude, e vencer os mil inimigos e dificuldades que nele encontramos.

Quem conhecer o papel importante que Nossa Senhora tomou na nossa redenção não se admirará de que ela seja a dispensadora de todas as graças. Por ela nos veio o Salvador, não é justo que de suas mãos recebamos as graças que esse Salvador nos mereceu?

Se os homens, os monarcas, costumam ter intermediários nos despachos de todos os seus favores, por que não pode Deus fazer o mesmo?

O Rei Afonso de Aragão concedeu à Rainha Lucila, sua piedosa esposa, o privilégio de ser atendida em todas as questões que ela patrocinasse. Os súditos, aproveitando esta disposição do Rei, faziam passar pelas mãos da Rainha todas as suas reclamações.

Um dia, porém, certo homem entregou diretamente ao soberano uma petição, fato esse que excitou a compaixão do mestre de cerimônias, que exclamou: Pobre homem, não conhece o único caminho por onde pode alcançar o que deseja; não será atendido. Igual privilégio concedeu o Grande Rei, o Filho de Deus, à sua Mãe Santíssima, por isso se enganam aqueles que esperam salvar-se sem o concurso e intercessão de Maria.

Infelizes os que não conhecem o único caminho pelo qual podem chegar a Jesus, e obter a sua salvação. *"Per Mariam ad Jesum"*. "Por Maria a Jesus". Esta sentença de Santo Afonso é também da Santa Igreja, que nos manda rezar: Mãe da divina graça, rogai por nós.

Resolução: *Todas as graças que pedir a Jesus, pedir por intermédio de sua Mãe Santíssima.*

13. Mãe puríssima, rogai por nós

No dia 2 de fevereiro celebra a Igreja uma festa denominada Purificação de Nossa Senhora!

Quem não conhece a liturgia e ignora a significação desta festa estranhará que se fale em Purificação de Nossa Senhora, sendo ela "toda bela, santa e imaculada", conforme reza a mesma Igreja. Não haverá nisto contradição? Precisaria, realmente, Nossa Senhora de uma Purificação para tornar-se santíssima e imaculada? Aquela festa, longe de pôr em dúvida a santidade de Maria, vem pelo contrário destacar a sua profunda humildade em submeter-se voluntariamente a uma lei mosaica da qual estava isenta, e em colocar-se no meio das outras senhoras, como se fosse semelhante a elas e não a "bendita entre as mulheres", ocultando assim a sua imensa dignidade! Maria foi sempre pura, santa e imaculada, por isso a Igreja a saúda na ladainha: *Mater Purissima* – Mãe Puríssima.

De fato, Maria é a criatura mais pura, mais bela, e mais perfeita que saiu das mãos do Criador. Não tratamos aqui da **beleza corporal**, que, embora passageira e inconstante, tornou-se, no corpo virginal da Mãe de Deus, um privilégio permanente e chegou ao auge da perfeição, como consequência lógica e natural da sua santidade e inocência. Dizem que São Dionísio Areopagita, tendo visto Nossa Senhora, ficou arrebatado pela sua quase divinal beleza, de tal modo que, como ele mesmo confessou, tê-la-ia adorado qual divindade, se a fé não lhe tivesse ensinado que ela era simples criatura.

Se tanto o encantou a beleza corporal de Maria, que teria sentido o mesmo santo tendo visto a sua verdadeira **beleza**, a sua **santíssima alma**?

A alma de Maria é a obra-prima da criação divina, e como ela mesma diz: "*Ab initio ante saecula creata sum*" – "Desde o princípio e ante os séculos eu fui criada". Nela Deus exauriu a sua onipotência, sabedoria e bondade. Assim a sua alma é, na frase da Igreja, que emprega as palavras da Sagrada Escritura: "*Candor est lucis aeternae et speculum sine macula*" – "Condor da luz eterna e espelho sem mácula" (Sb 7,27). A contemplação da beleza de Maria Santíssima, desde a sua Imaculada Conceição, causou grande admiração e entusiasmo aos próprios espíritos celestes, embora acostumados a ver e admirar a magnificência dos céus. "Quem é esta, perguntaram eles uns aos outros, ao verem a alma imaculada de Maria, quando saiu das mãos do Criador, quem é esta que se levanta qual aurora, bela como a lua, escolhida como o sol? Compararam-na à aurora e à beleza do firmamento, porém a aurora, o sol e a lua, embora belíssimos, ficam muito aquém da beleza de Maria. E tudo o que há de mais belo lhe deve servir de ornamento", como descreve o Evangelista São João: "Vi a mulher vestida com o sol, a lua debaixo de seus pés e uma coroa de doze estrelas sobre a cabeça" (Ap).

Deus mesmo manifestou a sua admiração pela formosura de Maria. Depois de ter criado o céu e a terra, contemplou as criaturas e, segundo diz a Escritura, *achou tudo bom*. Criando a alma imaculada de Maria Santíssima, destinada desde a eternidade a ser mãe de seu Divino Filho, contemplou a sua obra e achou-a não simplesmente boa, mas de uma beleza que o fez irromper em aplausos e exclamar: "*Tota pulchra es, amica mea, et macula non est in te*". "Toda formosa és tu, minha amiga, e mácula alguma existe em ti." Chama-a toda bela em corpo e alma: toda santa, toda luz e claridade, toda beleza sem aqueles defeitos e máculas das outras filhas de Eva; portanto, ela é realmente a "bendita entre as mulheres".

Resolução: *Velar cuidadosamente pela beleza da nossa alma.*

Maria Santíssima

A beleza de Maria Santíssima é tal, que os Santos Padres reconhecem e confessam a sua incapacidade de engrandecê-la dignamente. Santo Agostinho confessa claramente: "*Quibus te laudibus efferam, nescio*" – "Não sei como poderei dignamente louvar-vos". Santo Efrém aclama-a: "Mais santa do que os serafins e querubins, e sem comparação mais glorios a do que todos os exércitos celestes". São João Crisóstomo declara que não há quem seja mais santa, mais gloriosa do que Maria! Todos os Santos Padres, enfim, a proclamam pura, santa, santíssima, imaculada. E nós outros nos associamos aos anjos e aos santos, admiramos e engrandecemos a sua admirável beleza, repetindo as próprias palavras do Espírito Santo: "Toda formosa sois vós, ó Maria, e não há mácula alguma em vós".

A alma em estado de graça possui uma beleza que não se encontra nas criaturas invisíveis! Nós, pela graça de Deus, recebemos esse dom divino; nossa alma tornou-se bela e por isso é o trono de Deus. Conservemos sempre esta beleza e evitemos desfigurá-la com as impurezas do pecado, se não queremos desagradar a nossa Mãe Santíssima; pois ela detesta o pecado e desvia o seu olhar do coração escravizado pelo vício: *"Nihil inquinatum in eam incurrit"*. "Nenhuma impureza manchou o seu coração", diz a Sagrada Escritura. É muito natural, portanto, que ela deseje ver a mesma pureza e inocência nos corações dos cristãos, máxime no de seus devotos. As orações, as preces que saírem de um coração imundo; os cânticos que forem entoados por lábios impuros; as flores que lhe forem ofertadas por mãos manchadas pelo pecado – não podem agradar ao seu imaculado coração nem atrair as suas vistas; triste, ela desviará os olhos de tais honras.

Esta verdade deu Nossa Senhora a entender a um jovem conde, que se dizia seu devoto, mas que levava uma vida pecaminosa. Diariamente recitava diversas orações em sua honra, prestava-lhe certas homenagens e ao mesmo tempo continuava a entregar-se ao vício. Tendo-se perdido por ocasião de uma caçada, sentiu fome e, como não tinha o que comer, confiado na sua devoção a Maria Santíssima, julgou-se com o direito de lhe pedir quase um milagre. Nossa Senhora atendeu-o, mandando-lhe uma comida deliciosa, mas em vaso tão imundo que o jovem, embora com muita fome, não pôde vencer o nojo. Queixou-se então a Nossa Senhora, dizendo-lhe que não podia aceitar a comida, porque ela havia mandado em um vaso muito sujo. Nossa Senhora respondeu-lhe: "Assim como tu não podes apreciar uma boa comida em vaso imundo, eu também não posso aceitar os teus louvores, enquanto continuares nessa vida".

Oh! Examinemos bem a nossa consciência e vejamos se o nosso coração, as nossas mãos e os nossos lábios estão limpos; se a eles aderiu uma mácula, uma impureza, uma injustiça, se nós podemos nos aproximar do trono glorioso de Maria sem ofender o seu puríssimo olhar. Quanto mais puro, mais belo e mais santo o seu coração, mais santo, mais belo e mais puro deve ser o nosso.

Só assim nossos cânticos e louvores soarão bem aos seus ouvidos, e nossas preces serão favoravelmente acolhidas.

Roguemos à Mãe Puríssima nos assista com a sua proteção, preservando-nos de todo o pecado. Digamos com a Santa Igreja:

"*Vitam praesta puram, iter para tutum*".

"Dai-nos uma vida pura; ponde-nos em via segura".

Mãe Puríssima, rogai por nós.

Resolução: *Evitar com a graça de Deus e a intercessão de Maria toda a falta contra a modéstia, e para este fim rezar diariamente 3* Ave-Marias *com a consagração: Ó minha Senhora, ó minha Mãe etc.*

14. Mãe castíssima, rogai por nós

Recitando as duas invocações, "Mãe Puríssima" e "Mãe Castíssima", parece que repetimos a mesma verdade, empregando apenas duas palavras diferentes. Mas não é assim.

Contemplando superficialmente o firmamento, as estrelas se nos afiguram da mesma claridade; olhando-se, porém, mais atentamente, logo se nota a sua grande variedade, quer em brilho, claridade ou beleza.

Isso se dá com a Ladainha de Nossa Senhora, que forma uma coroa composta de pedras preciosas. À primeira vista, parece um só e grande diamante; mas, estudando-a cuidadosamente, descobre-se a grande variedade que possui nos diversos títulos, cada um com o seu brilho adequado, demonstrando separadamente uma grandeza em Nossa Senhora, mas concorrendo todos para engrandecer a excelsa Mãe de Deus.

Se a invocação antecedente nos mostrou a beleza de Maria, tanto a corporal como a espiritual, no esplendor das riquezas de todas as virtudes, a invocação *Mãe castíssima* vem pôr em destaque uma virtude particular, que nela teve um brilho todo extraordinário. É a sua **incomparável castidade**.

Não se trata da sua castidade virginal que em outra invocação prenderá o nosso pensamento; *Mãe castíssima* quer dizer e lembrar a sua castidade de **cônjuge**, de **esposa** e de **mãe**.

Cada estado tem sua virtude particular, mas há virtudes que se devem praticar em todos os estados e em todas as condições da vida; entre elas está a castidade.

Há uma castidade virginal, a mais bela flor do jardim das virtudes. Torna o homem semelhante aos anjos do céu e digno de ver a Deus.

Mas, há também uma conjugal, que igualmente deve ornar os esposos, sem a qual o matrimônio perde a sua nobreza e os cônjuges se abaixariam ao nível do irracional. É necessária em tudo e para todos grande temperança no uso ilícito das criaturas e, mais ainda, no gozo do prazer.

Essa regra serve especialmente para os casados, cuja modéstia deve transparecer nos seus gestos, palavras e até no olhar. Essa admirável virtude enobrece os esposos, inspira muito respeito e veneração; é a raiz da fidelidade e a fonte do amor conjugal. Por isso também a Santa Igreja a recomenda na bênção nupcial, pedindo particularmente pela esposa, para que seja casta como Rebeca.

O modelo mais perfeito de castidade conjugal é Maria, a *bendita entre as mulheres*.

Testemunha-o seu próprio esposo, São José, que, ignorando o grande mistério que o Espírito Santo havia operado em sua esposa, imaculada, ignorava naturalmente que ela se tivesse tornado Mãe de Deus; vivendo com Maria, embora em absoluta pureza virginal, não lhe podia escapar o seu estado alterado! Que pensar? Como explicar isto? Viu que ela ia ser mãe, sem o concurso legítimo do esposo; não devia, pois, desconfiar? Não era justo que, obedecendo à Lei de Moisés, ele a acusasse de adultério?

Mas, nada fez que pudesse ser interpretado como desconfiança na virtude de Maria, pois São José era justo e, conhecendo a pureza de sua esposa, não podia, sem injustiça, nem em seus pensamentos, acusá-la de um crime. Seus olhos veem que ela ia ser mãe, mas o seu coração, todo o seu ser lhe diz:

"Aqui há um mistério; minha esposa é santa, é pura, casta e imaculada. É incapaz de uma falta; por isso, retiro-me, deixando que Deus mesmo desvende esse incompreensível segredo".

Ah! Que virtude admirável transparece em Maria; que castidade angélica reflete o seu olhar, a ponto de desfazer qualquer dúvida e repelir toda a desconfiança, mesmo quando os próprios sentidos parecem afirmar o contrário. Só naquela que foi digna de ser Mãe de Deus se encontra tamanha virtude! Ela é mãe, esposa e cônjuge sem mácula, sem sombra e impureza. É castíssima nas suas palavras, nos seus gestos e pensamentos, no corpo e na alma. É o modelo perfeito para as esposas e mães.

Oxalá todas elas aprendessem com Maria essa bela virtude! Se soubessem quão necessária é ela no lar cristão e a sua importância para a esposa e para a mãe! Oh! Sim, a esposa cristã deve ser como Maria, casta em tudo.

Enfim, pai e mãe, filhos e empregados, todos devem cultivar esta virtude; todos devem pedir diariamente:

> Virgem entre todas, singular,
> A mais branda,
> Extintos nossos pecados,
> Fazei-nos brandos e castos.

Resolução: *Evitar qualquer palavra equívoca e gestos menos convenientes.*

A virtude da castidade

A castidade é uma virtude que se impõe. A pessoa casta é respeitada e venerada. Sua presença inspira amor à virtude e reprime a imodéstia. Devido à convivência de São José, varão castíssimo, com sua esposa, pura e imaculada, cresceu nele sempre e mais o amor a esta virtude e tornou-o incapaz de um pensamento, sequer, menos puro.

Afirmam os Santos Padres que a castidade de Maria exerceu uma ação irresistível sobre todas as pessoas que chegaram à sua presença. A mãe é guarda natural dos bons costumes no lar; é a vigia da modéstia; domina os sentimentos do marido e dos filhos!

O esposo que tem uma esposa verdadeiramente casta, nas palavras, nos gestos, nos modos, não pode deixar de sentir amor por essa virtude! O exemplo da esposa será para ele um forte estímulo, conforme as palavras do Espírito Santo:

"Oh! Quão formosa é a geração casta... porquanto ela é conhecida diante de Deus e dos homens; quando está presente imitam-na".

O exemplo da mãe terá igualmente grande influência sobre os filhos, cujos sentimentos recebem por seu intermédio.

Prouvera a Deus que nunca um filho, ou filha, vissem um ato menos digno de seus pais, ou ouvissem deles uma palavra que pudesse ferir a sua inocência. Assim os cônjuges pratiquem e observem a castidade no seu estado, no seu leito conjugal, e zelem pela honra do seu lar. A castidade é um doce perfume que enche a atmosfera e cria um ambiente agradabilíssimo de bem-estar. É o principal agente que afasta da família o ciúme e a desconfiança, que perturbam tantos lares. Por isso, não se esqueçam de recomendar à Mãe castíssima seus sentimentos, para que ela lhes conserve intacta essa virtude.

Quão poderosa é Maria, quão pronta está para defender a honra e a pureza, vemo-la na vida de Santa Juta. Depois que ficou viúva, certo moço, parente de seu falecido marido, sentindo por ela grande paixão, teve a audácia de manifestar-lhe os seus sentimentos. Juta, indignada e ofendida, lembrou-lhe a gravidade do pecado, assim como a vergonha, se alguém descobrisse semelhante afeto. Entretanto, ela se recomendava e pedia muito a Nossa Senhora para proteger a sua virtude. Um dia recebeu a visita de alguns parentes que a convite pernoitaram em sua casa. Mais tarde chegou inesperadamente o tal moço que, convidado pelos hóspedes de Juta, aceitou prontamente o mesmo convite. A santa estremeceu e, desconfiando de suas intenções, recomendou-se mais do que nunca a Nossa Senhora. Para evitar maior perigo, mandou preparar a sua cama nos aposentos das criadas. De noite, ouviu o perverso deixar o quarto, para procurá-la. Que fazer? Gritando exporia a sua reputação, não havia, portanto, outra saída: Suplicou, pois, ardentemente à Mãe castíssima, que carinhosamente atendeu ao pedido de sua fiel serva. Radiante de luz, apareceu ela, inundando toda a casa com o brilho de sua majestade. O malvado, cheio de terror, sem, entretanto, saber o que se passava, julgou-se descoberto e retirou-se para nunca mais incomodar a sua santa parenta.

Resolução: *Diariamente recomendar a Maria minha pureza, pedindo-lhe que afaste de minha casa o espírito da impureza; e evitar tudo em que pudesse periclitar a virtude do próximo.*

15. Mãe imaculada, rogai por nós

Virgem e mãe parecem termos contraditórios e na verdade, naturalmente falando, um é a negação do outro. Só Maria fez exceção a essa regra, exceção honrosa e divina, porque somente por um privilégio divino se admite tal prodígio. Sim, Maria é virgem e mãe, por isso saudamo-la e invocamo-la, "Mãe Imaculada", "Mãe Intacta" rogai por nós. Confirmamos neste título a seguinte verdade revelada por Deus e piedosamente abraçada pela Santa Igreja. Nossa Senhora, tornando-se mãe, nada perdeu de sua virgindade, porque concebeu do Espírito Santo. No seu seio puríssimo Ele formou os membros de Jesus, sem admitir cooperação humana. A encarnação do Filho de Deus é toda divina, e o fato de Maria reunir a **glória da virgindade** e a **honra da maternidade** é único na história, e, por conseguinte, **uma das maiores maravilhas**.

A Sagrada Escritura, já séculos antes, preparava os homens para tão extraordinário acontecimento, indicando-o como sinal grande e maravilhoso.

O Profeta Isaías foi por ordem de Deus ao Rei Acaz e disse-lhe:

"Peça a Deus um sinal que da profundidade do inferno chegue ao mais alto do céu". Quer dizer, peça um sinal tão grande, que ultrapasse tudo quanto a fantasia humana pode excogitar, pois Deus está pronto a dá-lo.

Acaz respondeu:

"Não pedirei nem tentarei o Senhor." Disse então o Profeta Isaías: "Por isso o mesmo Deus vos dará: Eis que uma virgem conceberá e dará à luz um filho e o seu nome será Emanuel" (Is 7,11-12.14).

Realmente, é um sinal grande e nunca visto; é maior do que o que viu Moisés: a sarça em chamas sem se consumir. Este era apenas uma figura do grande sinal da Virgem-Mãe, como a Igreja reza no ofício de Natal. "Como a sarça de Moisés se conservou ardendo, sem se queimar, assim conhecemos e confessamos que vossa virgindade fecunda se conservou sempre imaculada." Só este fato é suficiente para atrair sobre Maria as vistas do mundo inteiro e fazê-la digna de toda a nossa veneração. Que Maria Santíssima, a humilde Virgem de Nazaré, seja aquela virgem anunciada pelo profeta, ninguém o pode negar. Basta ler a narração do Evangelista Lucas no segundo capítulo, a Anunciação de Nossa Senhora: nesta humilde Virgem se operará o grande sinal, a anulação da lei natural, unindo em uma pessoa a dignidade de **virgem e mãe**.

A única dúvida que Maria opôs ao anjo foi a seguinte: *"Como se fará isto, se não conheço marido?* Sou virgem e nem pela dignidade da Mãe de Deus troco a minha virgindade".

Somente quando o anjo lhe prometeu que havia de conceber do Espírito Santo, sem prejuízo de sua virgindade, ela deu o seu consentimento, dizendo: *Eis aqui a escrava do Senhor, faça-se em mim segundo a vossa palavra.*

Que sentimentos puros de Maria: preferir a pureza corporal à dignidade de Mãe de Deus! Com quanta alegria Deus terá ouvido a sua resposta! Foi a sua pureza e o amor à virgindade, unidos à sua profunda humildade, que a tornaram digna de ser escolhida Mãe de Deus.

Lendo a narração bíblica e meditando sobre a virgindade de Maria, exclamou São Bernardo:

"Oh! Virgem admirável e digna de todo o louvor! Oh! Senhora particularmente venerável, e sobre todas admirável! Reparadora da culpa dos pais, restauradora da vida para os descendentes! O anjo foi enviado a uma virgem; virgem na carne, na mente, por vontade, santa no corpo e na alma, como a descreve o apóstolo; o anjo não a encontrou por acaso, mas desde séculos foi ela escolhida e conhecida por Deus, para Ele preparada, guardada pelos anjos, prefigurada pelos padres, anunciada e prometida pelos profetas".

Todo o sentimento nobre agrada a Deus e merece a sua graça; o espírito, que se eleva sobre a carne, merece a saudação dos anjos e torna-se digno de privilégios e graças particulares. Só em uma alma pura e casta entra a graça divina.

Resolução: *Pedir à Virgem Imaculada amor à santa virgindade.*

Mãe imaculada

Maria é realmente Mãe imaculada. O que nela se operou é obra do Espírito Santo; o mesmo disse o anjo a São José, que, ignorando o grande mistério que se operava em Maria, tinha resolvido abandoná-la. "José, filho de Davi, não temas receber Maria, tua esposa, porque o que nela se gerou é obra do Espírito Santo." O Evangelista acrescenta: "Tudo isto aconteceu para que se cumprisse o que falou o Senhor pelo profeta, que disse: "Eis que uma Virgem conceberá e dará à luz um filho; apelidá-lo-ão Emanuel, que quer dizer: Deus conosco" (Mt 1,20-23).

Daí diz São Pedro Crisólogo: Realmente virgem bem-aventurada, a que tem a glória da virgindade e a dignidade de mãe; bem-aventurada é ainda a que mereceu a graça de conceber divinamente e conservar a coroa da virgindade; bem-aventurada quem teve a glória de conceber o fruto divino e tornar-se Rainha da castidade (Sr 143).

Os Santos Padres apresentam belíssimas comparações e figuras que ilustram a conveniência de que Deus operasse este grande milagre em Maria, unindo nela a dignidade de maternidade divina à virgindade sem mácula. Eis algumas:

Deus formou o corpo de Adão da substância da terra virgem; era justo, portanto, que o corpo de Jesus, o segundo Adão, fosse formado no seio puríssimo de uma virgem imaculada. Veio Melquisedeque, sacerdote do Altíssimo, para oferecer na presença de Abraão um sacrifício a Deus; sacerdote e rei, apresenta-se misteriosamente, ignorando-se quem eram os seus pais; assim Jesus, o Sumo Sacerdote na ordem de Melquisedeque, devia vir a este mundo de uma maneira misteriosa, sem mãe enquanto Deus, sem pai enquanto homem; nasce por si em terra virgem. Do mesmo modo Jesus devia tomar a sua existência, sem cooperação humana, no seio puríssimo da Virgem Imaculada. Jesus, amante das virgens, veio nos ensinar a santa pureza. Era conveniente que desde a sua entrada no mundo mostrasse predileção por esta virtude, escolhendo para sua mãe uma virgem que por sua vez tinha grande amor a essa virtude.

As donzelas que quiseram guardar a sua castidade virginal, mesmo no estado conjugal, recomendaram-se de preferência a Maria.

Santa Delfina tinha apenas 12 anos quando a obrigaram a casar-se.

Triste, corre a Nossa Senhora, suplicando-lhe, com toda a ternura de seu jovem coração, lhe protegesse a virgindade. Nossa Senhora consolou-a, prometendo-lhe proteção.

Coisa extraordinária: facilmente obteve de seu esposo a promessa de viverem em perfeita castidade, o que realmente observaram.

O mesmo aconteceu com Santa Cunegundes, Salomé e diversas outras, que, mediante a valiosa intercessão de Maria, conseguiram a graça de se conservarem virgens, no estado conjugal.

Roguemos, pois, a nossa boa Mãe, Mãe Imaculada, que nos inspire sempre santos e castos sentimentos, conformes ao nosso estado. Se resolvermos consagrar a Deus a nossa virgindade, e se encontrarmos grandes dificuldades, recorramos a ela, lembrando-lhe a perturbação que sentiu em seu coração, quando o anjo lhe falou em se tornar mãe, e pedindo-lhe que nos livre de todas as tentações para que possamos conservar esta belíssima virtude.

Resolução: *Fugir escrupulosamente de relações e amizades que possam perturbar a consciência e provocar tentações.*

16. Mãe intacta, rogai por nós

Grande é a dignidade de mãe, imensas as suas alegrias! Como é tocante contemplarmos a mãe embalando sobre seus joelhos, fitando carinhosamente o doce fruto de suas entranhas! Sim, é um quadro atraente e encantador!

Mas, quanto custa à pobre mulher esta felicidade! A sentença que o Deus ultrajado proferiu contra a mulher é terrível. Não pode, sem passar por veementes dores, gozar o sumo prazer de contemplar com doçura, na nova criatura, sua própria imagem, seu outro ser.

Mas houve uma criatura que foi **isenta** desta lei universal; uma que se tornou mãe, **sem conhecer as tristes consequências do pecado**! Foi Maria! Ela foi mãe, teve um filho, bendito fruto de seu ventre, mas a sentença que fere todas as filhas de Eva não a atingiu! É mãe intacta, por isso não teve de submeter-se, como as outras mulheres, às perturbações, dores e humilhações que precedem, acompanham e seguem os seus partos.

Assim como a virgindade de Maria foi negada, igualmente houve hereges que negaram particularmente o seu parto virginal, o que é ridículo, pois, se ela concebeu do Espírito Santo, sem detrimento e violação de sua virgindade, deu também à luz do mesmo modo. Ao primeiro grande milagre havia de necessariamente se seguir o segundo.

As palavras do Profeta Isaías, já citadas para provar a virgindade de Maria, são muito claras neste ponto: "Eis que uma virgem conceberá, e (ela, virgem) dará à luz um filho, que se chamará Emanuel" (Is 7).

O que adiantava a Maria conceber do Espírito Santo, conservar naquele instante a sua virgindade, se nove meses mais tarde devia perdê-la? Será este milagre, porventura, menos possível do que o primeiro? Fato semelhante vemos na própria natureza: o sol penetra o cristal sem o quebrar, antes pelo contrário o ilumina e lhe dá todo o brilho. Assim Jesus, que é o sol da justiça, penetrando o claustro virginal de Maria, longe de profaná-lo, de prejudicar a sua virgindade, veio trazer-lhe novas luzes e elevá-la a uma altura até então nunca atingida!

Seria possível que Jesus, vindo para reparar o dano da humanidade, diminuísse a pureza de sua mãe? Aquele que saiu do sepulcro sem partir a pedra, que entrou na sala com as portas fechadas, podia, da mesma maneira, entrar e sair do ventre virginal de Maria sem prejudicar a sua integridade.

Podendo-o, com toda a certeza o fez, por ser assim mais honroso para Ele e para sua mãe puríssima.

Se a glória de uma mãe são os seus filhos, que dizer então da glória desta mãe, a bendita entre todas! De fato, toda a glória de Maria é Jesus. Como a fruta dá e indica o valor da árvore, assim o bendito fruto de Maria dá e indica o valor da mãe. Jesus dá-lhe todo o brilho; é a sua honra; é a sua coroa!

Tesouro mais belo, mais valioso do que este menino, nem o céu lhe pode oferecer! Maior alegria não lhe podemos causar; oferta mais preciosa e mais querida não lhe podemos apresentar, do que é este seu Jesus, que recebemos das suas benditas mãos, e a quem, depois de se ter tornado nosso, deitamo-nos gratos em seus braços amorosos de mãe!

Por este menino divino tudo ela nos dará. Por este menino, aceita a nós, míseros filhos de Eva, por seus filhos, dispensando-nos os carinhos de mãe.

> Mãe piedosa, carinhosa,
> Sempre olhando nos está.

Sim, sempre olhando nos está, máxime quando lutamos contra os inimigos da nossa alma em defesa da pureza do nosso coração.

> Aos pedidos dos queridos,
> Abre o terno coração,
> Ao gemido do afligido,
> Ela é toda compaixão.

Digam-no essas milhares de almas que, durante o seu mês, ao pé do altar choraram!

Digam-no essas almas piedosas que lhe ofereceram as suas flores e humildemente lhe pediram proteção, se ela as deixou sair do seu templo sem conforto! Linda coroa colocam sobre a sua fronte os fiéis ao encerrar o seu mês. Mas, coroa mais bela, mais rica, mais luminosa teceu sobre a sua fronte: as lágrimas que enxugou, os corações que animou, as graças sem-número que distribuiu.

> Resolução: *Hoje e sempre,*
> *servo devotado de Maria.*

Mãe consagrada a Deus

"Sairá uma vara do tronco de Jessé, e um renovo crescerá das suas raízes". – Com estas palavras pelo Profeta Isaías indica o Espírito Santo a descendência do Salvador.

Será filho de Davi. Mas a flor que devia dar o botão divino é Maria Santíssima, mãe intacta de Jesus.

Por isso diz um cântico popular no tempo do Natal:

A flor és tu, Maria,
De quem nasceu Jesus,
A luz que aos céus nos guia,
A sempiterna luz,
E a perene mansão
Deleita-se ao perfume
Da rosa e do botão.

Sim, Maria é a mais bela flor que brotou em nossa terra; e desta belíssima flor nasceu o fruto doce e divino: o Menino Jesus. Este nascimento não é apenas admirável, mas é todo divino. Nele nada se vê daquilo que ocorre geralmente no nascimento de qualquer outra criança! Quanta aflição precede a alegria! Quanta dor custa à mãe para poder gozar o prazer de contemplar o seu filhinho!

Neste nascimento tudo é alegria e felicidade. A única nota triste é a pobreza e a humildade do lugar. No mais, alegria no coração e felicidade no olhar. Alegria no céu – anjos descem e cantam: "Glória a Deus nas alturas e paz na terra aos homens de boa vontade".

Alegria no mundo – os pastores correm alegres ao presépio e abraçam o Menino Jesus! Nascimento divino! Indizível alegria da feliz mãe. Bendita entre todas as mães, deu a vida mortal àquele a quem devia a sua própria existência. Nela nada havia de dor, nada de tristeza, nada de aflição, nada de incômodo. O autor da vida deu-lhe ainda mais vida, mais pureza, mais santidade. "Quando por um modo inefável nascestes da Virgem, cumpriram-se as escrituras. Descestes como a chuva sobre o velho, para salvar o gênero humano" (*Ant.*).

Os Santos Padres admiram e enaltecem com belas palavras este grande mistério do nascimento de Jesus de uma virgem. Santo Agostinho compara o nascimento de Jesus com a sua gloriosa ressurreição. A mesma virtude, diz ele, e o mesmo poder que fez entrar os membros juvenis pelas portas fechadas, fez sair os membros infantis das entranhas da mãe, sem violar a sua virgindade. Santo Ambrósio diz, interpretando as palavras do Profeta Ezequiel (44,2): "Quem é esta porta, senão Maria? É porta fechada porque é virgem. E ela é a porta pela qual Jesus entrou neste mundo, quando nasceu sem violar a sua virgindade".

São Bernardo tem uma belíssima comparação: "O nome da virgem é Maria. Esse nome significa 'estrela do mar' e é o mais apropriado para a Virgem-Mãe de Deus. Sem perder o seu brilho, a estrela emite o raio; sem perder a sua virgindade, Maria nos deu o seu filho". Por isso, a Igreja canta nas festas marianas, na prefação da missa: É justo que vos louvemos, bendigamos e glorifiquemos, na festividade da bem-aventurada e sempre Virgem Maria, que concebeu do Espírito Santo, vosso unigênito e, conservando sempre a glória de sua virgindade, deu ao mundo a luz eterna, que é Jesus Cristo nosso senhor.

Congratulemo-nos com ela, saudemo-la com as belas palavras da Santa Igreja: "Santa Mãe do Redentor, porta franca do céu e brilhante estrela do mar, socorrei ao povo cristão que procura levantar-se do abismo da culpa. Vós, que, por um milagre que fez pasmar a natureza, gerastes o vosso criador, ficando sempre virgem, antes e depois do parto, vós, que recebestes saudação tão gloriosa da boca do Anjo Gabriel, tende misericórdia dos pecadores" (*Ant. final*).

Um piedoso casal foi de passeio a Viena levando consigo um filhinho de 5 anos. Em uma das ruas de grande movimento perderam o pequeno de vista. Muitíssimo aflitos, procuraram-no em toda a parte. Afinal, passadas umas horas, caindo já o crepúsculo, encontraram-no, sentado bem tranquilo na frente de uma porta. Abraçando-o cheios de alegria, perguntaram-lhe se não tinha ficado com medo. "Não – disse ele – por que ficar com medo? Então não me entregaram à Mãe do céu? Ela deve olhar para mim!"

Feliz criança, que tão cedo recebe de sua mãe filial amor a Nossa Senhora! Esta filial devoção será seu maior amparo; sua consolação na hora da provação! Oxalá que nenhuma mãe se esquecesse de implantar em seus filhinhos terna devoção a Maria Santíssima, consagrando-os à Santa Mãe de Deus!

Resolução: *Promover a consagração das crianças a Maria Santíssima.*

17. Mãe amável, rogai por nós

Uma estátua de Nossa Senhora, com o Menino Jesus nos braços, mostrando-o à pobre humanidade, atrai e toca o coração; é esse o seu mais belo adorno!

Contemplando-a, não podemos negar-lhe o nosso amor, pois conhecemos que ela é Mãe de Deus e nossa Mãe também!

Que pensamento consolador, e como satisfaz o nosso coração!

Tendo uma piedosa mãe falado ao filhinho sobre o Pai do céu, ele lhe perguntou logo: Mamãe, não temos também uma Mãe no céu?

É o grito da humanidade! Precisamos de mãe, não somente para o corpo; também nossa alma a reclama. Se temos um pai que nos criou e continua a dispensar-nos amor paternal, precisamos sempre das carícias e doçuras da mãe.

E, se Deus não tivesse satisfeito esse nosso natural desejo, sentiríamos imensamente a sua falta.

Que é a vida da criança sem a mãe? É uma planta sem sol. Assim, o cristão sem mãe espiritual levaria sempre uma vida triste e descontente.

Nisto se vê a grandeza de nossa religião católica, que, para satisfazer plenamente os nossos desejos, nos apontou Maria, que é Mãe de Deus e **nossa Mãe**.

Esta penúltima frase é doce harmonia para os nossos ouvidos, causa imenso júbilo ao nosso coração e é a mais bela que conhece o coração do cristão.

Mãe! – é uma palavra que comove o coração humano, pois é sinônimo de ternura, bondade, dedicação, sacrifício e amor!

Maria! – é para o cristão a suma expressão de clemência, misericórdia, doçura, esperança e vida.

Juntando, pois, as duas, Maria e Mãe, temos o que de mais belo e sublime, mais doce e comovente se possa imaginar.

Dizei ao pobre, ao atribulado: "Maria é tua Mãe", nova força lhe invadirá a alma; dizei ao doente, ao triste, ao desesperado a mesma coisa, e a sua fronte serenar-se-á e doce esperança encherá o seu peito. Ao pecador que geme debaixo do peso de seus pecados, que não se atreve a levantar os olhos ao céu, que se julga eternamente perdido, repete: Maria é tua Mãe, e ele também criará coragem, esperará o perdão, e se salvará pelas mãos de Maria, que é Mãe amável, amabilíssima, e a quem devemos consagrar um amor incomparavelmente mais terno, forte e fiel do que o que dedicamos a nossa mãe corporal.

Santa Teresa estava convencida desta verdade e era a sua maior consolação na triste hora em que perdeu sua mãe corporal. Tinha apenas 10 anos, quando ficou órfã; que futuro triste tinha diante de si! Quantos se entregam ao desespero em hora semelhante! Mas não assim esta piedosa menina. Mal a mãe tinha fechado os olhos, Teresa correu ao oratório da casa e, prostrando-se aos pés da imagem da Virgem, disse-lhe entre lágrimas: "Ó Maria, acabo de perder minha mãe; peço-vos, sede vós de ora avante minha mãe". E desde então amou a Maria como sua mãe verdadeira. A grande santidade que Teresa adquiriu é a prova formal de quanto lhe serviu ter tomado Maria Santíssima por mãe.

Se Deus nos deu a graça de nos conservar nossa querida mãe – ou se já a tirou do nosso lado –, consideremos e amemos Maria Santíssima como nossa Mãe verdadeira e nós experimentaremos que boa mãe ela é.

Resolução:
Consagrar a Maria amor filial.

Nossa Mãe

Maria é realmente nossa Mãe; consagra-nos **amor maternal**, e nós lhe devemos o amor de filhos.

Jesus Cristo mesmo, de quem vem toda a autoridade materna e paterna, que nos cumulou de graças e favores, no-la deu com palavras claras e solenes.

Foi no derradeiro momento, já prestes a entregar nas mãos do Pai eterno o seu espírito, que Ele, pregado na cruz, consumando a obra da nossa redenção, com os olhos eclipsados e o coração pulsando apenas, mas excogitando ainda um meio de nos dar a última prova do seu imenso amor, legou-nos em testamento solene tudo o que tinha de mais caro, sua santa Mãe aflitíssima:

"*Ecce Mater tua*" – "Eis aí vossa Mãe".

Estas palavras, última disposição do Divino Salvador, foram recebidas como testamento de Jesus por São João e por toda a Cristandade; por isso, amamos e veneramos a Maria, não somente como Mãe de Jesus, mas ainda como Mãe dos cristãos, nossa Mãe!

Oh! Nunca poderemos agradecer dignamente a Jesus esta suprema prova de seu amor, senão amando a sua e nossa Mãe Santíssima, com todo o amor filial de que é capaz o nosso coração. Maria é nossa Mãe, não da vida corporal ou da existência física que se alimenta de pão; mas da **vida da alma**, que se alimenta da graça de Deus. Sobre o Calvário, debaixo da cruz, quando Jesus, o segundo Adão, derramando seu sangue, nos remiu para a vida da graça; Maria, a segunda Eva, fiel cooperada do Divino Salvador, nos gerou espiritualmente. "Por ter Maria, diz Santo Agostinho, cooperado com seu amor materno, para que nós fôssemos regenerados para a vida da graça, tornou-se espiritualmente nossa Mãe, porque somos membros de nossa cabeça, que é Jesus Cristo."

Isso também afirma o grande doutor seráfico São Boaventura, quando pergunta: *"Então Maria é somente Mãe de Jesus Cristo?* Não, continua ele, não é só Mãe de Deus, mas também a Mãe comum de todos os fiéis". Referindo-se ao sacrifício de Jesus, na cruz, lembrando as graças obtidas, Santo Ambrósio exclama: "Bendito é o irmão, pelo qual Maria se tornou nossa Mãe, e bendita é a Mãe pela qual Jesus Cristo se tornou nosso irmão! Quanta consolação e confiança nos inspira esse santo pensamento!" Santo Anselmo, tomado de ilimitada confiança em Maria, por ser nossa Mãe, exclama: Oh! Feliz confiança, oh certíssimo refúgio; a Mãe de Deus é a nossa Mãe. Felizes aqueles que a amam e a veneram como Mãe Celestial!

Ela nunca esquecerá seus filhos; com ternura maternal, acompanhará seus passos e os defenderá, perante seu Divino Filho, alcançando-lhes perdão e misericórdia. São Bernardo dirige-se a Maria com esta bela e comovente súplica: "Vós sois Mãe do rei e Mãe do réu – vós sois Mãe de Deus e Mãe do juiz; sois Mãe de Deus e dos homens! – Sendo Mãe de um e de outro, não podeis consentir que haja entre eles discórdia".

O bem-aventurado Nicolau Molinari tinha apenas 5 anos quando perdeu o pai. Ficou a viúva com sete filhinhos em grande pobreza. Embora não lhe faltasse a confiança em Deus, era-lhe às vezes quase impossível obter o suficiente para os seus. Por isso, certo dia de grande aflição, levou os filhinhos à igreja, onde havia o grupo do Calvário. Apontando para Jesus crucificado, disse: Este na cruz é vosso Pai, e sê-lo-á sempre. E, apontando para Nossa Senhora das Dores, disse: Esta é vossa mãe, e sê-lo--á sempre; em toda a tribulação tende confiança nela, e sempre achareis amparo.

Resolução: *"Eu prometi, sou filho de Maria – Do meu Jesus por Mãe a recebi: Amá-la-ei na dor e na alegria – É minha Mãe, amá-la prometi".*

18. Mãe admirável, rogai por nós

Os títulos e as invocações que a Santa Igreja dirige a Maria, enaltecendo a sua divina maternidade, evidenciam uns a sua grandeza em relação a seu Divino Filho, como Mãe de Jesus Cristo, Mãe da divina graça etc.; outros realçam o seu mérito pessoal; Mãe puríssima, Mãe castíssima etc.; e outros ainda exaltam a sua relação à humanidade: Mãe amável, Mãe do bom conselho etc. À primeira vista parece não haver ordem nestes diferentes títulos, mas, demorando neles o pensamento, descobrimos uma bela disposição.

Como a maternidade divina de Maria é o alfa e o ômega de sua grandeza, as duas invocações que se referem a Jesus: "Mãe de Jesus Cristo, Mãe da divina graça", colocaram-se antes das outras glórias de mãe; por fim, seguem-se mais outros títulos da mesma relação: Mãe do Criador, Mãe do Salvador.

Considerando, pois, esta incomparável grandeza de Maria, a Igreja qualifica-a de Mãe admirável. Realmente, tudo em Maria é admirável! A sua **vida**, a sua **dignidade** e a sua **relação** com os **homens**.

Há santos cuja vida é cheia de admiráveis e extraordinários acontecimentos; mas não há criatura que atraia a admiração do céu e da terra, dos presentes e dos vindouros, como a humilde de Virgem de Nazaré.

A sua **vinda** foi anunciada pelos profetas. Desde o paraíso, quando se falava no futuro Salvador, era ela mencionada como a mulher mais forte que devia esmagar a cabeça da serpente.

Mais tarde, entre as profecias sobre o Salvador, encontramos numerosas que se referem à Mãe do Messias. Inúmeras igualmente são as suas figuras; citarei apenas algumas: o arco-íris, o velo de Gedeão, a arca de Noé, a arca da aliança e a sarça ardente de Moisés, a escada de Jacó etc.

Assim como Jesus, Maria também teve seus protótipos: a irmã de Moisés, que salvou o menino e que mais tarde tomou parte no triunfo contra os egípcios; Ester, que livrou da morte todo o povo dos judeus; Judite, que defendeu a cidade de Betúlia contra Holofernes etc.

As páginas sagradas do Antigo Testamento chamaram deste modo a atenção dos povos para a vinda daquela extraordinária mulher, a segunda Eva, que devia trazer a salvação.

Maiores **maravilhas** se operam na **sua chegada**! A sua Imaculada Conceição, desde o primeiro instante de sua existência, constitui um dos maiores mistérios divinos, e é o principal anel da corrente de privilégios e graças que Deus concedeu à sua alma, e que foram maiores do que as que distribuiu aos demais santos juntos.

Só e unicamente ela foi isenta de uma lei universal, da mácula do pecado original.

Admirável é o seu nascimento, segundo a tradição, de pais santos, mas já de idade avançada; não menos admirável é a sua infância, passada nos recintos sagrados do templo, bem como o seu desposório com José.

Admirável é a **sua vida** humilde, desconhecida do mundo, mas sumamente agradável aos olhos de Deus; admirável também a sua santíssima morte, assistida pelos apóstolos; admirável, finalmente, a sua gloriosa Assunção ao céu, onde reina como rainha.

Oh! Sim; que belos e atraentes assuntos de piedosas meditações oferece a vida de Maria! Que encantos se revelam! Que mistérios e privilégios se desvendam aos nossos olhos! Tudo nela é grande, extraordinário, elevado, sublime. Como um jardim matizado de flores, uma mais bela, mais fragrante do que a outra, assim é a vida de Maria. Que belas lições ela dá! Que exemplos comoventes! Que cenas confortantes se desenrolam diante das nossas vistas; que doce perfume exala a sua vida para conforto da nossa alma!

De fato. Quanto consolo, quanta coragem tiraram da piedosa meditação da vida de Maria os seus devotos! Quem pode ler sem comoção e alegria as belas revelações nos livros de Maria de Agreda ou de Catarina Emmerich! Estas leituras foram para muitíssimas almas o caminho da santificação.

Resolução: *Ler frequentemente livros*
que falem de Nossa Senhora.

Mãe de admirável dignidade

Percorrendo a vida maravilhosa de Maria notamos que à sua pessoa se ligam grandes mistérios. Onde quer que se apresente, aparece a candura, a bondade, a misericórdia, a graça, o perdão.

Pela manhã, o sol desponta fulgurante nos horizontes, atraindo as vistas de todos, e ao meio-dia chega à altura a perfeição de seu brilho.

Assim Maria Santíssima, na manhã de sua existência, atraiu as vistas do mundo inteiro e, na flor da idade, tornou-se alvo das mais admiráveis e incompreensíveis operações da parte da Santíssima Trindade, sendo escolhida para a **admirável dignidade** de Mãe do Salvador. Oh! Como tudo é admirável nessa criatura! Desde o momento em que o mensageiro celeste lhe anunciou a encarnação do Filho de Deus, no seu puríssimo seio, tornou-se ela o templo vivo do Altíssimo.

Que diremos do nascimento de Jesus? Enquanto os anjos davam ao recém-nascido as suas boas-vindas, os pobres pastores apresentavam-lhe as primeiras saudações, e os reis, os tributos de sua adoração, Maria era a imagem do mais assombroso milagre que o mundo viu; era Mãe de Deus e ao mesmo tempo virgem intacta. Realmente, é admirável e nunca haverá outra igual! É Mãe admirável alimentando o Criador, acompanhando o divino Jesus em íntima união na santa e humilde casa de Nazaré, vendo obedecer-lhe ao próprio Filho de Deus.

É Mãe admirável durante a vida pública de Jesus; nas bodas de Caná, intercedendo pelos pobres esposos, e na sua grande humildade em evitar os lugares onde era glorificado seu Divino Filho.

Sumamente admirável é, enfim, a Mãe de Deus, durante a terrível Paixão de seu Jesus! Que coragem, que fortaleza, que ternura e piedade, que firmeza e resignação teve ela naquelas horas acerbíssimas do martírio de seu filho. Acompanhou-o ao Calvário, assistiu à sua agonia e morte, para depois recebê-lo desfigurado, ensanguentado e morto nos seus braços e chorá-lo encerrado no sepulcro. Efetivamente! Que mulher, que Mãe admirável é Maria! Nossa fraca inteligência não é suficiente para compreender a sua grandeza. Os próprios anjos do céu, ao verem-na surgir nos horizontes da sua existência mortal, cheios de admiração, perguntaram: *"Quae est ista?"* Quem é esta, que sobe ao deserto, inundando delícias, firmada sobre o seu Amado? Não há coisa mais admirável no céu e na terra do que Maria, na sua dignidade de Mãe de Deus!

Considerando Nossa Senhora em **relação com os homens**, notamos que ocupa um lugar de destaque entre todos, porque Deus elevou-a sobre a fraqueza da humanidade. Como filha de Adão, é nossa irmã; mas, sendo Mãe de Jesus, é também nossa Mãe. É nossa corredentora porque nos deu o Salvador e contribuiu com os seus sofrimentos para a nossa redenção.

Deixo no esquecimento o papel que desempenhou na formação da nova Igreja, iluminando os apóstolos com as suas luzes e animando-os na pregação do Evangelho. Não falo da sua posição na Santa Igreja, onde figura como dispensadora das graças de Deus, medianeira, advogada e Mãe de seus filhos desterrados que choram neste vale de lágrimas; nem recordo o lugar que ocupa no coração dos cristãos, que diariamente a saúdam, imploram, bendizem e engrandecem, publicando a sua inexcedível grandeza e bondade.

Mais que Judite é ela a glória de Jerusalém, a alegria de Israel, a honorificência do nosso povo cristão! Com toda a razão a Igreja canta na sua festa: *"Gloriosa dicta sunt de te Maria, quia fecit tibi magna qui potens est"*. "Coisas gloriosas dizem de ti, ó Maria, pois grandes coisas em ti fez o Todo-poderoso." Ela mesma o confessa, jubilosa e cheia de gratidão: *"Magnificat anima mea Dominum"*. "Engrandece a minha alma ao Senhor... porque em mim operou grandes coisas o onipotente, cujo nome é santo."

Mãe admirável é, pois, título que em uma palavra lembra todos os privilégios que lhe foram concedidos. E segundo uma revelação que ela fez ao Padre Rehm, fundador da Congregação Mariana de Ingolstadt, na Baviera, muito lhe agrada saudá-la e invocá-la sob esse título, por isso foi introduzido naquela Congregação o costume de se repetir três vezes a presente invocação.

Resolução; *Recitar frequentemente o* Magnificat, *para agradecer a Deus todos os privilégios concedidos à sua Mãe Santíssima.*

19. Mãe do bom conselho, rogai por nós

Por decreto do Papa Leão XIII, em abril de 1903, acrescentou-se à ladainha a invocação "Mãe do bom conselho", que procede da aparição de uma imagem que hoje se venera na Igreja dos Padres Eremitas de Santo Agostinho, em Genazano. Não é, porém, um título inteiramente novo, pois os antigos padres deram-no algumas vezes a Nossa Senhora.

Para comemorar aquela aparição, permitiu o Papa Pio VI que se celebrasse uma festa em honra a "Maria, Mãe do bom conselho", marcando Leão XIII o dia 26 de abril para a sua realização em toda a Igreja.

No mesmo decreto, recomenda que se invoque Nossa Senhora, sob esse título, particularmente nesta época em que a humanidade cada vez mais se desvia do verdadeiro fim, precisando por isso de quem lhe aconselhe o caminho a seguir.

O homem, embora dotado de inteligência, tem, em diversas ocasiões, ingente necessidade de pedir conselhos a outros. A Sagrada Escritura, confirmando este sentir comum, recomenda: "Às tuas obras preceda uma palavra sincera, e às tuas ações um bom conselho". Por isso, afirma Santo Tomás de Aquino: "Ninguém é suficiente para

si, nas resoluções que exigem prudência e circunspecção";
e São Bernardo diz: "Quem é mestre de si mesmo é discípulo de um bobo!"

Quantas vezes, em nossas dúvidas e incertezas, lutamos para tomar uma decisão, para a qual, de bom grado, aceitaríamos um conselho: Pois bem; em todas as dificuldades da nossa vida podemos encontrar uma boa conselheira, que em todo o tempo pode e quer aconselhar-nos: é Maria, "Mãe do bom conselho".

Ninguém é mais competente do que ela, pois é virgem prudentíssima e sede da sabedoria. Assim é que se dirige a todos e diz: "Ouve, filho, e toma um conselho de entendimento e não rejeites meu conselho" (Eclo 6,24). Aquele que me ouve não será confundido e os que obram por mim não pecarão (Eclo 24,30). "Ouve a instrução, sê sábio e não queiras rejeitá-la. Bem-aventurado o homem que me ouve, o que vela todos os dias à entrada da minha casa e o que está feito espia às ombreiras da minha porta" (Pr 7,33).

Efetivamente, ela é a primeira discípula de Jesus. Seu filho é *Magni consilii angelus* – o anjo do grande conselho. *Consiliarius* – Conselheiro, *Magister* – Mestre – que introduziu sua Mãe Santíssima em todos os segredos dos mistérios divinos, de modo que ela, infinitamente melhor do que qualquer outra criatura, compreende os mistérios da encarnação, nascimento, infância, doutrina, vida, paixão, morte, ressurreição e ascensão de Jesus. Por conseguinte, conhece melhor a importância da graça divina e o que serve para a nossa salvação; vê as nossas necessidades, as nossas condições, a influência das criaturas, lê em nosso coração como num livro aberto. Não lhe custa, portanto, aconselhar-nos o que aproveita para nossa felicidade.

Resolução: *Desconfiar da nossa
competência.*

Mãe a quem recorremos

O que vem corroborar a nossa confiança na celestial conselheira é a **sua grande bondade**.

A Sagrada Escritura recomenda encarecidamente: "Procura um coração que bem te aconselhe, pois não há coisa melhor". Que outro coração podemos procurar, a não ser o de Maria, nossa boa Mãe? Não é o único que sabe dar só bem? Não é natural que em nossas dúvidas e misérias recorramos de preferência a nossa Mãe Divina?

"Vai à Maria", diz São Bernardo, "quando uma dúvida te atormentar; a ela recorre se precisares de um conselho; e a ela escuta e segue o que te aconselhar". Do mesmo modo, continua ele em outro lugar: "Em todos os perigos, em todos os combates, nas vossas dúvidas e incertezas, pensai em Maria… se a seguirdes, não vos desviareis… pensando nela, não errareis". Santo Isidoro denomina-a "Mãe do bom conselho", porque ela **quer** a nossa salvação e porque, sendo Mãe de Deus, **sabe** perfeitamente o que é mais útil para a nossa felicidade eterna.

São Francisco de Sales deu um belo conselho à sua discípula, Santa Francisca de Chantal: "A missão da mãe é aconselhar e ajudar, e, quanto maior for a sua devoção e nobreza de sentimentos, tanto maior o prazer com que ela deve cumpri-la. Referindo este princípio a nossa Mãe Celestial, não necessitas mais me perguntar a quem recorrer, em tuas dúvidas". O que o santo recomendou à sua discípula, observou-o ele próprio: Na sua mocidade, viu-se atormentado de escrúpulos, e grandes dúvidas lhe envolveram a alma em densíssimas trevas, levando o desespero ao seu coração! Acabrunhadíssimo, prostrou-se aos pés do altar de Maria, pedindo-lhe luzes e conselho, e aquelas tristes imaginações desapareceram, como por encanto, e sua alma tranquila gozou, então, uma doce paz.

Em geral era essa a prática de todos os santos, os quais se aconselhavam sempre com Maria, mormente quando se tratava de escolher um estado. Assim o sabemos de São Bernardo, São Luiz Gonzaga, Santo Estanislau Kostka, Santo Antônio e muitos outros.

Se te sentes perturbado e infeliz no teu estado, se te inquietam dúvidas acerca de tua vocação, se receias ter errado na tua escolha, não é porque te esqueceste de consultar a divina conselheira?

Oh! Quantos consultam o mundo, os homens sem a competente prudência e virtude; consultam ainda as suas próprias paixões, não se lembrando daquela que foi escolhida por Deus para ser a conselheira dos cristãos.

Jovens e donzelas, que ainda estais na encruzilhada e não sabeis o rumo que deveis tomar, vinde à Mãe do bom conselho que vos iluminará, para não vos desviardes do caminho da felicidade!

Quando o velho Matatias sentiu que ia morrer, mandou reunir todos os seus filhos para abençoá-los e dar-lhes os últimos conselhos; "Filhos, disse ele, armai-vos de valor e obrai com valentia em defesa da lei, porque por ela sereis gloriosos. Aqui vedes Simão, vosso irmão, eu sei que ele é homem de conselho; ouvi-lo sempre, ele ficará em lugar de vosso pai".

Não parece que Jesus nos falou do mesmo modo, quando, sobre a cruz, entregou o seu espírito ao Pai eterno? E que, abraçando com o olhar divino os séculos futuros, as lutas, dúvidas e incertezas que sempre nos atormentam; as graves tentações e perigos que de contínuo nos assaltam, compadeceu-se de nós, apontando-nos então uma conselheira:

"*Ecce Mater tua*". "Eis aí a vossa Mãe".

Corramos, pois, a ela. Em todas as resoluções importantes, em todas as dúvidas, ouçamos com confiança o seu conselho, pois é Mãe do bom conselho e virgem prudentíssima. Escutemos sua voz: é a voz da Mãe: "*Et nunc filii, audite me, timorem Domini docebo vos*". "E agora, meus filhos, ouvi-me; eu vos ensinarei o temor de Deus." "Bem-aventurado o homem que teme o Senhor, pois será poderoso e sua descendência será abençoada" (Sl 111).

> Resolução: *Em todos os negócios, temporais e espirituais, Maria será a conselheira.*

20. Mãe do Criador, rogai por nós

Oh! Tu, que o mundo fizeste,
Olha que, quando nasceste,
No ventre da Virgem pura
Tomaste a humana figura.

São versos que a Igreja recita no ofício pequeno de Nossa Senhora. Neles confessa a grande verdade que professamos da ladainha, na invocação "Mãe do Criador".

Os outros títulos que engrandecem a admirável maternidade de Maria tratam apenas de grandezas concomitantes, ou, comparativamente falando, servem de guarnição e enfeite ao título principal: Mãe do Criador. Na invocação "Santa Mãe de Deus", estudamos a sua parte teológica, mostrando e provando, com palavras da Santa Igreja e dos Santos Padres, a doutrina genuína relativamente à verdadeira maternidade de Maria Santíssima.

Resta-nos ainda dizer que ela é Mãe física do Filho de Deus; não da divindade ou da humanidade de Jesus, mas somente de Jesus. Pois o que nasceu de Maria é uma pessoa, a segunda da Santíssima Trindade. Convém notar que esta segunda pessoa não assumiu simplesmente a carne humana, nem uniu a natureza humana, fez-se homem como diz expressamente o Evangelho: "*Et verbum caro factum est et habitavit in nobis*". "E o verbo se fez homem e habitou entre nós." Por isso também o anjo diz:

"*Ideoque quod nascetur ex te vocabitur Filius Dei*". "O que nascer de ti será chamado Filho de Deus" (Lc 2). Daí se segue que Nossa Senhora, com o mesmo direito que Deus Pai, pode dizer a Jesus: "*Fillius meus es tu ego hodie genui te*". – "Tu és meu filho, eu hoje te gerei." Deus Pai o diz, desde a eternidade e segundo a existência divina, Maria, segundo a existência humana e desde aquele momento em que proferiu as eternamente memoráveis palavras: "Eis aqui a escrava do Senhor, faça-se em mim segundo a vossa palavra".

Toda a grandeza de Maria baseia-se neste sublime mistério, cuja elucidação clara é de grande importância, pois só assim podemos formar uma ideia aproximadamente digna da excelsa Mãe de Deus.

A este respeito diz o doutor angélico, Santo Tomás de Aquino: "A bem-aventurada Virgem, por ser Mãe de Deus, tem certa dignidade infinita, do bem infinito que é Deus; não se pode fazer coisa alguma melhor nesse sentido, assim como de modo nenhum pode haver coisa melhor do que Deus".

Santa Isabel, iluminada pelo Espírito Santo, conheceu o grande mistério que se havia operado em Maria, por isso exclamou: "*Unde mihi ut veniat Mater Domini mei ad me?*" "De onde me vem a dita de ser visitada pela **Mãe do meu Senhor?**" Julga-se indigna dessa visita porque vê em Maria a Mãe do Senhor, o qual não é um simples homem, um profeta, um rei, mas aquele "Senhor", de quem disse o Profeta Davi: "Disse o Senhor ao meu Senhor: assenta-te à minha direita até que eu ponha os teus inimigos como escabelo de teus pés"; e, em outro lugar: "Grande é o Senhor e mui digno de louvor… e a sua grandeza não tem limites Clemente é o Senhor e misericordioso…Suave é Ele para com todos. O seu reino estende-se a todos os séculos e o seu império a toda a geração" (Sl 145). "Porque o Senhor é Deus grande sobre todos os deuses; porque na sua mão estão todos os limites da terra, as alturas dos montes são suas, e seu é o mar por Ele feito; as suas mãos formaram a terra árida, vinde, adoremos, prostremo-nos e choremos diante do Senhor que nos criou" (Sl 94). Maria Santíssima é Mãe deste Senhor poderoso! Oh que dignidade, que grandeza, e que honra!

Não é de admirar, pois, que Santa Isabel, em um transporte de entusiasmo, perguntasse: "De onde me vem a dita de ser visitada pela Mãe do meu Senhor?"

Santa Isabel julgou-se indigna de receber a visita da Mãe de Deus e foi a sua humildade que lhe mereceu tão grande distinção. Maria Santíssima julgou-se indigna de ser Mãe de Deus, por isso Deus a escolheu para esta incompreensível dignidade. "Olhou para a humildade de sua serva". – Por que recebemos tão poucas graças? Não será por nos faltar esta virtude?

Resolução: *Sempre pensar humildemente em si para merecer a graça de Deus!*

Senhora das criaturas

Eis o motivo da nossa alegria e da nossa satisfação: Maria é Mãe deste Senhor, é Mãe de Deus! Oh! Dignidade, que transcende toda a compreensão.

Admirando este grande mistério, escreve Santo Agostinho: "O Criador do universo nasceu da criatura, do riacho a grande fonte; aquele que é a raiz de todo o ser brota da haste, e a verdadeira vide tornou-se fruto da vara". Enfim, todos os Santos Padres, por ser Maria

Mãe de Deus, lhe outorgaram uma dignidade que a eleva imensamente sobre todas as criaturas, por mais privilegiadas que sejam. São João Damasceno diz que Maria é "Senhora de todas as criaturas, porque é Mãe do Criador" e São Bernardo declara: "A glória particular e o privilégio excepcionalmente honroso da Santíssima Virgem é ter em comum com Deus Pai o mesmo filho".

A Igreja manifesta a sua admiração pela imensa dignidade de Maria no seguinte hino que se canta nas festas marianas:

> Da Virgem o ventre encerra
> A quem regendo do mundo
> A máquina, o céu e a terra
> Respeitam, com o mar fecundo.
> Teu seio, ó Virgem, compreende,
> Por graça de céu fecundo,
> Aquele a quem sempre o mundo
> Com o sol e a lua se rende,
> Mereceste, ó feliz Mãe,
> Trazer no ventre encerrado
> Quem os céus hão fabricado
> E o mundo na mão tem.

Que ideia devemos, pois, formar da Santíssima Virgem! O próprio Filho de Deus lhe obedece. Aquele que manda honrar pai e mãe obrigou-se pela mesma lei a amar, honrar e obedecer à humilde Virgem de Nazaré, a quem devemos grande respeito, amor e veneração. Ela é **"Nossa Senhora"** porque é Mãe do Criador.

É esse um dos principais motivos da admirável devoção dos santos para com Maria Santíssima. Um deles, São José Cupertino, que desde criança costumava enfeitar a imagem de "Nossa Senhora" com rosas, lírios e outras flores, oferecendo-lhe ao mesmo tempo o seu coração, dizia, às vezes: "Custa contentar-se esta boa Mãe. Se lhe levo flores, diz que não as quer; se lhe ofereço frutas, não as aceita; se pergunto o que deseja então de mim, responde-me: quero o teu coração, só isso me basta". Ofertemos, pois, à Mãe do Criador, o nosso coração, como tributo de nossa veneração, confiança e amor, que lhe devemos como Mãe de Jesus.

Resolução: *Entregar-me inteiramente a Maria e nossa maior alegria será ser admitido no número de seus devotados servos.*

21. Mãe do Salvador, rogai por nós

Todos os que creem na obra da redenção facilmente compreendem o que significa a presente invocação.

Jesus, a quem devemos todo o amor e eterna gratidão, é nosso Salvador; salvou-nos da desgraça, suspendeu a tremenda maldição que seu Pai eterno havia lançado sobre Adão e seus descendentes, como castigo da desobediência à sua lei no paraíso. "Nós vos adoramos, Senhor, e vos bendizemos, porque pela vossa santa cruz remistes o mundo." Segundo o plano divino, **sem Maria não teríamos um Salvador**, por conseguinte, nem graça, nem perdão; por isso, depois de Jesus, é a ela que devemos eterna gratidão.

Deus quis tornar-se dependente do consentimento livre e espontâneo da humilde Virgem de Nazaré: Somente quando ela pronunciou o pequeno, mas poderoso "*Fiat*", baixou do céu o Verbo Divino e se fez carne no seio puríssimo daquela virgem, que forneceu ao Filho de Deus a carne e o sangue que devia ser o preço da nossa redenção; ela introduziu neste mundo o "Salvador", a quem alimentou com o seu leite virginal. Com ternura de mãe vigiou seus passos, educou-o, protegeu-o, sempre velou por Ele. Debaixo de suas vistas e cuidados cresceu o menino, tornou-se jovem e depois homem. Em casa de Maria, Jesus se abrigou, à sua mesa se sentou e vestiu as roupas feitas por suas mãos. Feito homem, deixou-o ela desempenhar a missão de Messias, consentiu na sua Paixão e morte, renunciou aos direitos de mãe em nosso favor, dando-nos Jesus, para na cruz consumar a obra da nossa salvação. Por isso a Igreja, cheia de eterna gratidão, enche-se de júbilo no dia da Natividade de Maria e, glorificando-a "Mãe do Salvador", canta: "A vossa Natividade, Virgem Mãe de Deus, anunciou grande alegria ao universo, de vós nasceu o sol da justiça, Cristo nosso Deus, que, suspendendo a maldição, nos trouxe a bênção, e destruindo a morte deu-nos a vida eterna".

Não é materialmente falando que Maria merece o título de Mãe do Salvador, pois ela não foi um instrumento cego nos conselhos divinos, sem influência ou cooperação pessoal. Conscienciosamente auxiliava a Jesus na sua grande missão de Salvador do mundo; **cooperou valiosamente**, o quanto uma simples criatura é capaz, merecendo por isso o honroso título de "**corredentora**" dos homens. Se estudarmos a vida de Jesus e o acompanharmos desde a sua infância até a sua gloriosa ascensão ao céu, notaremos que, em todos os atos de importância, Maria esteve presente, não como assistente, mas como cooperadora.

Assim como Eva foi auxiliadora de Adão, Maria Santíssima, a segunda Eva, foi-o de Jesus Cristo, o segundo Adão. Vê-la-emos junto ao presépio, onde Jesus assumiu a divina tarefa de Messias. Assistiu à dolorosa circuncisão; apresentou-o ao velho Simeão, que, aceitando o sacrifício de Maria, lhe profetizou, bem como ao Filho, dores e tribulações por nossa causa. Fugiu com Jesus para o Egito, partilhando com Ele as asperezas do desterro; sentiu em seu coração as maiores dores, quando o perdeu em Jerusalém. E mais tarde assistiu em pessoa à sua dolorosíssima Paixão. Na qualidade de Mãe do Salvador, acompanhou-o pelas ruas de Jerusalém, tomando parte ativa nos seus sofrimentos; ouviu os gritos insultantes dos soldados, as blasfêmias do povo; percebeu os olhares triunfantes, invejosos e cheios de ódio dos fariseus; viu as suas lágrimas e o sangue que corria de mil feridas, sentiu a sua agonia e, saturada de dores, ouviu as últimas palavras do filho moribundo! Às imensas dores do filho agonizante, uniu as suas, em remissão dos nossos pecados.

> Estava a Mãe dolorosa, junto à cruz, lacrimosa,
> Enquanto o Filho pendia; sua alma, cruel espada
> Que lhe foi profetizada, tiranamente a feria.

Por fim, recebeu o corpo gelado e desfigurado de Jesus em seus braços. Circunstância altamente significativa: onde o Divino Salvador começou a carreira de Redentor do mundo, desejou completá-la, descansando morto no seio daquela que lhe deu a vida mortal. Realmente, Maria é Mãe do Salvador e podemos acrescentar: Mãe dos que se salvam!

Sacrificou seu filho, e nas dores deste imenso sacrifício nos gerou para a vida da graça.

> Resolução: *Agradecer profundamente a Maria as lágrimas que derramou para nos dar a vida espiritual.*

Ela nos leva ao Filho

Este título não lembra somente a sua grande dignidade de Mãe do Salvador, traz também à memória tudo quanto ela fez por nós. Aceitando semelhante dignidade, aceitou consequentemente as dores e tribulações que haviam de torturar a Mãe do Messias.

Quando o anjo lhe disse que era cheia de graça, deu-lhe a entender que, aceitando a dignidade de Mãe de Deus, havia de tornar-se também cheia de dores. Deus revelou-lhe o futuro de Jesus. Rainha dos profetas, ela viu com mais clareza o martírio do Salvador do que os profetas. Podia recuar; podia escusar-se. Mas foi o desejo de nos ver salvos que a induziu a dar o seu consentimento para a maternidade divina.

O imenso sacrifício que fez depois, consentindo na morte dolorosíssima de seu Divino Filho, pôs em evidência o grande amor que consagra à pobre humanidade. São Boaventura compara esse amor ao de Deus Pai, citando as palavras da Sagrada Escritura: "*Sic Deus dilexit mundum ut Fillium suum unigenitum daret*". "Deus ama tanto ao mundo, que lhe deu seu unigênito Filho e **Maria**, diz ele, também **ama tanto ao mundo que lhe deu seu unigênito filho.**" A mesma verdade afirma São Bernardino de Sena: "*O mira circa nos utriusque Parentir Jesu pietatis dignatio*". "Oh! Admirável complacência de piedade a dos progenitores de Jesus, para com os homens, oh! Inestimável amor de Deus e da Virgem! Para salvar o servo, sacrificaram o filho que lhes era comum."

Este amor perdura no amantíssimo coração de Maria, que ainda hoje no céu se interessa por nós. O seu mais ardente desejo é que o sangue de seu Divino Filho não tenha sido derramado em vão. De preferência nos atende quando lhe pedimos a salvação de uma alma desviada do bom caminho.

Em 1849 vivia em uma pequena cidade da Alemanha uma viúva que tinha um único filho. Sua vida leviana, seus péssimos costumes, magoaram profundamente o coração da mãe, que pedia, aconselhava, ameaçava, mas tudo em vão. Por isso, concentrando no coração a sua dor, recorreu à Mãe de misericórdia, visitando-a diariamente em uma capela construída sobre uma colina fora da cidade, onde ia oferecer ao misericordiosíssimo coração de Maria as suas preces e lágrimas para a salvação daquele que, qual filho pródigo, longe da casa paterna, gastava toda a fortuna em uma vida pecaminosa e escandalizadora!

Um dia, recebeu a mãe a seguinte carta: "Minha mãe, perdoai-me, pois Deus já me perdoou; hoje me confessei e recebi Jesus em meu coração e, não obstante a minha ingratidão, Ele não me repeliu, como eu merecia, por meus numerosos pecados. O raio que me iluminou e me fez voltar para Deus foi uma prática que ouvi sobre Nossa Senhora; portanto foi ela, a quem me ensinaste a amar na minha infância, que me salvou e enxugou as vossas lágrimas".

Oh! Imitemos a confiança daquela mãe.

Se alguma pessoa, cara ao nosso coração, tiver se desviado do bom caminho, e se os nossos pedidos, conselhos, ou mesmo a nossa autoridade forem insuficientes, recorramos ao misericordioso coração de Maria, Mãe do Salvador, encarregando-a de salvar essa alma, por quem Jesus sofreu e ela chorou.

> Resolução: *Com toda a confiança, recomendar nestes dias, ao bondoso coração da Mãe do Salvador, a alma de... e em geral todos os pobres pecadores.*

22. Virgem prudentíssima, rogai por nós

A Igreja, que é mestra competente para interpretar a Sagrada Escritura, dedica a Maria as palavras que Jesus Cristo dirigiu a Maria Madalena:

"*Optimam partem elegit sibi Maria quae non aufertur abe a in aeternum*". "Maria escolheu a melhor parte, que nunca lhe será tirada".

Essas palavras demonstram plenamente a **sabedoria** e **prudência** de Maria Santíssima, pelo que a invocamos:

"Virgem prudentíssima, rogai por nós."

A prudência não podia faltar na coroa de virtudes que circunda a fronte virginal da Mãe de Jesus, porque é dela que procedem as outras todas. É a primeira das virtudes cardeais e como tal o fundamento e o princípio das outras.

Nossa Senhora praticou-a no mais alto grau de perfeição, **referindo tudo ao seu último fim**: a glória e a honra de Deus.

Que é que lhe inspirou o desejo de fugir do mundo, e de se recolher, tão pequena ainda, nos recintos sagrados do templo? Que é que fez consagrar a Deus a sua pureza virginal, sem nunca ter visto exemplo algum? Qual a virtude que lhe inspirou aquelas sábias palavras ditas ao Anjo Gabriel, quando lhe anunciou que tinha sido escolhida para a Mãe de Deus? Não foi a prudência? Sim, e foi ela ainda que a induziu a ocultar a sua dignidade a São José, dando-lhe ao mesmo tempo forças para suportar, calada e confiante na providência divina, a resolução que tomou o esposo de a abandonar! A prudência dirigiu seus passos e as suas palavras na apresentação do Menino Jesus no templo e quando o perdeu em Jerusalém; animou-a a pedir um milagre em favor dos pobres esposos e ditou-lhe, enfim, o admirável conselho que deu no princípio da vida pública de Jesus:

Fazei tudo quanto Ele vos disser.

Guiada ainda pela prudência, evitou os lugares e os dias em que a massa popular exaltava seu Divino Filho; acautelou-se nas palavras, impondo-se quase um contínuo silêncio.

Essa mesma virtude brilhou em Maria na noite da Paixão de Jesus, dominando todo o sentimento que pudesse prejudicá-lo, sem mostrar desafeto aos seus inimigos; não procurou fugir ao sofrimento, mas, no meio das mais cruciantes dores, conservou sempre a sua dignidade. Com uma firmeza extraordinária, acompanhou Jesus na estrada de dores e colocou-se debaixo de sua cruz. Nenhuma palavra inconveniente, nem um gesto menos compatível lhe escapou. Prudentemente, conservou acesa a lâmpada da fé, deixando brilhar a sua luz para animar os apóstolos, consolar as piedosas mulheres e não escandalizar os fracos. Compreendeu perfeitamente qual a sua missão e cumpriu-a admiravelmente, depois que se recolheu ao silêncio.

Enquanto os apóstolos se perturbavam e ansiosamente corriam ao sepulcro, Maria, calma, conservou-se em seus aposentos. Em tudo, enfim, se mostrou virgem prudente, prudentíssima.

Quem nos dera proceder sempre com igual prudência! De quantos males seríamos preservados; de quantos desgostos escaparíamos!

Se examinarmos a nossa vida, descobriremos nela muita prudência; mas não é a prudência de Deus; é a prudência do mundo.

Quão prudentes para evitar humilhações e ganhar aplausos? Quão prudentes para enriquecer e gozar a vida recente e tão difícil para compreender o que é espiritual, o que vale para a eternidade! Mas esta prudência será confundida, enquanto a prudência dos santos, que o mundo ridiculariza, será por Deus reconhecida e abençoada. Imploremos à Virgem prudentíssima luzes e conhecimento da verdadeira prudência.

Resolução: *Tomar como regra de nossa vida a santíssima vontade de Deus.*

A prudência é estar próximo à Virgem

Dois poderes se combatem, se hostilizam e lutam pela posse de nossa alma: o mundo com suas vaidades, riquezas e prazeres, e Jesus, que nos aponta o céu e a vida futura. Felizes os que sabem escolher o que lhes serve para a felicidade eterna! Felizes os que, seguindo o conselho da Virgem prudente: *Fazei tudo o que Ele vos disser*, atendem à palavra da verdade que diz:

"*Unum est necessarium*". – "**Uma só coisa é necessária**".

De que aproveita ao homem ganhar o universo, se vier a perder a sua alma?

Maria nos ensinou a verdadeira prudência, que é a sabedoria divina e que consiste em desprezar o presente passageiro, para ganhar o futuro eterno. Pela boca do sábio nos recomendou também que nos deixássemos guiar por essa virtude, na viagem para a eternidade, para não nos desviarmos do verdadeiro caminho e chegarmos incólumes ao porto da salvação. "Inclina o teu coração a conhecer a prudência", diz ela: "Se a sabedoria entrar em teu coração e agradar a tua alma, o conselho te guardará e a prudência te conservará, a fim de te livrares do mau caminho… para que andes pelo bom caminho e não largues a vereda dos justos" (Pr 2,10).

É especialmente no tempo da **mocidade** que as criaturas, fascinando a nossa imaginação, podem desviar-nos do bom caminho e fazer-nos abandonar as boas resoluções. O demônio, por sua vez, se esforçará por perturbar ainda mais as nossas ideias, de modo que, se uma graça especial não nos confortar, cairemos no erro e na perdição. Nesses perigos, vale muitíssimo a **filial devoção** a Nossa Senhora, pois ela é prudentíssima e sabe descobrir e pôr à luz do dia as ciladas do demônio, sabe desfazer as suas maquinações e desconcertar os seus planos. Ilustra esta verdade o fato que se deu na vida do bem-aventurado Pedro Chanel, martirizado em 1841. Desde pequeno sentia um grande desejo de se tornar ministro de Deus. Auxiliado por um piedoso sacerdote, entregou-se com ardor aos estudos, fazendo grandes progressos. De repente, esfriou o seu entusiasmo, degenerando em uma irresistível repugnância pelo estudo e um desejo louco de voltar para a casa paterna. Lutou muito tempo, mas foi vencido e abandonou silenciosamente o colégio. Na rua encontrou-se com uma moça piedosa, que lhe perguntou para onde ia, ao que ele respondeu francamente: volto para casa, não quero mais estudar. A moça perguntou-lhe então se já havia rezado a Nossa Senhora; como ele baixasse os olhos, continuou: vai primeiro consultar Maria Santíssima e faze o que ela te aconselhar. Pedro obedeceu, entrou na igreja e, dirigindo-se ao altar da "Virgem prudentíssima", em fervorosa oração, pediu-lhe luzes. Quando saiu da igreja, estava radiante de alegria e disse: "Eu fico, ia cometer um grande erro". Vinte anos mais tarde, confirmou esse fato. Não sei, dizia ele, o que se passou em mim naquele tempo; senti uma agonia mortal que me levou quase ao desespero. Se recobrei ânimo e calma, e não desanimei, devo-o à minha Mãe Celestial.

Queira Deus que nunca façamos coisa alguma com precipitação, mas segundo as regras da prudência. Em negócios importantes, ou quando tivermos de tomar uma resolução, consultemos a Virgem prudentíssima, seus conselhos servem sempre para a nossa felicidade temporal e eterna.

Seguindo seu exemplo, procuremos referir tudo ao nosso último fim e obedeçamos ao apóstolo: "Sede prudentes e vigiai na oração".

Resolução: *Recordar frequentemente a Palavra de Jesus: "De que serve ao homem ganhar o universo se vier a perder a sua alma?"*

23. Virgem venerável, rogai por nós

Quando Alexandre Magno, o conquistador do mundo, venceu Dario, rei dos Persas, apoderou-se de toda a sua família. Alexandre, entretanto, acolheu a mãe de seu inimigo com toda a distinção e, em vez de a tratar como prisioneira, deu-lhe honras de rainha.

Sabendo disso, o Rei Dario, gravemente ferido, levantou a mão ao céu, para abençoar a quem tanto obsequiava a sua querida mãe. Jesus Cristo, também, não deixará de lançar sua divina bênção sobre aqueles que honrarem sua Mãe Santíssima, que é digna de toda a veneração.

Honra a quem se deve honra, diz a Sagrada Escritura. Que Nossa Senhora mereça ser honrada por todas as criaturas é uma verdade que ninguém pode contestar.

Não posso mencionar agora todos os títulos pelos quais ela faz jus a nossa veneração; apenas lembro aqui uma e outra circunstância para provar a grandeza da humilde Virgem de Nazaré. As quarenta e oito invocações, de que é composta a ladainha, são outros tantos títulos, que demonstram perfeitamente o quanto Maria é digna de louvor, e dispensam qualquer comentário a respeito.

Se considerarmos atentamente a **posição** de Nossa Senhora, descobriremos facilmente uma admirável harmonia e união entre Ela e seu Divino Filho; veremos que **participa** das **dignidades, títulos, privilégios, distinções, poder** e **glória** de Jesus.

Efetivamente! Os **títulos** que a Igreja concede a Maria correspondem aos de Jesus Cristo! Jesus é nosso Rei; Maria, nossa Rainha! Jesus, Nosso Senhor; Maria, Nossa Senhora! Jesus é nosso Pai; Maria é nossa Mãe; Jesus, nosso medianeiro; Maria, nossa medianeira! Jesus é nossa esperança, nossa vida, nosso Salvador; Maria é a esperança, refúgio e vida dos cristãos! "Vida, doçura e esperança nossa, salve!" Jesus, o caminho que conduz ao céu; Maria, a porta do céu, a escada de Jacó! Jesus, "a luz que ilumina todo o homem que nasce neste mundo"; Maria, estrela da manhã, estrela do mar, cuja luz alumia a nossa estrada! Enfim, Jesus é o sol de justiça; Maria, a lua benfazeja.

Estas honras e títulos não denotam absolutamente excessos de admiração por Maria, pois correspondem aos imensos **privilégios** que Deus lhe concedeu, dando-lhe por graça e misericórdia o que tocou a Jesus por justiça. Assim vemos Jesus sem culpa, sem mácula, impecável em absoluto; Maria sem culpa, sem mácula, impecável pela graça divina. Jesus virgem: Maria Virgem! Jesus incorruptível; Maria incorruptível! Jesus ressuscitou do sepulcro; Maria também ressuscitou! Jesus subiu ao céu em corpo e alma; Maria foi levada ao céu em corpo e alma! Jesus sentado à mão direita de Deus Pai todo-poderoso; Maria à direita de seu Filho.

Realmente: está a Rainha a sua direita, cumulada de honras e glórias; aclamada pela corte celeste, proclamada sua Soberana Senhora: "Viam-na as filhas e chamaram-na felicíssima e honraram-na como sua rainha".

Resolução: *Ao pronunciar o santo nome de Maria, acrescentar sempre um título.*

A ela veneramos

Isso também se pode afirmar em relação ao poder e glória de Maria Santíssima. Jesus repartiu com ela todo o seu **poder**: é Senhor de todas as coisas, autor da graça, Senhor do universo; a Ele obedecem todas as criaturas; em seu nome se dobram os joelhos dos que estão no céu, na terra e debaixo da terra; Maria Santíssima é senhora dos homens, Rainha dos anjos, a distribuidora das graças; seu nome é invocado na terra, honrado no céu e temido no inferno.

É, em uma palavra, sumamente venerável, conforme lemos em São Tiago: "Celebrando a memória, em primeiro lugar, da santíssima, imaculada e sobre todos bendita e gloriosa senhora nossa, Mãe de Deus e sempre Virgem Maria, os cantores respondem: "É digno que vos chamemos bem-aventurada, sempre bem-aventurada e em todo o sentido irrepreensível, Mãe de Deus, mais **louvável** do que os querubins, mais **gloriosa** do que os serafins". Por isso, a Igreja instituiu numerosas festas em sua honra, consagrou-lhe templos e altares, tempos e pessoas; e procura tornar o seu culto cada vez mais belo e firme. Zela pela honra de Maria, defendendo os seus direitos e privilégios; repelindo e censurando os que a insultam e desrespeitam; abençoando a todos os que a reverenciam e invocam. Colocou em seus lábios as significativas palavras da Sagrada Escritura: "Aquele que me ouve não será confundido, e os que obram por mim não pecarão. Aqueles que me ilustram terão a vida eterna" (Eclo 24,30-31).

Desgraçados daqueles que, recusando à Mãe de Jesus, à Virgem Venerável, as honras de que é merecedora, negam os seus títulos e disputam-lhe os privilégios. O próprio Jesus encarregar-se-á de defendê-la e de fazer valer a sua dignidade!

Nos inúmeros fatos que narra a história temos podido observar essa verdade; lembro aqui um, que se passou em uma cidade da Alemanha: Pouco depois da publicação do dogma da Imaculada Conceição de Maria, um jovem oficial protestante atreveu-se a insultá-la publicamente proferindo contra o dogma de sua Imaculada Conceição os maiores impropérios. Depois de tão vil palestra, saiu do restaurante e foi dar um passeio a cavalo. Mal saiu do centro da cidade, o cavalo espantou-se, arremessando-o de encontro a uma coluna de pedra que servia de pedestal a uma estátua de Nossa Senhora. Assim morreu instantaneamente aos pés da imagem daquela a quem minutos antes tanto havia insultado.

Deus zela, portanto, pela honra de Maria, a quem nos manda venerar e honrar dignamente. Repitamos muitas vezes o belo pedido da Santa Igreja:

"Dignare me laudare te, Virgo sacrata. Da mihi virtutem contra hostes tuos".

Resolução: *Preparar-se para as festas de Nossa Senhora por uma novena.*

24. Virgem louvável, rogai por nós

Os anais da Ordem Franciscana narram que, quando o grande Scoto, celebérrimo defensor do dogma da Imaculada Conceição, ia para a reunião em que devia rebater as teses dos adversários desse singular privilégio de Maria, e provar com argumentos sólidos esse sublime mistério, passou diante de uma imagem de Nossa Senhora, e disse-lhe: *Fazei-me digno de vos louvar, ó Virgem Sagrada!* A imagem, em sinal de assentimento, inclinou a cabeça e ele, abençoado por Maria, obteve um grande triunfo sobre os seus antagonistas! Nós, que temos **o santo dever de a louvar**, devemos dirigir-lhe as mesmas palavras, pois ela mesma, iluminada pelas línguas divinas, disse: "*Ecce enim ex hoc beatam me dicent omnes generationes*". "De agora em diante, todas as gerações me chamarão bem-aventurada."

Esta profecia tem-se realizado até hoje, pois os louvores a Maria, iniciados no paraíso, prosseguidos pelos profetas, confirmados pelo Arcanjo, renovados por Santa Isabel, publicados pela mulher no Evangelho, aprovados por Jesus, recomendados pelos apóstolos, aplaudidos pela Santa Igreja, acharam o mais jubiloso eco no coração do povo cristão. Percorrendo os séculos, vemos nas eras cristãs o culto mariano aumentar de dia para dia. As palavras que o sacerdote dirigiu a Judite serviram melhor para Maria, da qual Judite era uma figura: "Bendito é o Senhor que criou o céu e a terra, porque engrandeceu tanto o teu nome, que o teu louvor nunca se apartará da boca dos que se lembrarem do poder do Senhor" (Jt 13,27.25).

Efetivamente, todas as línguas se uniram para engrandecer o nome bendito de Maria! A ciência, a arte e a literatura dedicaram-lhe o melhor de seus esforços. Os escritores consagraram-lhe a sua pena; os poetas lhe ofereceram as mais belas poesias; os músicos compuseram, em sua honra, as mais harmoniosas melodias. Os pintores santificaram o seu pincel, desenhando com admirável beleza a imagem da Virgem Mãe; os escultores, inspirados por filial amor, produziram obras maravilhosas; os arquitetos construíram milhares de templos, que por todos os séculos anunciarão ao mundo a grandeza do culto mariano!

Enfim, a Cristandade em peso deu nos séculos passados, e ainda hoje dá a Maria uma honra especial. Não há católico neste mundo que, enquanto conservar a sua fé em Jesus Cristo, Filho de Deus e de Maria, não se lembre dela ou se esqueça de lhe dirigir as saudações.

De manhã, apenas nasce o sol, ao meio-dia, e à noitinha, quando os horizontes começam a escurecer, os sinos das nossas igrejas tocam as *Ave-Marias* e milhares de cristãos repetem devotamente a saudação angélica dizendo a Maria: Bendita sois, entre as mulheres.

Realmente, as gerações passadas testemunharam, as presentes veem e as futuras hão de proclamar: Maria é a virgem louvável e o seu "louvor nunca se afastará da boca dos cristãos".

Quanta alegria deverá sentir a nossa alma quando contemplamos os louvores de que Maria é alvo! Qual o coração que não se sente arrebatado de entusiasmo, para entoar louvores e exaltar o nome da humilde Virgem de Nazaré!

Resolução: *Entoar com prazer cânticos em honra de Nossa Senhora.*

Digna de louvor

Não há criatura mais digna dos nossos louvores do que Maria. Não há criatura que de fato receba homenagens tão universalmente com tanta sinceridade, entusiasmo e afeto, como a Virgem Santíssima. O céu e a terra estão cheios da sua glória. Dela se pode afirmar a palavra do profeta: "Os teus louvores não esmorecerão na boca dos homens".

Como seria possível que os cristãos se esquecessem de louvar aquela que é louvável sobre todas as criaturas?

Mas, que poderemos fazer em sua honra? Santo Afonso recomenda para os devotos de Nossa Senhora **diversas práticas piedosas**, que com facilidade poderemos observar.

Em primeiro lugar, devemos saudá-la diariamente, recitando muitas vezes a *Ave-Maria*.

Rezemos de preferência a *Salve Rainha*, o ato de consagração, o Rosário e o *Lembrai-vos*.

Depois, devemos honrar as suas imagens, visitar as suas igrejas e altares, levando-lhe flores e velas, ou pelo menos saudá-la em fervorosa prece!

Seja nosso costume pronunciar e invocar devotamente o santíssimo nome de Maria.

Devemos trazer sempre o seu santo escapulário, principalmente o de Carmo, o mais importante; não nos separemos de sua medalha, que devemos beijar afetuosamente quando nos deitarmos, ou na hora da tentação.

Seja a nossa delícia o meditar sobre a sua dignidade, ternura, bondade, misericórdia e poder!

Procuremos orientar-nos sobre a sua vida e virtudes, lendo os livros que a tal se refiram.

Devemos consagrar-lhe certos dias, especialmente as 7 grandes festas que a Igreja celebra em sua honra: a Imaculada Conceição; a Apresentação no templo; a Purificação; a Anunciação; a Visitação; a Assunção e a sua Natividade. As outras festas, pequenas embora, merecem igualmente um ato especial de nossa parte.

Como a Igreja, desde os primeiros tempos do cristianismo, consagrou os sábados a Maria, os seus devotos não podem deixar de manifestar-lhe nesse dia o seu amor de um modo particular.

O mês de maio, o mês de Maria por excelência, e o mês do Rosário merecem nossa especial atenção.

Considerem moços e donzelas questão de honra o pertencerem a uma congregação mariana.

Tomando desse modo parte nas homenagens que toda a Cristandade lhe presta, cada vez mais apreciaremos as suas excelsas virtudes, procurando imitá-las tanto quanto nossa fraqueza o permitir.

Felizes aqueles que testemunham assim o seu amor a Maria e propagam o seu culto.

Ela mesma diz:

"*Ego diligentes me diligo et qui mane vigilante ad me invenient me, qui me invenerit inveniet vitam et hauriet salutem a Domino*". "Eu amo aos que me amam; e os que se esforçam desde a manhã por me buscarem, achar-me-ão. Aquele que me achar achará a vida e haverá do Senhor a salvação" (Pr 8,17).

Resolução: *Passando diante de uma imagem de Nossa Senhora, saudá-la inclinando a cabeça e dizendo "Ave Maria".*

25. Virgem poderosa, rogai por nós

São Pedro escreve: "Irmãos, sede sóbrios e vigiai, porque o demônio anda pelo mundo como leão rugindo, procurando a quem devorar; resisti-lhe, firmes na fé".

Oh! Quanto precisamos de quem nos defenda desse inimigo; de quem nos anime na luta contra as tentações e ao mesmo tempo nos salve de outras muitas misérias de que se compõe esta vida!

Só Maria, a virgem poderosa, a mulher forte que esmagou a cabeça da serpente, nos poderá defender e salvar!

O poder da Rainha Ester perante o Rei Assuero é uma bela figura do poder de Maria. Assuero havia dado ordem para matar todos os judeus. Mardoqueu procurou então a rainha para lhe pedir que intercedesse por eles. Ela hesitou, lembrando-se do grande perigo a que ia expor-se. "Lembra-te – disse Mardoqueu – de que Deus te fez subir ao trono para salvares o teu povo." Diante disto, ela resolveu interceder pelo povo de Israel, conseguindo salvar-lhe a vida. Se Assuero atendeu à Rainha Ester, Deus deixará de atender a Maria, a quem fez Rainha do céu e da terra?

Judite, que matou Holofernes, livrando o seu povo do cativeiro e da perdição, é também uma figura de Maria Santíssima, que com o pé esmagou a cabeça da serpente, salvando-nos do cativeiro do pecado e da perdição eterna.

Há ainda muitas outras figuras do Antigo Testamento que ilustram o grande poder da Mãe de Deus. Ela é virgem poderosa, porque é Rainha do céu e da terra e como tal deve ter um poder imenso.

Diz São Bernardino de Sena que sendo Jesus Cristo Rei do universo, Maria será a **Rainha**, de modo que, continua ele, todas as criaturas que devem servir a Deus devem servir a Maria, e que os anjos e santos e tudo o que há no céu e na terra, estando sujeito a Deus, o está também a Maria Santíssima.

Por isso os Santos Padres são unânimes em engrandecer o poder de Maria, a quem todas as criaturas devem fazer a vontade. "Nossa Senhora pode dizer com Jesus: a mim foi dado todo o poder no céu e na terra", palavras de São Damião; São Gregório também afirma: "Nada pode resistir ao vosso poder, ó Maria; tudo está sujeito ao vosso domínio". São Boaventura, interpretando a origem desse imenso poder, emprega as seguintes palavras: "O Senhor todo-poderoso está convosco, por isso sois poderosíssima; sois poderosíssima por Ele, com Ele e junto dele". "Maria é a onipotência suplicante", diz simplesmente São Bernardo, e Santo Anselmo compara o seu poder com o dos outros santos e mostra a diferença que há entre um e outro. "Há" – diz ele – "apóstolos, patriarcas, profetas, mártires, confessores e virgens, que são poderosos intercessores diante de Deus; mas, Virgem Santa, o que eles podem todos juntos, vós, com a vossa intercessão e proteção, o podeis só, sem os seus sufrágios. Por que podeis tudo isto? Continua o mesmo Santo, é porque sois a Mãe de nosso Salvador, a esposa do próprio Deus, a Rainha do céu e da terra, a Soberana Senhora de todo o universo. Se não disserdes palavra em um favor, ninguém da corte celestial defenderá a minha causa diante do soberano juiz; mas, desde que apareçais para vos interessar por minha salvação, logo todos pedirão por mim"!

Estas expressões dos Santos Padres estão em proporção com a fé e confiança que o povo cristão tem no poder de Maria, a quem dá nomes honrosos e dirige lindas orações. Invoca-se este ou aquele santo em certas dificuldades, mas nas grandes misérias, nas calamidades públicas, é ela a âncora da nossa esperança, a quem o povo em peso se dirige e a quem a Igreja aponta como auxílio dos cristãos, mãe do perpétuo socorro, esperança dos desesperados etc.

Nos tristíssimos tempos que acabamos de atravessar a Igreja e o povo cristão, mais uma vez, provaram a sua fé no poder de Maria! À Virgem poderosa pediram a paz e dela a obtiveram! Só ela poderia ter conseguido desarmar o braço do Todo-poderoso, levantado para castigar-nos. Do mesmo modo, tem a Igreja procedido, em todas as necessidades públicas; quando a peste devastou Roma e Itália, foi Maria quem afastou esse terrível flagelo; nos tempos dos albigenses, a ela recorreu a Igreja, obtendo triunfo; de igual maneira o fez nos perigos turcos, e ela os venceu por terra e por mar; assim como durante as perseguições de Napoleão, devido à sua intercessão foi conduzido o papa para Roma.

Reconhecendo o grande poder de Maria, a Igreja manda que seus filhos se dirijam sempre a ela. Os cristãos, por sua vez, sabem perfeitamente o quanto ela é poderosa, poderosíssima, e que ao seu poder cedem as doenças, passam as dores, desaparecem as tristezas, estancam as lágrimas, foge o próprio demônio.

Trouxeram junto ao túmulo de São Francisco de Sales um homem ainda novo e que havia cinco anos estava possesso do espírito maligno.

Uma vez que o demônio gritava com maior furor e confusão, a Madre de Chaugy do Primeiro Mosteiro da Visitação, com aquele calor que lhe era peculiar, exclamou: "Oh! Santa Mãe de Deus, rogai por nós! Maria, Mãe de Jesus, socorrei-nos!" A estas palavras o espírito infernal, antes de deixar a presa, redobrou os seus horrendos gritos, bradando: "Maria! Ah! Eu não tenho Maria!... Não profiras esse nome; ele faz-me tremer! Se eu tivesse Maria por mim, como vós a tendes, não seria quem sou!... Mas eu não a tenho!" E todos choravam. Depois disto, o desgraçado moço ficou completamente curado (*G.*).

Pois bem! Nós, que temos Maria para nos socorrer em todas as necessidades, que da sua poderosa intercessão podemos esperar o remédio para todos os males, avivemos a nossa confiança, recitando diariamente a bela oração da Santa Igreja: "À vossa proteção recorremos, santa Mãe de Deus, não desprezeis as nossas súplicas em nossas necessidades, mas livrai-nos sempre de todo o perigo, ó Virgem gloriosa e bendita".

Resolução: *Começar hoje a rezar diariamente 3* Ave-Marias *para alcançar a perseverança final.*

Seu poder é a bondade

A Cristandade tem uma fé inabalável no poder e na bondade de Maria Santíssima, e com uma convicção admirável nela crê e espera em todas as suas aflições e desesperanças!

Aos olhos do verdadeiro cristão, Maria tudo pode e tudo alcança.

O protestante e todos os que ignoram as belezas da nossa santa religião podem à primeira vista estranhar essa confiança, mas ela se baseia em argumentos tão sólidos que nunca poderá ser derrubada.

Maria é poderosa, porque é a **filha predileta** de Deus Pai, a **esposa** imaculada do Espírito Santo, e **mãe puríssima** do filho de Deus. Basta que nos lembremos destes três títulos para compreender as palavras dos Santos Padres e a fé do povo cristão.

Nada podemos sem Deus! Quanto mais estreita for a nossa relação com Ele, maior será a nossa força. Não há criatura tão intimamente relacionada com a Santíssima Trindade como Maria Santíssima, por conseguinte não há quem tanto valha diante de Deus! **Ela é filha predileta**, não só no sentido comum, mas também no sentido excepcional!

Todos sabemos qual a força mágica que uma boa filha exerce sobre o seu pai, pois é o seu tesouro, a sua vida, a sua consolação e alegria de seus cabelos brancos. Quando ela com a sua candura e obediência sabe agradar-lhe, procurando adivinhar os seus desejos e prevenindo as suas vontades, cativar-lhe o coração, nunca terá coragem de fechar os ouvidos, quando ela lhe pede coisas justas e santas. Se assim procedem os homens, Deus, que é o melhor dos pais, que reúne em si todos os afetos da paternidade, terá outro modo de proceder para com a sua filha submissa, delicada, perfeita e predileta? Ele nunca recusará a Maria as graças que ela lhe implorar em favor dos pobres pecadores; e, se não puder atender a nossa miséria e ingratidão, atenderá à doçura e dedicação de sua filha, que nunca apelará em vão para o coração do Pai.

Outro título que concede a Maria ilimitado poder é o de **esposa imaculada do Espírito Santo**. Realmente, todos os fiéis em estado de graça são filhos de Deus, e a alma santificada pode ser chamada esposa do Espírito Santo. Maria, porém, o é em sentido incomparavelmente mais perfeito. É esposa do Espírito Santo em sentido direto, mas sobrenatural, por ter Ele operado nela o grande mistério da encarnação do Filho de Deus. A união entre esposos é a mais íntima. Entre eles tudo é comum; prazeres, mágoas, tristezas e dissabores. O que um deseja, deseja-o o outro; o que um sofre, sofre o outro igualmente. As suas almas são como duas cordas da mesma harpa; não se pode tocar em uma sem que a outra vibre. Entre Maria e o Espírito Santo, seu divino esposo, existe união; pois, com a sua inocência, humildade e graça, ela atraiu as vistas de Deus, e o Espírito Santo achou as suas delícias em atender os seus pedidos.

A história é cheia de fatos que dia a dia comprovam quão poderosa é Maria. Ela é, na frase de São Bernardo, "a onipotência suplicante".

Resolução: *Nunca duvidar da proteção de Nossa Senhora, embora me faça esperar.*

Confiemo-nos a ela

Mas a razão mais forte do ilimitado poder de Maria é a sua divina maternidade. **Ela é Mãe de Deus**, pois isto tem sobre o coração de seu Divino Filho os mais incontestáveis direitos e a autoridade mais absoluta. De modo que São Bernardo diz: ela já não pede, quase manda.

Não é necessário apresentar argumentos para demonstrar o poder que tem a mãe sobre o coração do filho; nosso coração nos diz: Somos incapazes de negar à nossa estremecida mãe um justo pedido. O que disse Salomão à sua mãe, todo o bom filho o dirá: "Peça, minha mãe, pois não é justo que vá descontente". Jesus, o melhor dos filhos, terá menos atenção e amor à sua Mãe Santíssima do que Salomão?

Mesmo se, pedindo por nós, pecadores, Jesus lhe opuser a sua justiça, mostrar-lhe a gravidade dos nossos pecados, esta mãe saberá vencer o coração do filho, mostrando o colo que o embalou, o seio que o nutriu, os lábios que tantas vezes o beijaram e os braços que o estreitaram. Lembrar-lhe-á o amor que lhe dedicou no presépio; o cuidado quando fugiu para o Egito; o trabalho em Nazaré e especialmente as lágrimas que derramou debaixo da cruz. É impossível que Jesus resista a tantas súplicas. A súplica de sua mãe é onipotente e é ordem a que Ele deve submeter-se. Bem fundada, pois, é a confiança que depositamos em Maria; nunca será desiludida da parte dela. A ela obedecem o céu e a terra e todas as criaturas lhe estão sujeitas; o próprio filho de Deus lhe obedece.

> Do menino
> Seu divino
> Toda a graça
> Ela nos dá.

Em uma visão que teve São Domingos, Nosso Senhor, irado pelos pecados da humanidade, ia lançar contra ela os raios de seus justos castigos. Mas sua mãe, prostrando-se aos seus pés, pediu misericórdia, e então apresentou-lhe dois de seus servos, que haviam de pregar penitência e converter os pecadores. Um deles foi o próprio São Domingos, e o outro o seu grande amigo São Francisco. Jesus deixou-se aplacar pela súplica de sua mãe e perdoou mais uma vez ao mundo os seus pecados.

Sendo assim, pergunto: que devemos fazer quando nos assaltarem as tentações? Desanimar? Quando toda essa miséria espiritual e temporal que alastra pelo mundo se apresentar à nossa mente devemos chorar, desesperar?! Nunca! Elevemos o nosso olhar ao céu, confiando naquela que é rainha, advogada e mãe!

Em Maria deposita toda a tua confiança. Estás doente? Ela é a saúde dos enfermos; se estás em pecado, ela é o refúgio dos pecadores; estás triste? A consoladora dos aflitos te consolará; sentes-te tentado? Recorre ainda a Maria, "auxílio dos cristãos". Tem confiança... Na desgraça ela será a tua consolação; no trabalho, teu descanso; na oração, tua alegria. Se dormes, é o teu sonho; na tentação, teu escudo; na solidão, tua força; na tempestade, tua âncora; no dilúvio da corrupção, tua arca; nas trevas, tua luz. Seja o seu doce nome na hora da morte tua última palavra, teu último suspiro.

Recorre a Maria, invoca seu santo nome de manhã, ao meio-dia, e à noite; suplicando-lhe por ti, pelos teus; pelos vivos e defuntos. Entrega-te a ela na vida e na morte, e então experimentarás a sua onipotência suplicante.

Resolução: *Meditar frequentemente no poder e na bondade de Maria, para animar a confiança na Mãe Santíssima.*

26. Virgem benigna, rogai por nós

Pouco, quase, adianta ao mendigo conhecer um homem rico e poderoso, se este tiver o coração duro.

Quando a bondade não se associa à riqueza e ao poder, estas qualidades, em lugar de inspirarem confiança, enchem o coração de ódio e de rancor. Aquela, porém, que é poderosíssima no céu e na terra, que dispõe de riquezas imensas, tem um coração compassivo e acha delicioso fazer bem a todos.

Maria é Rainha do céu e da terra, mas também é Mãe de misericórdia. Nós a saudamos como virgem poderosa, mas logo em seguida acrescentamos: "Virgem benigna". Se grande e ilimitado é o seu poder, igualmente grande e ilimitada é a sua clemência. Não sei o que nela mais nos atrai e faz com que em nossas necessidades recorramos à sua intercessão: se o seu grande poder ou a grandeza de sua bondade. Confiamos muito no poder de Maria, mas da sua clemência esperamos tudo.

O célebre Gerson, interpretando as palavras do Salmo 61, "*Potestas Dei est et tibi Domine misericórdia*", refere-as a Maria, e diz:

"Estas duas coisas eu ouvi: convosco é o poder e misericórdia. Se o poder de Deus consiste na sua justiça e misericórdia, Ele, dividindo-o, reservou para si a justiça e deu a Maria a misericórdia, com a intenção de conceder-nos todas as graças pelas suas mãos e segundo a sua vontade".

Para mais firmemente nos convencermos da infinita bondade e clemência de Maria basta lembrarmos as seguintes verdades:

I – Maria é, sem contestação, **a mais santa criatura**. Não somente recebeu mais graças do que os outros santos, como também alcançou maior grau de perfeição. As suas virtudes foram imensamente mais perfeitas do que as dos outros santos.

Uma das virtudes que Deus mais exige é a caridade, que necessariamente se manifesta nas obras de misericórdia; por isso, Jesus tanto as recomendou, prometendo a maior recompensa a quem as praticasse:

"Bem-aventurados os misericordiosos pois eles alcançarão misericórdia".

Apresenta como modelo dessa virtude seu Pai Celestial e quer que imitemos a sua bondade e clemência:

"Sede misericordiosos como vosso Pai no céu é misericordioso".

Maria, sendo a mais virtuosa, a mais santa e, sem dúvida, a mais misericordiosa de todas as criaturas, necessariamente há de ter mais bondade e clemência que os outros santos todos juntos.

É justo, pois, que a Igreja a qualifique *Virgem benigna*, e que, na *Salve Rainha*, saudemo-la com as palavras de São Bernardo:

Ó clemente, ó piedosa, ó doce, sempre Virgem Maria.

Portanto, se esta virtude nos inspira confiança em Maria, e a faz tão querida ao nosso coração, não nos esqueçamos, por nossa parte, de manifestar ao nosso próximo sentimentos de verdadeira caridade, oferecendo-lhe a nossa simpatia nas suas aflições. Quanto mais misericordiosos formos para com o nosso próximo, mais direito termos à misericórdia de Maria.

II – Maria é **a mais perfeita discípula de Jesus** e a sua mais fiel imagem. A clemência foi a virtude característica de Jesus. Diz o Apóstolo São Paulo: "Apareceu a bondade do Salvador nosso Deus, e o seu amor para com os homens" (Tt 3,4). "Ele passou fazendo bem a todos." Quem poderá duvidar da semelhança dos sentimentos de Maria com os de seu Divino Filho? Diante de tão belo exemplo não se esforçaria por imitá-lo?

Maria também passou fazendo bem a todos! O que ela fez nas bodas de Caná é o bastante para ilustrar os seus nobres sentimentos; mostrou-se mãe misericordiosa e digna de tal filho.

Se a dolorosa Paixão de Jesus foi a maior prova do seu amor e bondade para conosco, Maria, consentindo, por amor dos homens, na morte dolorosíssima de seu Divino Filho, deu-nos a mais eloquente prova de seu amor e bondade. Debaixo da cruz, abraçando o filho morto, mostrou-se mãe de misericórdia.

Nós, que nos dizemos seus filhos, seus discípulos, devemos sê-lo, como ela o foi de Jesus, cujos exemplos seguiu sempre fielmente na prática de todas as virtudes.

Resolução: *Imitar a Virgem benigna, sendo sempre indulgente com os que erram.*

Virgem de bondade

A grande bondade de Maria manifestou-se mais claramente ainda na **santa missão** que Deus lhe confiou! Segundo a doutrina de Santo Tomás, Deus dá a cada um as graças que correspondem às suas obrigações. Se alguém recebe uma missão especial, um ofício excepcional, não lhe faltam graças particulares, correspondentes a esse ofício ou a essa missão. Pois bem! Aplicando essa verdade a Maria, devemos reconhecer, com grande satisfação, que ela é cheia de bondade, clemência e ternura, pois Deus, fazendo-a mãe dos cristãos, não podia deixar de lhe dar um coração de mãe; um coração compassivo para com as misérias humanas, propenso a fazer bem a todos.

Se, em geral, a inclinação natural do coração da mãe é amar e querer bem a seus filhos; se as dores e aflições dos filhos repercutem em seu coração; se ela é capaz de fazer todos os sacrifícios possíveis somente para atender às necessidades de seu filho, com muito maior intensidade sentirá Maria no seu amantíssimo coração um grande desejo de nos socorrer em nossas misérias e trabalhos. **Ela é mãe**; para nós só tem sentimentos de mãe, por isso não pode deixar de nos amar e de cuidar de nós. "Aos pedidos dos queridos abre o terno coração; ao gemido do aflito é toda compaixão."

Exorta-nos São Bernardo: "Tiveste receio, ó homem, de te aproximar do Pai; quando escutas a sua ira, ocultas-te diante dele. Atende! Ele deu-te Jesus Cristo para medianeiro. Que não fará ante o Pai tal Filho? Ele é teu irmão, homem como tu, exceto no pecado; por isso se apiedará de ti. Mas talvez temas ainda aproximar-te dele, porque, embora teu irmão, nele descobres a majestade de um Deus; é homem, mas não deixa de ser Deus, ao mesmo tempo".

Queres um intercessor junto dele? Recorre a Maria: ela é de raça humana, só dessa raça, sem embargo dos assombrosos dotes que a adornam. Não hesites, o Filho ouve a sua Mãe! Escuta o Filho a Mãe, e o Pai atende ao Filho; aqui está a escada pela qual sobe o pecador, para chegar ao trono da divindade; aqui está a minha confiança e se funda toda a minha esperança!"

"Que confiança devemos ter nessa Mãe Celestial!" – diz o abade de Celles –, "pois podemos afirmar que, fazendo-se Mãe de Deus, foi feita distribuidora das graças de seu Filho e em suas mãos está a nossa salvação".

Todo o povo cristão conhece, crê e sente esta verdade e com frases claras demonstra a sua confiança na bondade de Maria, na recitação da *Salve Rainha*, que é rezada diariamente por milhares e milhares de fiéis. Esta oração é a mais bela apologia da bondade e misericórdia da Virgem benigna, por isso devemos rezá-la todos os dias! Oh! Rezemo-la, quando a aflição, a dor e a tristeza tentarem apoderar-se de nosso coração. Levantemos a Maria os nossos olhos, as nossas mãos, o nosso coração, exclamando com toda a confiança: Esses vossos olhos misericordiosos a nós volvei; ó clemente, ó piedosa, ó doce, sempre Virgem Maria!"

Santo Epifânio, falando a respeito da bondade de Maria, assim se exprime: "Maria é o olho que vê o nosso sofrer; é o ouvido que ouve o nosso gemido; é o coração que conosco sente a dor; é o pé que corre para nos auxiliar; e é a mãe que nos leva a seu Divino Filho".

Sua bondade vai mais longe ainda! Movida de compaixão, muitas vezes nos alcança graças, quando menos o merecemos, como prova o seguinte fato que se lê no livro do tombo do santuário de Nossa Senhora em Mariataferl, perto de Viena: entre os numerosos romeiros, que frequentemente se dirigiam àquele santuário, houve um que, levado por falsa vergonha, ocultou um pecado na confissão, atrevendo-se a receber a santa comunhão com esse sacrilégio na consciência! Cometido o segundo crime, foi despedir-se do altar da "Virgem benigna", mas ela teve compaixão do ingrato romeiro e não quis deixá-lo retirar-se em tão lastimável estado. Uma força invisível o deteve à porta da igreja e então, arrependido, voltou ao confessionário, acusou humildemente o seu duplo crime e, depois de perdoado, voltou para casa, com a bênção da santa Mãe do céu!

O mesmo livro narra que o embaixador austríaco, o cavalheiro de Kriegelstein, protestante, inscreveu-se levianamente no registro da irmandade de Nossa Senhora do Rosário. Nossa Senhora, na sua grande bondade, incluiu-o também no número daqueles a quem queria fazer misericórdia. Por isso o cavalheiro, desde aquele momento, começou a sentir-se descontente com a sua religião, até que resolveu tornar-se católico.

Se Maria é tão benigna e indulgente para com os pecadores, quanta ternura terá para os seus devotos! "Eu amo os que me amam" – diz ela. Amemos, pois, esta Virgem poderosa e benigna, e em todas as nossas aflições experimentaremos a grandeza de sua bondade.

Resolução: *Para merecer os favores de Maria, ser sempre misericordioso para com os necessitados.*

27. Virgem fiel, rogai por nós

Há uma virtude, cujo esquecimento, infelizmente, já se vem fazendo sentir, e que todos apreciam em alto grau. É a fidelidade! É a mãe da confiança e o alimento de mútuo amor! Quem não estima um criado fiel? Que procuramos mais nele e dele exigimos, a não ser essa qualidade? Quem, senão ela, dá todo o valor à amizade? Por isso diz a Sagrada Escritura:

"O amigo fiel é uma forte proteção e quem o achou, achou um tesouro. Não se pode comparar a um amigo fiel o ouro e a prata, nem merecem ser posto em balança, com a sinceridade da sua fé" (Eclo 6,14-15).

Jamais um amigo encontrou em outro amigo tanta fidelidade como nós encontramos naquela que a Igreja chama a Virgem Fiel!

Se o Apóstolo São Paulo pôde afirmar: "*Gratia eius in me vacua non fuit*". – "A graça de Deus não foi vã em mim" (1Cor 15,10), Maria com mais razão poderia dizê-lo, pois, desde o primeiro instante de sua Imaculada Conceição, até a sua gloriosa Assunção ao céu, foi **fidelíssima cooperadora da graça divina**.

As graças que recebeu formaram uma corrente de inúmeros anéis, sem faltar um só; por isso que jamais houve interrupção, por nunca ter faltado atenção e obediência às inspirações divinas. Devido a esta fiel cooperação, foi ela crescendo na graça de Deus, cuja plenitude atingiu, como o afirmou o Anjo Gabriel:

Ave, cheia de graça.

Se soubéssemos aproveitar melhor as graças que Deus nos concede, cooperando fielmente com ela, não nos sentiríamos tão enfraquecidos e faríamos mais progresso na virtude. A graça de Deus nunca nos falta; recebemo-la em quantidades mais do que suficientes. Se não as perdêssemos tantas vezes por nossa negligência e tibieza, ou por fecharmos os ouvidos à sua voz, não cairíamos em tantas faltas e o caminho da virtude não se nos apresentaria tão dificultoso. Imploremos a intercessão da Virgem fiel, para que possamos dizer com o Apóstolo: "A graça de Deus não foi vã em mim".

A fidelidade de Maria em seguir a graça de Deus corresponde à **fidelidade com que serviu a seu Divino Filho**. A mãe, por inclinação natural, é fiel a seu filho, mas a Santíssima Virgem praticou essa virtude em um grau muito superior às outras mães.

Ocupou-se fielmente como seu Divino Filho, deitado no frio e duro presépio, embora desprezado pelos Bethlemitas; quando Jesus teve de fugir para o Egito, por causa da perseguição de Herodes, Maria acompanhou-o e levou-o em seus braços, participando com Ele das durezas do desterro; quando o perdeu no templo, procurou-o fielmente três dias entre parentes e amigos e em toda a cidade, até encontrá-lo. Durante a sua vida pública, não o abandonou; e no momento em que Ele, dando a conhecer sua divindade por maravilhosos milagres, recebeu os aplausos do povo, ela humildemente se retirou para se colocar mais tarde ao seu lado, quando o insultaram, perseguiram e quiseram precipitá-lo do rochedo de Nazaré! Essa admirável fidelidade de Maria celebrou os seus maiores triunfos durante a sagrada Paixão e morte de seu Divino Filho: Não fugiu como os apóstolos; não se escondeu como os discípulos; não o seguiu de longe, como as piedosas mulheres. Foi ao seu encontro, abraçou-o e a todos se apresentou como mãe desse homem condenado. Debaixo da cruz, cercada de inimigos que insultavam o filho moribundo, ela, de pé, assistiu à sua agonia e morte, e foi a única a crer fiel e firmemente na divindade de seu Jesus: Foi a personificação da fidelidade.

Este admirável exemplo de Maria, quanta vergonha a nossa tão grande infidelidade! Quão facilmente abandonamos Jesus! Com que facilidade esquecemos os nossos protestos de amor e fidelidade! Basta, às vezes, uma palavra, um gesto, um debique, um sorriso malicioso, para recusarmos o nosso amor a Jesus! Oxalá o exemplo de Maria fosse um conforto para a nossa alma tímida e fraca, estimulando-nos a nos conservarmos fiéis até a morte.

Resolução: *Ser fiel nos atos de piedade.*

Fiel até o fim

O que imprime a esse título um cunho de especial encanto e enche o nosso coração de imenso júbilo é, sobretudo, o fato dela nos ser fiel em toda as condições da vida.

Sentir-se abandonado e esquecido é uma das coisas mais tristes; em relação a Maria Santíssima, porém, isto nunca se dará. Ainda que a mãe possa esquecer seu filho, Maria, nossa carinhosa Mãe, **jamais nos esquecerá**.

O célebre escritor Cesário de Heisterbach narra o seguinte fato, que mostra de quanto é capaz uma boa mãe: Em certa cidade da Alemanha vivia pobre viúva, que tinha um único filho. Este, em vez de ajudar e amparar sua velha mãe, causava-lhe, pelo contrário, os maiores desgostos, maltratando-a e injuriando-a. Sua perversidade chegou ao ponto de um dia lhe roubar o último vintém, deixando-a em miséria extrema. Mais tarde caiu nas mãos da justiça humana e sua mãe foi então visitá-lo na prisão. O carcereiro, admirado, perguntou-lhe: "A senhora sabe que ele é um criminoso?" – "Sei!" – "Lembra-se de que a maltratou?" – "Lembro-me". – "De que lhe roubou o último vintém e de que por fim tentou matá-la?" – "Lembro-me". – "E quer vê-lo?" – "Mas é meu filho", respondeu aflita, e assim entrou chorando e soluçando para estreitar ao seu coração o filho rebelde.

O coração de mãe é magnânimo: sabe perdoar, esquecer e amar! Nunca houve, porém, mãe que tivesse amado seu filho tão **fiel e sinceramente** como **Maria nos ama**.

Já tem acontecido o que parece incrível: mães esquecerem-se de seus filhos, desprezá-los e abandoná-los. Mas nunca se ouviu dizer que alguém, tendo recorrido a Maria Santíssima, fosse por ela repelido. Se todos nos abandonam, nos atiram pedras e nos condenam, ela não nos abandonará nem nos condenará. Terá sempre compaixão da nossa miséria; continuará a interceder e velar por nós; jamais deixará de nos dar as mais sinceras provas de seu amor maternal. Embora a tenhamos ofendido gravemente e repetidas vezes, e bem assim ao seu Divino Filho, embora a tenhamos abandonado, ela não se afastará de nós, e toda a nossa malícia é insuficiente para diminuir o seu amor. Ansiosa, espera a nossa volta; *"Multae aquae tribulationis non potuerunt extinguere caritem"* (Pr 31,29).

As muitas águas (das nossas ingratidões) não poderão extinguir a sua caridade! Realmente, o seu grande amor não se apagará nem com as águas turvas e imundas dos nossos pecados.

Ela é fiel; uma vez que nos recomendamos à sua solicitude maternal, nunca nos abandonará e, se, por uma desgraça, nos desviarmos, ela nos seguirá e com sua poderosa intercessão obterá o perdão das nossas culpas. Milhares e milhares de fatos comprovam esta verdade. Uma *Ave-Maria* recitada diariamente, ou de vez em quando, é quanto basta, para salvar o pecador mais obstinado.

A simples invocação de seu santo nome já tem salvado muitos desesperados da perdição eterna.

Exemplo muito comovente, lemo-lo na vida São Francisco Regis: Preparando para a morte um ladrão e assassino, dirigiu-lhe pedidos e conselhos que se quebraram de encontro à dureza de seu coração. Afinal, o santo mostrou-lhe uma imagem de Nossa Senhora e lhe disse: "Conheces quem representa esta imagem?" – "Conheço!" – "Ela te ama".

Ouvindo isto, o pecador, como que acordando de um profundo sono, contemplou a imagem e disse por fim: "Então ela não me conhece". – "Conhece-te bem, continuou o santo". – "Então ignora que zombei da santa religião". – "Ela o sabe". – "Que transgredi os mandamentos da Lei de Deus". – "Ela o sabe". – "Que derramei sangue inocente, que sou um assassino". – "Ela o sabe". – "E continua a amar-me?" – "Sim, continua a amar-te". – Descrente de tanto amor, perguntou ainda: "É verdade o que o senhor diz?"

"É a verdade, pois antes perecerão céu e terra do que a Palavra de Jesus, que disse à hora da morte: "Eis aí vossa Mãe". – "É então minha Mãe também?" – "É também tua Mãe". – "Tem compaixão de mim?" – "Sim, tem compaixão de ti". O pecador, vencido por tanto amor, chorou amargamente seus pecados e se converteu.

Realmente, Maria é Virgem fiel; nunca nos desampara, nem se esquece de nós. Oh! Quantas vezes o temos experimentado! Quando em nossas tristezas choramos diante de seu altar, jamais ela deixou de nos consolar. Quando em nossas dúvidas lhe pedimos luz e esclarecimentos, nunca nos negou! Quando em nossas aflições, ao pé de seu altar, com a alma magoada lhe erguemos a nossa prece, ela nos ouve, restituindo-nos a tranquilidade. Nos perigos, combates e tentações, invocando o seu santo nome, não deixaremos de ser atendidos. Todos devemos atestar a verdade que São Bernardo prega no sublime "Memorare".

"Lembrai-vos, ó piedosíssima Virgem Maria, que nunca se ouviu dizer que alguém tivesse recorrido à vossa proteção e fosse por vós desamparado." Por isso exclama Santo Afonso: "Antes cairá o céu, e a terra cairá em ruínas, do que Maria esquecer-se de atender e socorrer os seus devotos".

Maria é sempre Virgem fiel, e nós? Quão facilmente nos esquecemos de que mil vezes lhe prometemos amor e fidelidade!

Com quanta facilidade e leviandade quebramos a nossa palavra! Quão inconstantes são as nossas resoluções, quão inconstante é nosso amor! Com que arte interrompemos, adiamos e omitimos as orações e outros atos de piedade!

Oxalá a sua fidelidade sanasse a nossa tão grande infidelidade, e nosso amor se tornasse tão sincero, firme e constante como é o seu.

Depositemos hoje a seus pés os protestos da nossa fidelidade, dizendo-lhe as palavras que o povo judaico dizia a respeito de Jerusalém: "Se vos esquecer, ó Maria, caia em esquecimento a minha direita; a minha língua fique presa na garganta, se não me lembrar sempre de vós, se não vos tomar como o princípio de toda a minha alegria".

Resolução: *Renovar diariamente a consagração a Nossa Senhora.*

28. Espelho de justiça, rogai por nós

O Imperador Fernando I, quando era menino, recebeu de presente um belo e rico espelho de algibeira. Seu mestre notou que o príncipe se servia do espelho mais do que era necessário, por isso, receando que este costume pudesse tornar vaidoso o futuro imperador e impedi-lo de fazer um bom governo, exigiu que este lhe entregasse aquele objeto, no que foi obedecido. Quando o mestre abriu o espelho, encontrou com grande admiração uma linda imagem de Nossa Senhora substituindo o vidro, e então compreendeu que o que o príncipe contemplava tão repetidas vezes era a imagem de Maria Santíssima, nossa Mãe Celestial, o espelho que com mais proveito podemos olhar depois do crucifixo.

Já se vê o que significa este título: Constitui para Nossa Senhora o maior elogio, porque está indicando que ela, mais do que as outras criaturas, reflete na alma a grandeza e as perfeições de Deus. O universo é a manifestação da divindade, e cada criatura reflete alguma perfeição divina. O homem, feito à imagem e semelhança de Deus, reflete mais clara e nitidamente as suas perfeições. O pecado original, porém, estragou a imagem de Deus em nossa alma, e cada pecado rasga mais essa imagem e perturba a claridade. Quanto mais pura e santa for a nossa alma, mais claramente se verá nela a grandeza e majestade de Deus. Mas não há nem houve criatura que tivesse refletido tão perfeita e claramente a majestade e perfeição de Deus como a alma imaculada de Maria, da qual a Sagrada Escritura preconiza: *"Candor est enim lucis æternæ, et speculum sine macula Dei majestatis, et imago bonitatis illius"*. "Ela é o clarão da luz eterna e o espelho sem mácula da majestade de Deus e a imagem de sua bondade" (Sb 7,26).

A alma de Maria reflete a divindade de um tríplice modo: é o clarão da luz eterna, o espelho da majestade e a imagem da sua bondade. Na sua Imaculada Conceição, transformou-se em reflexo da luz divina, porque, cumulada de graças, brilhava diante de Deus em pureza absoluta, **refletindo a pureza e a santidade da majestade eterna**. Como o sol, penetrando o cristal, torna-o todo radiante e luminoso, assim os raios do "sol da justiça", penetrando a alma de Maria, fizeram-na brilhar com uma luz radiante, transformando-a realmente no *clarão da luz eterna*. Mais tarde, quando, depois da encarnação, ela se tornou o *tabernáculo vivo do Altíssimo*, sua alma, "qual espelho da majestade divina", **refletia as virtudes, perfeições e a santidade do coração de seu Divino Filho**. O Espírito Santo cumulou-a, então, de novas graças, dando um novo impulso à sua santidade e pureza.

Ela foi companheira e discípula fiel do Divino Redentor. Se houve alguma criatura em quem Jesus pudesse encontrar uma discípula fiel e dócil; se algum coração reproduziu as perfeições e virtudes do seu divino coração, não podia ser outra senão Maria, sua Mãe Santíssima, que, com admirável perfeição, refletiu a grandeza e majestade de Deus na pessoa de Jesus Cristo.

A terceira vez que o Espírito Santo lhe deu novo e admirável brilho foi no cenáculo de Jerusalém, derramando sobre ela as abundâncias das graças divinas e inundando-a de luzes, de modo que o seu coração se transformou no **"espelho da bondade de Deus"** – *"Imago bonitatis illius"*.

Desde aquele dia, Maria passou a ser benfeitora e Mãe da Igreja nascente, a quem confortava com seus sábios conselhos, iluminava com o brilho de suas virtudes e defendia com a sua poderosa intercessão, e com as graças divinas que então começou a distribuir. Imitou, pois, em sua vida mortal, a fecunda operação da Santíssima Trindade, sendo realmente o *espelho da justiça e perfeição divinas*. Espelho para a Igreja, que o admira e comenda à imitação das belíssimas virtudes que ele reflete. Espelho para o céu, porquanto o seu amor, crescendo dia a dia, tornou-se uma nova revelação para os querubins e serafins, que nunca tinham visto, em criatura alguma, amor tão puro e grande. Assim, Maria é o reflexo mais fiel das perfeições divinas e merece ser considerada por nós como espelho da justiça e santidade.

Nossa alma era também o espelho de Deus, porque foi criada à sua imagem e semelhança! Resplandece nela a imagem divina? Continua a ser o reflexo da pureza e santidade do Criador? Ou está manchada, estragada, transformada em imagem de malícia e do demônio? Oh! Então lavemo-la com lágrimas de sincero arrependimento, para que de novo resplandeça bela e santa a imagem do Criador e para que seja o espelho das perfeições divinas. Essa graça nos alcance aquela, a quem tão acertadamente a Igreja invoca: Espelho de justiça, rogai por nós.

Resolução: *Perguntar muitas vezes como procederia Nossa Senhora nestas circunstâncias.*

"Ecce Mater tua"

"Ecce Mater tua" – "Eis a vossa Mãe", disse Jesus na cruz. Com estas palavras, deu-nos Maria por Mãe, a quem devemos recorrer em nossas necessidades, e também por **modelo, segundo o qual nos devemos formar.** "Eis aí vossa Mãe." O que ela é, vós o deveis ser; as suas ótimas qualidades, as belíssimas virtudes, não sejam apenas objeto de vossa admiração, sejam sobretudo o assunto de vossa meditação, o vosso estudo e imitação. É muito natural que entre mãe e filho haja certa semelhança, e é o que Jesus nos aponta e exige, induzindo-nos a olhar para a nossa Mãe Celestial como espelho de virtudes e perfeição. "Sede perfeitos, como vosso Pai Celestial é perfeito", disse-nos Jesus! Podíamos desanimar no caminho da virtude, à vista do modelo que é a própria santidade, por isso Ele nos oferece outro mais acessível à nossa inspiração: é Maria Santíssima, filha preferida do Pai eterno, **cópia fiel da santidade divina.**

Como Maria Santíssima entre todas as criaturas é considerada o mais perfeito espelho de seu Divino Filho, o cristão, sobretudo o devoto de Maria, deve tornar-se espelho das virtudes de sua Mãe Celestial, para que haja completa semelhança entre Mãe e Filho.

Não há idade, nem sexo, nem profissão, nem estado, nem condição de vida, que não encontre em Maria uma virtude para imitar. Muito bem se exprime São João Damasceno, na sua homilia sobre o nascimento de Maria Santíssima: "o mais belo modelo é Maria, que recomenda às virgens pureza integral; aos casos, castidade; aos ricos, benevolência; aos pobres, gratidão; aos reis, justiça; aos sacerdotes, santidade; a todos, enfim, bons costumes e vida santa".

Realmente, não há espelho que mais distinta e nitidamente reflita as virtudes que devemos praticar do que a vida santa e imaculada da Mãe de Jesus. Oh, se mais vezes a acompanhássemos em sua vida, meditando piedosamente nas suas heroicas virtudes, quanta animação encontraríamos, que forte estímulo sentiríamos em nossa alma, para praticarmos as mesmas virtudes!

O que Santo Tomás de Aquino diz a respeito de Nosso Senhor Jesus Cristo pode-se dizer de Maria, que é o espelho de todas as virtudes. *"Intuere Speculum"*, olhai para o espelho da humildade, quando o espírito de orgulho e vaidade perturbar a vossa alma; *"Intuere speculum obedientiae"*, olhai para o espelho da obediência, quando o espírito de contradição se levantar em vossa mente e aprendei de Maria a obediência; *"Intuere speculum bonitatis"*, olhai para o espelho de ternura e bondade, quando os sentimentos de raiva, de cólera, de ódio, de murmuração e de maledicência exaltarem e perturbarem o vosso espírito, e aprendei a brandura, clemência e misericórdia; *"Intuere speculum puritatis"*, olhai para o espelho de pureza quando a carne se revoltar e sentir em si uma lei que contradiz a lei do espírito, e aprendei a pureza e a inocência; *"Intuere speculum pietatis"*, olhai para o espelho de devoção, quando o espírito de moleza e tibieza quiser invadir a vossa alma; quando sentirdes desgosto para a oração e coisas celestes, e grande interesse para as coisas do mundo, olhai para o espelho de devoção e piedade e aprendei a servir a Deus com fervor e fidelidade. Olhai para esse espelho, a exemplo daquele nobre príncipe. Vossos olhos corporais contemplem a sua bela imagem, e os espirituais as suas santas virtudes; se assim fizerdes, sentireis nascer em vosso coração um desejo grande e ardente de imitar as virtudes que o espelho da justiça reflete com tanta perfeição.

Resolução: *Olhando para a imagem de Nossa Senhora, tomar por objeto de meditação as suas virtudes, procurando imitar especialmente as que forem próprias para o meu estado.*

29. Sede da sabedoria, rogai por nós

Nossas academias e universidades arrogam-se o pomposo título – sede da sabedoria – convencidas de que possuem a verdadeira sabedoria. Julgam-se as únicas competentes para dar ao homem a verdadeira ciência e pensam que, sendo e possuindo o foco da luz, os demais andam em trevas. É orgulhosa pretensão, que contradiz clamorosamente os fatos, pois muitas dessas academias são falsas moedeiras, onde se cunha, em lugar da moeda de ouro da verdadeira sabedoria, a moeda do ateísmo e da imoralidade. Ensinam muitas ciências humanas, enchem as cabeças dos estudantes de mil coisas, algumas boas e úteis, não o negamos, mas, ao mesmo tempo, roubam-lhes a verdadeira ciência, a fé em Deus e na sua Igreja, para lhes implantar nos corações o indiferentismo religioso e a negação de todo o sobrenatural. Desorientam-nos, portanto, no que há de mais importante: o seu futuro eterno. Há a opinião de uma autoridade competente, que se exprime tristemente acerca das universidades contemporâneas. "Sobre as portas das nossas universidades devia se escrever: jovem, muito dos teus companheiros perderam aqui a sua fé, a sua inocência e felicidade" (de Maistre). Sem lhes fazer injustiça, podia-se gravar sobre as suas portas: "Sede do ateísmo e da corrupção!" A sabedoria humana sem a divina é vã e não salva o homem.

Um célebre professor da Universidade de Innsbruck disse à hora da morte: "Ciência, beleza, honras e poderes, tudo isso nada é sem a fé; só ela nos pode dar segurança na vida e na morte!"

Devemos, portanto, procurar a sabedoria em outro lugar. Onde? A própria Igreja nos aponta em Maria Santíssima, mandando-nos ouvir os seus conselhos. Efetivamente, Maria é "sede da sabedoria", e por três razões merece esse título. Em primeiro lugar, porque **nela se assentou a sabedoria incriada**.

Os Santos Padres comparam-na ao trono de Salomão e, realmente, é uma imagem belíssima, pois o seu trono era de marfim, guarnecido de ouro reluzente. "Nunca se fez obra semelhante em nenhum dos outros reinos." Segundo a Sagrada Escritura, Salomão era o sapientíssimo entre todos os reis, sendo por isso a figura de Jesus Cristo, que é a sabedoria eterna! "Em Jesus, diz o apóstolo, estão escondidos todos os tesouros de sabedoria e ciência." Esta sabedoria eterna fez de Maria seu trono, quando se revestiu com a carne humana, repousando-lhe no seio durante nove meses. "*Sapientia edificavit sibi domum et excidit columnas Septem*". A sabedoria edificou uma casa, cortou sete colunas (Pr 9,1).

A casa edificada pela sabedoria eterna é Maria Santíssima e nela, como no seu trono, repousou a mesma sabedoria *qui creavit me requievit in tabernáculo meo*, "aquele que me criou, veio repousar em mim" (Eclo 24,1).

Maria hauria bastante sabedoria da abundância da divina, de modo que também em vista disto merece ser chamada "sede da sabedoria".

Grande era a sabedoria de Salomão; de toda a parte vinham admirá-lo, inclusive a Rainha de Sabá, que exclamou encantada: "A tua sabedoria é maior do que a fama de que gozas, bem-aventurados os teus homens e os teus servos, que estão sempre na tua presença e recebem a tua sabedoria" (1Rs 10,7-8).

Imensamente maior é a sabedoria de Maria Santíssima, em cujo seio virginal pulsou aquele coração em que se acham todos os tesouros da sabedoria e da ciência, que naturalmente se comunicou a Maria como a nenhuma outra criatura, porque ela, pura e imaculada, não sofreu a triste consequência do pecado de Adão. Seu espírito nunca esteve obscurecido pelo pecado original, como nos outros homens, de modo que teve sempre um conhecimento natural ainda mais perfeito do que Adão antes do pecado, não falando da ciência difusa, devido à sua grande santidade. A Maria, pois, com mais acerto podemos dizer: bem-aventurados os teus homens, bem-aventurados os teus servos, que gozem sempre da tua presença e que recebem a tua sabedoria. Ela mesma chama feliz e bem-aventurado o que ouve os seus conselhos. "Bem-aventurado o homem que me ouve e vela todos os dias à entrada da minha casa" (Pr 8,34).

Resolução: *Nos estudos implorar piedosamente a intercessão de Maria Santíssima.*

Sapientíssima

Nossa Senhora, a sapientíssima entre as criaturas, embora não nos deixasse uma só página escrita, **continua a instruir o mundo** com as suas **palavras**, e sobretudo com o seu **exemplo**. Continua a comunicá-la a todos aqueles que a buscam por sua poderosa intercessão; ela nos quer instruir na verdadeira sabedoria, quando diz: "*Venite filii audite me, timorem Domini docebo vos*". "Vinde, filhos, ouvi-me, eu vos ensinarei o temor de Deus" (Sl 33,12).

"O temor de Deus traz sabedoria, ciência, honra e alegria", afirma a Sagrada Escritura (Pr 1,7).

"O temor do Senhor é uma fonte de vida, para que se desviem da ruína e da morte" (Pr 4,27).

O temor de Deus é a glória e o motivo de se gloriar; é a alegria e uma coroa de regozijo; o temor de Deus deleitará o coração e dará alegria, gosto e longos dias (Eclo 1,11-12). Este temor, Maria nos ensinou com o seu santíssimo exemplo. A sua vida inteira é, para nós, a mais bela e a mais comovente lição. Realmente, bem-aventurados os homens que ouvem os seus conselhos, porque novamente ela o afirma: "Aquele que me achar achará a vida e receberá do Senhor a salvação" (Pr 8,35).

É verdade que aos olhos do mundo não tem grande valor essa sabedoria divina, mas é a única verdadeira e os próprios sábios do mundo têm de confessá-lo no último dia, como escreve o mesmo sapientíssimo Rei Salomão: "Então os sábios deste mundo dirão dentro de si, tocados de arrependimento e com angústia de espírito, gemendo: estes são aqueles de quem nós em outro tempo fazíamos zombaria e a quem tínhamos por objeto de opróbrio. Nós, insensatos, reputávamos a sua vida e o seu fim sem honra, por uma loucura; eis aí como têm sido contados entre os filhos de Deus, e entre os santos está a sua sorte.

Logo, nos extraviamos do caminho da verdade e a luz da justiça não raiou para nós, e nem nasceu o sol da inteligência... e ignoramos o caminho do Senhor" (Sb 5,3.9).

Que triste confissão para aqueles que se julgavam sábios e que com toda a sua sabedoria ignoravam o principal: conhecer, amar e servir a Deus.

Oh! Se tivessem estudado a vida inocente e pura de Maria, podiam ter aprendido a verdadeira sabedoria e alcançado a salvação.

Não queremos negar que as ciências humanas merecem também o nosso estudo, pois os próprios santos trabalharam com zelo por adquiri-las.

Notamos mesmo que numerosos entre eles eram também homens ilustrados em todas as ciências.

Também Nossa Senhora protege e auxilia os que imploram a sua intercessão nos estudos.

Podia citar muitos, que claramente atribuíram a Maria o seu progresso e a ciência que adquiriram, por exemplo: São José Cupertino, São Germano José etc.

É muito edificante o que lemos na vida de Santo Alberto Magno, que, por ordem de Nossa Senhora, entrou para a Ordem de São Domingos, mas que, não obstante os seus grandes esforços, não fazia progresso algum nos estudos. Tais foram os escárnios de seus condiscípulos que, um dia, resolveu abandonar tudo.

Quando saía ocultamente do convento, apareceu-lhe Nossa Senhora, que, censurando o seu procedimento, mandou-o voltar aos estudos, prometendo-lhe todo o apoio.

De fato, em pouco tempo, fez tantos progressos que todos se admiraram! Auxiliado pela "sede da sabedoria", tornou-se uma estrela de primeira ordem, em todas as ciências, merecendo até o título de "doutor universal".

Recorrem, pois, a Maria, cheios de confiança, todos os que se dedicam aos estudos. Ela sabe vencer as dificuldades e, melhor do que o mais hábil professor, instruir primorosamente os seus devotos, sem o perigo de se perderem no labirinto das opiniões humanas e sem prejuízo das suas almas.

Resolução: *Não confiar tanto na ciência humana, mas ouvir mais atentamente a Palavra de Deus e da Santa Igreja, e nos estudos implorar piedosamente a intercessão de Maria.*

30. Causa da nossa alegria, rogai por nós

Tristes, imensamente tristes, eram os sentimentos que preocupavam o espírito dos habitantes de Betúlia, quando, cercados por um grande exército, viam diante de si a ruína e a morte! Mas, o júbilo que lhes invadiu o coração, ao verem Judite voltando do campo do exército inimigo, com a cabeça de Holofernes, como troféu de vitória, foi muito mais intenso.

O povo apregoava-a a sua salvadora, causa da sua alegria, chamando-a *bendita entre todas as mulheres*. O sumo sacerdote, vindo de Jerusalém, disse-lhe: "Tu és glória de Jerusalém, e alegria de Israel, a honra do nosso povo".

Toda essa história é uma pálida imagem da história da humanidade no campo espiritual. O demônio nos considerava sua presa; mas apareceu a forte Judite, Maria Santíssima, que, esmagando com seu pé virginal a cabeça da serpente, livrou-nos da morte certa e inevitável.

Por isso a Igreja a saúda jubilosamente a *bendita entre todas as mulheres*; aclama-a glória de Jerusalém, alegria de Israel, honra do povo cristão; e invoca-a com o título: causa da nossa alegria.

Paremos um pouco, para meditar ligeiramente, porque Maria merece tão honroso título e é a causa da nossa alegria!

Todos nós conhecemos as tristes consequências do pecado de Eva! A sua desobediência nos trouxe a morte temporal e eterna, precedida por este imenso exército de sofrimentos e males, que nos assaltam a cada momento. O céu fechou-se e o inferno abriu os seus abismos para nos engolir.

Não havia esperança de libertação, e todos os homens estavam sujeitos aos mesmos castigos! Realmente, era uma triste e dolorosa expectativa! Apenas apareceu no horizonte da existência humana aquela mulher, de quem Deus falara desde o paraíso, e a humanidade sentiu-se consolada, criou ânimo com a doce esperança de fugir à maldição, porque tinha sido atingida. Sim, veio **Maria, a segunda Eva, reparar o grande mal que nos causou a primeira!** "Nós éramos vasos de ira", escreve o Apóstolo São Paulo, "mas ficamos purificados no sangue do Filho de Deus, e assim temos novamente acesso ao trono de Deus"; "e de vasos de ira nos tornamos filhos de Deus e herdeiros do céu". Jesus, "por quem somos salvos e livres", nos foi dado por Maria, portanto ela tornou-se reparadora dos nossos males e causa da nossa alegria.

Ouçamos as belas palavras de Santo Agostinho: "Chegou, pois, caríssimos, o dia almejado da bem-aventurada e venerável Virgem Maria; por isso, com sumo júbilo, alegre-se a terra pelo nascimento de tal Virgem. Ela é a flor do campo, de que brotou o lírio do vale, em cujo nascimento se transformou a natureza dos primeiros pais e se apagou a culpa".

Eva chorou; Maria exultou! A mãe da nossa raça nos trouxe a pena; a Mãe de Deus, a salvação. Eva é autora do pecado; Maria, autora dos méritos. Eva trazendo a morte sacrificou-nos; Maria trazendo a vida, salvou-nos; aquela nos feriu, esta nos curou. A obediência e a fé da Virgem repararam a desobediência e a perfídia de Eva. Por isso podemos novamente dizer: "*Abba Pater*" "nosso Pai".

Também São Bernardo a intitula "causa de nossa alegria", em frases repassadas de gratidão: "Efetivamente, Eva foi uma medianeira cruel, pois por ela a antiga serpente infiltrou também no homem o veneno do pecado; mas tivemos outra medianeira fiel, que foi Maria, a qual ofereceu a ambos os sexos o contraveneno para o pecado, o cálice da salvação. Por Eva veio a sedução, por Maria, a reconciliação; por Eva, o pecado, por Maria, a libertação do pecado" (*Serm. en. vel. Assum. 2*).

Sendo assim, devemos exclamar com Santo Agostinho: "Oh! Bem-aventurada Virgem Maria, quem poderá dignamente agradecer-vos o terdes vindo em socorro da mísera humanidade com a vossa humilde obediência? Quais os agradecimentos que devemos dirigir-vos, por terdes intervindo para nos dar a saída para a nossa salvação?! Aceitai os nossos fracos protestos de gratidão, muito inferiores aos vossos merecimentos; e, tendo acolhido benignamente os nossos votos, apagai também em nós a culpa do pecado" (*Serm. 18 de Sanctis*).

Resolução: *Nos sofrimentos levantar seus olhos ao céu.*

Ela enxuga todas as lágrimas

O interesse que Maria, nossa Mãe, tem por nós estende-se também às nossas necessidades temporais. **Todas essas misérias**, tristes consequências do pecado de Eva, **ela as diminuiu!**

Seu Divino Filho, que veio suspender a maldição e remir a culpa, deixou ficar os sofrimentos. Choramos, lutamos nesse vale de lágrimas; e às vezes uma cruz pesadíssima nos é imposta, mas já não sofremos e choramos como os que não têm esperanças, porque sabemos que as nossas lágrimas se hão de enxugar um dia e que a nossa tristeza se converterá em júbilo.

Ouvimos de Jesus as belas palavras que sustentarão o nosso ânimo: "Bem-aventurados os que choram, porque serão consolados. Bem-aventurados os que padecem perseguição pela justiça, porque deles é o reino dos céus. Jubilai e exultai; vosso galardão será grande. A vossa tristeza, transformar-se-á em alegria".

Vede, pois, como também nestes sofrimentos Maria é a causa da nossa alegria! Ela nos deu o Salvador, que tem remédio para todos os sofrimentos; que nos dá na vida a sua graça e na eternidade a justa recompensa, da qual diz o Apóstolo São Paulo: "Eu tenho para mim que as penalidades da presente vida não têm proporção alguma com a glória vindoura, que se manifestará em nós" (Rm 8,18).

Sabemos por que e por quem sofremos, e esse conhecimento suaviza as nossas dores, tirando-lhes a amargura.

Sendo, pois, Maria a Mãe daquele que nos salvou de todos os males temporais e eternos, é justo e razoável que a consideremos a "causa da nossa alegria".

Mais ainda! Só o **pensamento em Maria** nos consola, nos anima nos sofrimentos e **nos causa até certo prazer**.

"Todas as vezes que penso em Maria, sinto em meu coração uma alegria, que excede as dores", afirma São Bernardo.

Santo Afonso diz que Nosso Senhor Jesus Cristo levou consigo sua Mãe às Bodas de Caná para nos mostrar que ela é a causa da nossa alegria. O bem-aventurado Henrique Suzo também exclama: "Com Maria é tudo prazer e alegria; sem Maria é tudo tristeza e dor".

Quem de nós não experimentou ainda essa verdade? Não é justamente no culto mariano que encontramos a mais suave alegria e consolação? Não são as suas festas as que mais nos entusiasmam? A alegria dessa vida é Maria, Mãe querida dos cristãos, a quem São Francisco Solano recorria para levantar o espírito dos doentes e dos tristes.

Quando servia nos hospitais e via alguém triste, tirava o seu violino, tocava e cantava versos a Maria Santíssima, e imediatamente os doentes se mostravam consolados e contentes. Uma ocasião, em que o seu superior, bem doente, se sentiu atacado por cruel melancolia, São Francisco, percebendo essa tristeza, entrou alta noite na cela do superior para perguntar pelo seu estado. Este, porém, nada lhe respondeu. Francisco tomou então o seu violino e cantou uns belíssimos versos em honra de Nossa Senhora, depois saiu caladinho. Entretanto, o guardião sentiu invadir o coração uma suavíssima alegria!

Nossa Senhora quis, mais uma vez, provar ser ela a causa da nossa alegria.

Resolução: *Nas tristezas, lembrar-se de Maria e, vendo outros tristes, falar-lhes de Maria Santíssima.*

31. Vaso espiritual, rogai por nós

Jesus disse a Ananias: procura Saulo, porque ele é para mim um vaso escolhido para levar meu nome às nações, aos reis, assim como aos filhos de Israel.

Jesus confiou a Saulo a missão de pregar o seu nome às nações; por isso o chamou vaso escolhido. Deus confiou a Maria a **missão de dar ao mundo o Salvador**. É, pois, ainda mais um vaso escolhido, e, devido à sua missão, cheio de graças; um verdadeiro "vaso espiritual".

Sendo o Filho de Deus o fim de toda a obra da criação e tendo Deus decretado mandá-lo a este mundo, devia necessariamente destinar-lhe uma Mãe. É o que se deduz das seguintes palavras: desde a Eternidade e desde a Antiguidade, antes de se fazer a terra, fui destinada (Pr 8,23).

Para que foi destinada Maria, desde toda a eternidade? Para ser Mãe de Deus, o vaso sacrossanto, onde devia nascer o Filho do Altíssimo, por isso era natural que Ele reunisse na sua puríssima alma todas as graças, que mais tarde deveria distribuir aos outros santos. Assim ensina São Boaventura: "Como todos os rios se lançam ao mar, todas as graças concedidas aos anjos, aos patriarcas, aos profetas, apóstolos, mártires e confessores, às virgens e aos santos todos, se juntam em um vaso, que é Maria".

Maria é **um vaso cheio de graças**, disse-o o Arcanjo Gabriel. Todos os Santos Padres confessam a sua plenitude de graças, afirmando que ela as recebeu em maior abundância do que todos os outros santos juntos.

Maria era um vaso escolhido do Espírito Santo, pois devia ser a sua cooperadora na criação do corpo sacrossanto do Filho de Deus! É sua esposa! Se a Rebeca deu a Isaac ricos presentes no dia de seu casamento, com muito mais deveria o Espírito Santo presentear sua esposa imaculada, enriquecendo-a de mil graças!

Se a nossa alma é o templo do Espírito Santo, quanto mais a de Maria, onde Ele habitava com toda a plenitude de graças! Podemos, pois, felicitá-la e saudá-la: vós, ó Maria, sois o vaso escolhido de Deus, em que se reuniram todas as graças. Permite que de vosso coração hauramos as graças de que precisamos.

Deus também nos infundiu a sua graça pelo batismo, transformando a nossa alma em vaso escolhido, habitação do Espírito Santo; e pelo Sacramento da Crisma nos convertemos ainda em templo de Deus.

Maria conservou a alma sempre pura e imaculada! E nós tantas vezes temos manchado a nossa com o pecado! Pela graça divina éramos um vaso luminoso, digno do amor de Deus; mas pelo pecado nos transformamos em vaso desprezível e imundo.

Purifiquemo-nos de todas as nossas iniquidades e lavemos nossa alma no sangue do cordeiro, para que se possa dizer de nós o que a Bíblia disse do Sumo Sacerdote Simão: era como o vaso de ouro maciço, ornado de toda a casta de pedras preciosas (Eclo 50,10).

Com quanta alegria Nossa Senhora olhará para nós, se nossa alma brilhar na graça santificante! Com prazer acolhe nossas preces e aceita as flores que durante o seu mês depositamos com tanto prazer sobre o seu altar! Mais atrairá o seu olhar o coração puro e inocente do que toda esta profusão de luzes e o perfume das belas flores que tão generosamente lhe ofertamos para ornar a sua linda imagem.

Perguntaram a São João Berchmanns, grande devoto de Maria, o que se devia fazer para agradar a Nossa Senhora. Ele respondeu: Nossa Senhora não é muito exigente; aceita de boamente qualquer coisa, embora insignificante. Mas o que fazemos, devemos fazê-lo sempre com fidelidade.

Resolução: *Durante este mês, praticar cada dia um ato bom em honra de Nossa Senhora.*

Beatíssima

Não somente pela abundância de graças e pela coabitação do Espírito Santo, Nossa Senhora merece o qualificativo de vaso espiritual. Há ainda uma razão mais forte, pela qual ela, mais do que qualquer outra pessoa, é digna desse título: Deus, **o autor da graça, habitou em Maria e nela repousou**; por isso, não se pode imaginar vaso mais sagrado do que a Santíssima Virgem, a única digna e destinada, desde a eternidade, para trazer em seu seio o Verbo de Deus. "*Beatus venter qui te poravit*", "Bem-aventurado o ventre que te trouxe", disse a mulher no Evangelho! Chamando bem-aventurado o ventre de Maria, por ser o vaso em que estava repousando o corpo de Jesus, peçamos-lhe nos faça dignos de trazer sempre Jesus em nossa alma e de recebê-lo dignamente na santa comunhão.

Maria é o vaso espiritual, que **recebeu e conservou**, em seu coração, **a Palavra de Deus**! Assim confirma o evangelista, atestando duas vezes que não somente ela ouviu a Palavra de Deus, mas conservou-a fielmente em seu coração: Maria, porém, guardou todas estas palavras, meditando-as em seu coração (Lc 2,19).

Quando a mulher exaltou a Mãe de Jesus, por ter sido o instrumento na formação da sua humanidade, Ele disse: "Sim, bem-aventurado todo aquele que ouve a Palavra de Deus e a guarda". Sobre estas palavras de Jesus, diz São Beda: "Jesus afirma que é bem-aventurada aquela que se tornou instrumento temporal do verbo encarnado, mas, mais bem-aventurada, porque se tornou, por seu amor e fidelidade, guarda eterna de sua palavra".

Como Maria, também nós devemos ser um vaso espiritual, guardando em nosso coração a Palavra de Deus, e não um campo aberto, que deixa que as aves do esquecimento e volubilidade a roubem; e que os espinhos dos cuidados terrestres a sufoquem. Oxalá fosse o nosso coração um vaso bem guardado, que conservasse a Palavra de Deus para meditá-la e seguir os seus santos ensinamentos. Pela nossa volubilidade e contínua distração, esquecemos os nossos deveres; com razão diz o profeta: não há quem reflita bem no seu coração.

Sejam os mandamentos de Deus, sua lei e sua palavra, o assunto contínuo de nossa meditação. Em nós se verifiquem as palavras de Davi: na minha meditação, acendeu-se o fogo do amor.

O coração de Maria tornou-se assim um vaso espiritual, inflamado de santo amor, e ela está pronta para acender em nosso coração o mesmo fogo, se também amarmos e guardarmos a Palavra de Deus. Jesus mesmo afirma: quem é de Deus, gosta de ouvir a sua palavra.

Resolução: *Assistir às práticas aos domingos e dias santos com respeito e atenção e, só por motivo grave, faltar a este dever.*

32. Vaso honorífico, rogai por nós

Nas suas explicações, a Sagrada Escritura serve-se muitas vezes de figuras e imagens; assim, por exemplo, o vaso, ela o emprega referindo-se não somente à alma, mas talvez mais ao nosso corpo.

São Paulo também o aplica diversas vezes nesse último sentido. Vejamos a carta que ele escreveu aos tessalonicenses: "Saiba cada um de vós possuir o seu vaso em santificação e honra" (1Ts 4,4).

O contexto prova claramente que o Apóstolo fala do corpo humano!

Na invocação antecedente verificamos que a alma de Maria é efetivamente um "vaso espiritual", cheio de graça e santidade. Nessa de hoje, veremos que o seu corpo virginal é também um vaso espiritual, um sacrário do Espírito Santo e por conseguinte um vaso respeitável e honorífico.

Na antiga aliança a **"arca"** era o vaso sagrado e honorífico que todos respeitavam e no qual ninguém podia tocar, a não ser os levitas. Era tão santa aos olhos dos judeus, que Salomão perdoava àqueles que a tivessem levado, pois disse a Abiatar: na verdade, és digno de morte, mas eu te perdoo, porque trouxeste a arca do Senhor (1Rs 2,26).

Vaso mais sagrado e honorífico é o corpo virginal de Maria, no qual repousou o Senhor dos senhores, o Filho de Deus.

A **"arca"**, **sombra e figura** de Maria Santíssima, era infinitamente menos venerável e honorífica! Se nela era guardada a vara de Aarão, primeiro sumo sacerdote, em Maria repousou o verdadeiro Sumo Sacerdote, constituído para rezar, não por si, como Aarão e os outros, mas somente pelo povo (*Hb*).

Na "arca" se guardavam também as duas tábuas da lei, assim como um vaso com o maná; em Maria, repousou e viveu durante nove meses o autor da lei, e o seu seio puríssimo guardou aquele maná, que é o verdadeiro pão vivo que desceu do céu.

Como a realidade excede a sombra, Maria excedeu a arca; se esta foi um vaso honorífico, o que não seria o corpo virginal de Maria?

Saudemo-la, pois, dizendo com São João Damasceno: "Salve, tenda erguida pelo próprio Deus, da qual Ele saiu pessoalmente, para tratar conosco e nos trazer a reconciliação eterna" (*Hm 4 de B.M.V.*).

Os vasos mais sagrados e veneráveis são o tabernáculo, o cálice e o ostensório. Destinados para receberem o corpo sagrado de Jesus, escondido sob as espécies sacramentais, merecem o maior respeito, tanto que nenhum leigo os pode tocar, e devem ser feitos de metal superior.

Todavia, são vasos mortos, porque recebem, materialmente, as espécies sacramentais, por isso não se pode compará-los com o corpo virginal de Maria, vaso vivo, que não somente abraçou e recebeu a carne sacrossanta de Jesus, mas deu-lhe a substância, alimentando-a com o seu próprio sangue, razão por que São João Damasceno a denomina "trono e assento de Deus magnificentíssimo, no qual Deus repousa mais dignamente do que mesmo sobre os coros das potestades celestiais".

O lugar mais venerado e honrado é o **santo sepulcro**. Para arrancá-lo das mãos dos maometanos, fizeram-se as célebres cruzadas. Ainda hoje todo o mundo cristão contribui com as suas esmolas para sua conservação e a dos outros santos lugares onde Jesus viveu e morreu.

Mas, que é o santo sepulcro, embora merecedor de toda a honra, em comparação com o seio puríssimo de Maria?

No sepulcro repousou o corpo morto de Jesus e apenas três dias; mas no seio de Maria Jesus viveu e se alimentou nove meses; do seu leite puríssimo se nutriu durante alguns anos, e sobre os seus braços descansou inúmeras vezes.

Portanto, devemos a maior veneração ao corpo virginal de Maria, pois é o "palácio de Deus, resplandecente nos raios da divindade e cheio da majestade de Deus" (São João Damasceno).

Resolução: *Oferecer a Jesus-Hóstia nosso coração para lhe servir de tabernáculo.*

Aquela que não experimentou corrupção

O corpo humano, além de ser uma obra maravilhosa de arte, mais bela e mais perfeita que um espírito humano pudesse excogitar; embora sujeito a mil misérias, pôr fim à corrupção é, entretanto, um verdadeiro vaso honorífico, digno de respeito, porque é a casa ou habitação da alma imortal. Quanto maior a santidade da alma, maior a dignidade do corpo.

A Santa Igreja respeita o corpo do cristão, sepultando-o com solenes cerimônias e benzendo a terra ou lugar em que ele vai descansar.

Se assim procede a Santa Igreja com o corpo de qualquer cristão, quanto maior respeito e honra se deve dar ao corpo de Maria, que foi um vaso honorífico por excelência, não somente para a sua alma santíssima, mas para o próprio Filho de Deus.

Veneramos também as **relíquias dos santos**, os corpos dos mártires, o que Deus permite; tanto que, a alguns, conservou-os intactos, incorruptos; e, com as relíquias de muitos outros, têm se operado verdadeiros milagres.

Mais venerável ainda é o corpo sacrossanto de Maria, que é o "céu espiritual, mais sublime do que essa abóbada visível e fulgurante com o brilho das estrelas, no qual nasceu o sol da justiça para trazer aos homens o dia da salvação, que não conhece ocaso" (São João Damasceno).

O próprio Deus honrou este vaso sagrado, transportando-o para o reino celestial. Na sua incorruptível beleza e santidade, brilha na celestial Jerusalém, fazendo o encanto e a alegria dos anjos e dos justos.

"Maria foi levada ao céu; alegram-se os anjos, exultam os arcanjos."

Somente no céu, junto de Deus, ficou dignamente colocado tão sacrossanto vaso.

Seja Maria o vaso honorífico em que devemos depositar as nossas orações e as obras que oferecermos a Deus; pois, se passarem por ela, tornar-se-ão mais dignas e agradáveis a seus olhos! É o que nos recomenda São Bernardo.

Também o nosso corpo é um vaso espiritual e deve ser um vaso honorífico, por isso que o mesmo Jesus, que nasceu das entranhas puríssimas de Maria, o mesmo Jesus, que repousa no cálice na Santa Missa e no tabernáculo, entra pela santa comunhão em nossa boca, repousa sobre a nossa língua e descansa em nosso peito. Depois da santa comunhão, somos um tabernáculo de Deus, um vaso honorífico.

Oxalá jamais esqueçamos tamanha dignidade, e saibamos então possuir o nosso vaso, que é o nosso corpo, em honra e santidade. Para isso, é necessário que fujamos ao pecado e a toda a injustiça, conforme recomenda o Apóstolo São Paulo:

Se alguém se purificar dessas coisas, será um vaso de honra, santificado e útil para o serviço do Senhor, preparado para toda a boa obra (1Tm 2,21).

Antes da santa comunhão, peçamos a Maria para preparar o nosso coração, cobrindo as nossas faltas com a sua inocência, e a pobreza do nosso espírito, com as suas ricas virtudes. Ela mesma ensinou à Santa Gertrudes uma bela oração, para receber dignamente a Jesus. Aproveitemos estes santos ensinamentos.

Resolução: *Preparar-se com todo*
o cuidado para a santa comunhão,
pedindo sempre à boa mãe que se
digne dar-nos seu Divino Filho,
adorá-lo e amá-lo por nós.

33. Vaso insigne de devoção, rogai por nós!

Jesus, o Divino Mestre, veio nos mostrar o caminho do céu, apontando-nos os meios mais necessários e eficazes para conseguirmos o nosso último fim: "a oração". Pela oração tudo conseguimos, sem ela tudo se perde, até o que já se tem. Por isso, Ele a recomenda com o seu exemplo e com as suas palavras: "*Oportet semper orare*". "Deveis sempre rezar", "deveis rezar sem interrupção".

Na realidade, ninguém foi tão dócil e obediente como Maria Santíssima, que, a exemplo de seu Divino Filho, e instruída pelo Espírito Santo, não fazia outra coisa senão crer e orar. Por isso a Igreja a invoca: vaso insigne de devoção, rogai por nós! Se a oração foi a vida de todos os santos, que no decurso dos séculos espalharam pelo mundo o perfume de suas virtudes, não podemos duvidar que Maria Santíssima, conhecendo melhor do que qualquer outro santo a sua necessidade, tanto para obter graças como para agradecê-las, tivesse cumprido à risca a Palavra de Jesus, **"rezando sem interrupção"**.

Aos 3 anos de idade, entrou no templo para se consagrar a Deus, passando a sua infância ao serviço do Senhor!

Quão fervorosas deveriam ser as suas orações nos recintos sagrados do templo, de onde subiam, qual incenso puro, ao trono de Deus!

Quando o Anjo Gabriel lhe anunciou a encarnação do Verbo Divino, estava ela na presença amorosa de Deus.

Permaneceu de joelhos no presépio, adorando o seu Divino Filho.

Dias depois, levou-o ao Templo de Jerusalém para agradecer a Deus e os seus inúmeros benefícios e cumprir a sua santíssima vontade.

Anualmente, fazia a peregrinação a Jerusalém, para assistir à festa prescrita.

É fora de dúvida que, em Nazaré, ela passava os dias trabalhando em paz, como se estivesse orando, o que o evangelista diretamente indica, quando fala que "ela conservava todas as palavras de Deus, meditando-as em seu coração". Podemos apenas imaginar quanto lhe inflamou o amor da oração o exemplo quotidiano de Jesus! Que ternos e doces colóquios, entre esses dois corações! Quantos afetos de amor a seu Deus e Senhor! Como sabia aproveitar todos os momentos para falar a seu Jesus! Até dormindo seu coração pulsava amorosamente por Ele.

Quem poderá, à vista de tal exemplo, alegar ainda ocupações e obstáculos para se isentar da prática da oração? Oh! Examinemos os nossos sentimentos, e com grande humilhação havemos de encontrar o **pouco amor** que temos a tão sublime exercício. Sabemos refletir tão bem sobre os nossos interesses temporais, e sobre mil coisas fúteis, e não podemos pensar em Deus, em nossa salvação!

Maria estava confirmada na graça, não tinha más inclinações a vencer; entretanto, rezava frequentemente com humildade e fervor; e nós, cheios de misérias e paixões, que se levantam contra a nossa alma, de uma fraqueza sem limites, julgamos a oração um peso, e com facilidade dela nos dispensamos! Que cegueira!

Olhemos para Maria, procuremos o seu altar e teremos coragem para as lutas e zelo para nossa santificação! Assim, o tempo que passarmos diante de sua imagem é santa e otimamente empregado.

Belo exemplo nos deu o grande Príncipe Maximiliano I, da Baviera, que tinha grande devoção a Maria Santíssima, cujas igrejas visitava frequentemente em romarias, particularmente o célebre santuário de Nossa Senhora, em Altoetting. Uma vez ficou de joelhos, sobre as lajes frias da capela, sete horas, em fervorosa oração.

Quando poderemos afirmar com Davi: *Quão amáveis são os teus tabernáculos, Senhor dos exércitos! A minha alma suspira e desfalece pelos átrios do Senhor* (Sl 83,1-2).

O coração de Maria é um vaso sagrado que exala perfume e puro incenso; dele subiram ao trono de Deus as mais santas e fervorosas preces, que eram poderosíssimas.

Resolução: *Amar a oração.*

Mulher de oração

A oração de Maria possuía todas as **qualidades** necessárias para ser agradável a Deus: **a humildade, a fé, a confiança, a resignação** à vontade de Deus, **a perseverança e a gratidão!**

Quanta humildade na resposta que deu ao anjo: "Eis aqui a escrava do Senhor", e, no *Magnificat*, que sentimentos humildes revelou, dando glória a Deus, confessando-se novamente humilde escrava.

Resignada à vontade de Deus, só pedia o que fosse para a sua glória. Faça-se em mim segundo a vossa palavra. A mesma resignação mostrou no templo, quando o Sacerdote lhe anunciou a espada de dor. Debaixo da cruz, uniu a sua oração à de Jesus: contudo, meu Deus, não se faça a minha vontade, mas a vossa! (Lc 22,42).

Nas Bodas de Caná manifestou uma **confiança** extraordinária, sobre-humana, dizendo apenas o seguinte: eles não têm vinho!

A resposta, aparentemente áspera e negativa de Jesus, não abalou a sua confiança; certa de ser atendida, disse aos criados: fazei tudo o que Ele vos disser.

Maria rezou sempre com **perseverança**, a qual o evangelista enaltece, dizendo: "Maria guardou todas estas palavras, meditando-as em seu coração" (Lc 2,19).

A mesma perseverança nos aponta apresentando-nos Nossa Senhora em oração, no meio dos apóstolos: eles perseveraram em oração com Maria, Mãe de Jesus (At).

Mais um nobre sentimento descobrimos na oração de Maria: **a gratidão**! Tudo ela agradece, de modo que a sua oração se tornava mais agradável a Deus! *"Magnificat anima mea dominum"*. "A minha alma engrandece ao Senhor!"

Este hino é realmente a mais bela instrução e contém todos os requisitos para uma boa e excelente oração.

Que Maria seja a nossa mestra; com ela aprendamos a rezar com devoção, com fé e confiança, com humildade, resignação e perseverança. Que triste contraste entre a oração da humilde Virgem e a nossa! Recitamos muitas palavras, mas não é o bastante; é preciso que o **coração** sinta, adore, abençoe e louve a majestade de Deus!

Muitas vezes a nossa oração, em vez de subir ao trono de Deus, qual incenso agradável, exala o fétido do orgulho, da inconstância e do amor-próprio.

Quando rezamos, devemo-nos retirar um pouco do mundo, pondo de parte todas as preocupações, trabalhos e negócios, e preparar bem o nosso coração para pensar nas coisas do céu, e não sermos como *aquele que tenta a Deus*.

Rezando com Maria, a nossa oração será mais agradável a Deus e com maior confiança poderemos esperar a graça que pedimos, ou outra melhor.

Resolução: *A conselho de Santa Teresa, meditar diariamente pelo menos durante 15 minutos.*

34. Rosa mística, rogai por nós

Uma das mais belas e expressivas imagens que a Igreja e os Santos Padres empregam para falar sobre Maria Santíssima é a rosa; denominam-na diretamente: *rosa mística, rosa de Jericó, flor do campo*.

Há ainda uma interessante homilia de São Bernardo, que se lê na festa de Nossa Senhora do Rosário, que diz: "Para recomendar a sua graça e confundir o orgulho humano Deus quis nascer de uma mulher, mas sempre virgem, para nos restituir a vida, do mesmo modo porque a perdemos, e para curar o mal, opondo o contrário, arrancando o pestífero espinho e apagando a culpa do pecado. Eva foi para nós o espinho, **Maria, a rosa**! Eva, como espinho, nos feriu; Maria, como rosa, curou a nossa ferida. Eva, qual espinho, nos transmitiu a morte; Maria, a rosa, trouxe-nos a salvação e a vida. Maria é uma rosa cândida, por sua virgindade, rubra por sua caridade; cândida na carne virginal, rubra nos sentimentos de amor; cândida, praticando a virtude, rubra calcando o vício; cândida purificando os afetos, rubra mortificando a carne; cândida no seu amor de Deus, rubra na sua compaixão para com o próximo".

Nestas brilhantes palavras, São Bernardo mostra a beleza de Maria, como rosa espiritual, pelo que é justo que a invoquemos; Rosa Mística, rogai por nós.

A rosa é a rainha das flores e como tal representa a rainha de todos os santos e significa rainha de todas as virtudes. Encarando-a sob este aspecto, é a mais acertada imagem de Maria, que é a **rosa do amor de Deus**.

Maria amou a Deus, como criatura alguma jamais o tem amado!

Santo Anselmo prova essa verdade com as seguintes palavras: "Quanto mais um coração for puro e vazio de si mesmo, tanto mais se encherá de caridade para com Deus. Maria Santíssima, sendo a criatura mais humilde, por consequência mais vazia de si, **encheu-se do divino amor**"; de modo que, segundo a expressão de São Bernardino, "ela excedeu a todos os homens, anjos e santos no amor de Deus".

O beato Alberto Magno afirma, com a Sagrada Escritura, que Deus deu aos homens o preceito de amá-lo de todo o coração; mas, só no céu poderão eles cumpri-lo perfeitamente. Seria, porém, indigno de um Deus dar um preceito que ninguém pudesse cumprir; por isso, Maria cumpriu-o com toda a perfeição.

"Pois o amor divino feriu e transpassou de tal modo o seu coração, que não lhe deixou parte alguma sem ser ferida. Ela mostrou-se a São João, revestida com o sol, porque ficou tão unida a Deus pelo amor, como o pode ser uma criatura" (São Bernardo).

Este amor foi **crescendo** de dia para dia, especialmente depois da encarnação do Filho de Deus. A íntima união de seu coração, com o de Jesus, fornalha ardente de caridade, devia necessariamente inflamar o seu amor ao mais alto grau que pode existir em uma criatura. Também o contínuo exercício de atos de amor aumentou-o infinitamente.

Se Maria nem um momento deixou de amar a Deus, devemos reconhecer que o seu amor era, na realidade, imensamente grande. Dia e noite o seu coração ardia em chamas de ardente e puro amor, **não havendo interrupção, nem descanso**, e dizendo com a esposa dos cânticos: "*Ego dormio sed cor meum vigilat*".

"Eu durmo, mas o meu coração vela" (Ct 5,2). Oh! Se ao menos uma centelha desse amor caísse em nosso coração frio e o inflamasse no amor de Deus; se os nossos sentimentos e afetos se concentrassem no único objeto digno do nosso amor! Imploremos à mãe do santo amor a graça de amarmos a Deus, de todo o nosso coração, com toda a nossa alma!

Resolução: *Pensar sempre em Deus.*

Rosa de amor

Que é o homem sem amor? O amor é a **virtude principal**, tanto que Jesus diz no primeiro mandamento: amarás ao Senhor teu Deus, de toda a tua alma, com todas as tuas forças e com todo o teu entendimento. "Agora permanecem a fé, a esperança e a caridade; a maior é a caridade" (1Cor 13,13). O Apóstolo São Paulo demonstra ainda claramente a **necessidade de caridade** para com Deus, escrevendo: se eu falar a língua dos homens e a dos anjos e não tiver a caridade, serei como o metal que soa ou como o sino que tine. E, se eu tiver o dom da profecia, conhecer todos os mistérios e tudo quanto se pode saber; se tiver toda a fé, a ponto de transportar montes e não tiver caridade, não serei nada. E, se eu distribuir todos os meus bens para sustentar os pobres, se entregar meu corpo para ser queimado, não tendo caridade, nada disto me aproveitará (1Cor 13,1).

Por estas e outras palavras da Sagrada Escritura, vê-se claramente que a caridade é a **rainha de todas as virtudes**. E Maria a possuía no mais alto grau de perfeição. Se o Apóstolo São Paulo pôde louvar-se de ter uma caridade tão grande e forte, que mal nenhum o separaria de Cristo, quanto mais Nossa Senhora, que realmente nunca se separou de Jesus, nem nos dias e nas horas de suas maiores humilhações. O amor é valente como a morte, o seu zelo é inflexível como o inferno (Ct 8,6). Essas palavras referem-se especialmente a Maria.

Considerando essa verdade, não há quem não veja com que ardor Maria Santíssima deseja que amemos a seu Jesus! Um dia, ela apareceu a Santa Ângela de Foligno e lhe disse: "Ângela, abençoada sejas por meu Filho; e procura amá-lo quanto puderes". Disse também a Santa Brígida: "Filha, se queres prender-me, ama a meu Filho". Nós, que nos gloriamos da nossa devoção a Maria, por que não atendemos ao seu pedido? Devemos dizer-lhe: "Eu amo o que vós amais!"

Mas, examinando a nossa consciência, nossos afetos, que descobrimos? Muito amor-próprio, muito amor às criaturas; muito amor aos prazeres e vaidades, e pouco amor a Deus!

Cultivemos em nosso coração amor filial a Maria e dele nascerá infalivelmente o amor a Jesus. E, se o pecado tiver murchado a rosa do amor de Deus, a rosa do amor a Maria fá-la-á brotar novamente.

Certo cavaleiro, que, junto com a nobreza da família, havia herdado uma filial devoção a Nossa Senhora, sufocou esse amor em uma vida licenciosa, tornando-se escravo das maiores paixões. Um dia viajava perto de Niza e como chovesse torrencialmente, ele tocou o cabelo a galope. De repente, quebrou-se o carro e o cavalo fugiu, de modo que se viu obrigado a acolher-se em uma capela consagrada a Nossa Senhora. Olhando para a imagem, sentiu invadir a alma uma luz divina; e então pôde ver o seu triste passado com todo o cortejo de vícios e pecados! Arrependido, chorou amargamente, e procurou o perdão de suas culpas em uma confissão sincera. Aquele amor, que sua piedosa mãe lhe havia plantado no coração e que tanta felicidade lhe tinha proporcionado na primavera da vida; aquele amor, que estava sepultado debaixo da neve do inverso do pecado – renasceu e fez brotar as flores da virtude; rosas de arrependimento e de penitência, rosas de humildade e a rosa do amor de Deus.

Do amor a Maria nasce o amor de Deus.

Resolução: *Fazer muitas vezes atos de amor de Deus e de amor à Maria.*

35. Torre de Davi, rogai por nós

"Militia est vita hominis super terram." "A vida do homem é neste mundo uma contínua guerra", assim falou Jó. Muitas vezes o temos experimentado, pois dia e noite lutamos com inúmeros e perigosos inimigos: o mundo, a carne e, por fim, o demônio, que, segundo a opinião de São Pedro, anda qual leão, buscando a quem possa tragar.

A mesma verdade ensina o Apóstolo São João no Apocalipse, descrevendo a luta do demônio com a mulher, mas que, não a podendo vencer, *irou-se contra ela e foi fazer guerra aos outros filhos, que guardavam os mandamentos de Deus e tinham o testemunho de Jesus Cristo*. A Sagrada Escritura também avisa diretamente que os que procuram fazer o bem devem suportar tentações e lutas: *filho, quando entrares no serviço de Deus, firma-te na justiça e no temor, e prepara a tua alma para a tentação* (Eclo 2,1).

É natural e prudente que em tal emergência procuremos um asilo onde nos possamos refugiar, ou uma fortaleza que nos abrigue e defenda de todos os nossos inimigos.

Onde o descobriremos? Em Maria, a quem a Igreja chama Torre de Davi e na qual encontramos **abrigo, conforto, apoio e todo o auxílio** necessário para as lutas espirituais contra os nossos adversários. Ela é *como a Torre de Davi, que foi edificada com seus baluartes; dela estão pendentes mil escudos, toda a armadura dos fortes* (Ct 4,4).

Para melhor compreendermos a consoladora significação desse título, precisamos saber primeiro o que era e o que significava a Torre de Davi.

Quando Davi começou a reinar sobre todo o povo de Israel, veio com o seu exército para Jerusalém, onde devia fixar residência. Resistiram-lhe, porém, os habitantes, os jebuseus, mas Davi venceu-os e tomou a força a cidadela Sion, onde construiu uma grande torre que recebeu o seu nome.

Essa torre tinha um tríplice fim: defender a cidade, guardar as armas e abrigar os perseguidos no tempo de guerra. Era realmente uma torre inexpugnável e serviu perfeitamente para o fim destinado. Foi construída de pedras enormes, de 2,50 metros de comprimento, 1,25 metros de largura e outro tanto de grossura; cada pedra pesava 11.600 quilos.

Na ocasião em que Tito destruiu Jerusalém e inspecionou as ruínas dessa torre, exclamou: "De fato, nós fizemos a guerra com o auxílio de Deus; foi ela quem tirou os judeus dessas fortificações, pois mãos humanas eram incapazes de tomá-las".

Bem acertadamente compara a Igreja Maria Santíssima com a Torre de Davi, porque é **inexpugnável**, nunca foi vencida, nem tomada; resistiu a todos os assaltos do inferno e nela o inimigo nunca colocou o pé.

Por isso poderia dizer: *não fizeste rir-se de mim o meu inimigo*. Pelo contrário, triunfando da serpente, esmagou a cabeça, conforme Deus o havia predito: *porei inimizade entre ti e a mulher, entre a sua descendência e a tua; ela te esmagará a cabeça.*

Maria é também torre inexpugnável para os cristãos, a quem oferece **um abrigo seguro**. Quem estiver debaixo da sua proteção ficará salvo, afirma São João Damasceno, que a ela se dirige do seguinte modo: Ó Mãe de Deus, se puser em vós a minha confiança, serei salvo; se estiver sob a vossa proteção, nada terei que temer. Baseado nisso, saúda-a Erasmo: "Deus vos salve, ó terror do inferno, ó confiança dos cristãos! Refugiemo-nos nessa torre inexpugnável!"

Enquanto estivermos dentro das suas fortificações, todos os ataques do demônio serão frustrados. Maria **assistirá aos nossos combates**, não como espectadora, mas tomando parte ativa neles; a sua presença frustrará todos os ataques do inferno. Se os nossos inimigos são fortes, ela o é mais ainda; se os ataques são numerosos, em maior número são as graças que ela nos obtém.

Não desanimemos! Se estivermos com Maria, estaremos seguros e com o seu auxílio triunfaremos de todos os nossos inimigos.

Resolução: *Confiar em Maria.*

Amparo do devoto

O **culto mariano** é uma **arma poderosíssima** em nossas lutas espirituais. Por isso os santos tanto recomendavam a devoção a Maria Santíssima, assegurando-nos ser este um meio infalível de salvação.

Santo Anselmo exclama: "Virgem Santíssima, assim como é impossível salvar-se aquele que não for vosso devoto e não for por vós protegido, também o será perder-se aquele que for vosso servo e por vós protegido".

Em Maria, que é a torre, da qual estão pendentes mil escudos e toda a armadura dos fortes, encontraremos as armas necessárias para a nossa defesa.

Os mil escudos são as suas santas virtudes que nos orientam, animam e confortam; são as graças que ela distribui; são a sua poderosa intercessão e amparo.

O demônio foge dos devotos de Maria e, se os atacar, não conseguirá vencê-los: somos soldados de Cristo, e o Apóstolo São Paulo nos recomenda pelejar a boa peleja.

Diz o Padre Segneri que o bom soldado de Jesus Cristo tem por arma a devoção a Maria; sua espada é a *Ave-Maria*. Afirma São João Damasceno que a devoção a Nossa Senhora é uma arma defensiva, que Deus dá àqueles que quer salvar.

Só se pode chamar bom soldado de Cristo ao que ama e honra a sua Mãe Santíssima; o que tem por arma o nome de Maria, por couraça o seu amor e por escudo a sua intercessão. Assim diz Santo Epifânio: "Se o inferno vir Maria em teu coração, e ouvir o seu nome nos teus lábios, fechará o abismo de chamas e todos os demônios que vierem para te perder fugirão envergonhados".

Maria Santíssima é ainda torre inexpugnável para todos os que trouxerem consigo seu **escapulário** ou a sua **medalha**. Ela mesma, quando deu o escapulário ao seu fiel servo Simão Stock, fez uma promessa solene, dizendo: "Toma este vestido, este escapulário, que é um sinal de graças... **é o sinal da salvação**; uma **defesa nos perigos**; um penhor de paz e proteção... quem morrer vestido com ele **não verá o fogo do inferno**!"

Em quantas almas se tem cumprido essa promessa! Quantas se têm salvado dos ataques do demônio, mormente na hora da morte, por estarem revestidas com o escapulário! Infelizmente, muitos fazem pouco caso desse penhor de salvação e por ignorância ou descuido desprezam tão solene promessa!

Em uma cidade da Vestfália deu-se um fato que mostra o valor e forte proteção do escapulário. Um homem, atacado por gravíssimas tentações de suicídio, ficando certo dia só com um menino, procurou realizar o seu sinistro intento. Tomou uma corda e dirigiu-se ao celeiro com a finalidade de se enforcar, mas, sentindo que uma força invisível o impedia, voltou para casa. E assim tentou três vezes consumar o seu crime, não o conseguindo; porém, não pôde vencer uma força estranha que sentia sobre si. Afinal, entrou em casa, tirou de sob as vestes um objeto, que colocou em cima da cômoda do seu quarto, depois voltou ao celeiro e então executou o suicídio. Quando mais tarde voltaram os seus parentes, encontraram-no morto e o pequeno contou-lhe o que se tinha passado, acentuando a circunstância de o tio ter andado com a corda na mão de um lado para o outro e de ter posto um objeto sobre a cômoda. Foram logo ver do que se tratava e encontraram o escapulário de Nossa Senhora do Carmo! Privando-se desse sinal de salvação e de defesa nos perigos, caiu nas mãos do demônio.

Sem distintivo algum de devoção a Maria, o demônio nos ataca e vence-nos com facilidade. Portanto, não desprezemos essa forte proteção; abriguemo-nos na Torre de Davi, trazendo dia e noite com fé e devoção o santo escapulário, porque então nunca veremos o fogo do inferno.

Resolução: *Usar com devoção o escapulário de Nossa Senhora do Carmo e fazer com que outros o usem devotamente.*

36. Torre de marfim, rogai por nós

Torre significa poder, grandeza e força, porque a Sagrada Escritura a emprega como imagem de Maria, conforme vemos na invocação precedente. Nesta vamos descobrir o motivo por que é chamada *Torre de marfim*.

Quais as qualidades que dão ao marfim a sua especialidade e o seu extraordinário valor? Podemos enumerar três: a candura, a resistência e a incorruptibilidade, qualidades essas que Maria possui em grau infinitamente superior; por isso é que se chama *Torre de marfim*.

Não precisamos dizer muitas palavras sobre a candura inexcedível da alma de Maria, que das mãos do Criador saiu bela, santa e imaculada, pura e cândida como o lírio. O Espírito Santo a denomina: *o lírio do vale, a açucena entre os espinhos*, o que quer dizer que a **brancura de sua alma é original**, isto é, foi criada e nasceu cândida e imaculada, como as pétalas do lírio, que são brancas por natureza. Os outros santos, diz a Sagrada Escritura, são vestidos com linho branco, são puros e cândidos, mas a sua pureza não é nata.

Como o linho precisa ser lavado para obter a sua brancura, assim os santos só conseguiram a candura de suas almas depois de terem "lavado as suas estolas no sangue do cordeiro".

Maria, pura, cândida, alva, branca, desde a sua origem se eleva sobre a candura de todos os outros santos, por isso também a chamamos *Torre de marfim*. Lavemos também a nossa estola no sangue do cordeiro e evitemos manchá-la pelo pecado.

A outra qualidade que possui o marfim, e que também adorna o coração imaculado de Maria, é a **resistência**. O tempo tudo destrói, mas o marfim lhe resiste, não se modifica, conserva sempre a sua brancura e o valor. Oh! Que belíssima imagem da alma de Maria! Quão imutável era a sua constância! Quão **perseverante o seu amor**!

Passaram-se anos, modificaram-se as circunstâncias de sua vida, mas o seu amor conservou-se sempre o mesmo. Caiu sobre ela a dor, veio o sofrimento, a humilhação, o grande martírio da Sexta-feira Santa, mas essas águas das tribulações não puderam sufocar o seu amor.

Sempre a mesma, na dor e na alegria, só olhava para o seu Deus e Senhor, repetindo apenas em seu coração as belas palavras que disse ao anjo: *Eis aqui a escrava do Senhor; faça-se em mim segundo a vossa palavra*.

Que triste contraste entre a sua constância e a nossa volubilidade! Hoje, tomamos uma resolução, protestamos o nosso amor; amanhã, fazemos justamente o contrário. Somos como uma cana agitada pelo vento da Paixão própria e da opinião dos homens; não é o temor de Deus que rege as nossas ações e que lhes dá uma certa orientação, mas sim o respeito humano, que muitas vezes nos agita, levando-nos de um lado para outro.

Ó Maria, que em toda a Nossa vida nunca vos afastastes do caminho da virtude, dai força à minha vontade, constância às minhas resoluções, para que eu sirva a Jesus fielmente até a morte.

Resolução: *Reter as resoluções tomadas e executá-las.*

Incorruptível

Tudo está sujeito à alteração ou até à corrupção. O ouro enegrece; a flor murcha; o tempo passa; a vida foge; não há quase nada que resista à ação do tempo. O marfim, entretanto, possui uma qualidade que lhe dá um grande valor e torna-o uma belíssima imagem da Santíssima Virgem: o marfim resiste ao dente do tempo; conserva a sua brancura; é incorruptível. Oh! Sim, que bela imagem de Nossa Senhora, tão diferente dos outros homens, que são tão inconstantes, sujeitos a tantas vicissitudes corporais e morais, enquanto Maria é **incorruptível no corpo e na alma**, a qual sempre pura e imaculada nunca esteve sujeita à corrupção do vício, nem das paixões. As suas faculdades espirituais não sofreram as consequências do pecado original, pois sem a sua causa não podia sentir os efeitos.

A incorruptibilidade da alma de Maria comunicou-se também ao seu corpo virginal. Este corpo, criado para ser a casa de Deus, onde Jesus tinha de habitar durante nove meses, devia possuir todos os dons indispensáveis a uma criatura, que ia ser fornecedora do sangue e da carne para formar o Filho de Deus. Em vista disso, Deus preservou-a da lei comum da corrupção; seu corpo virginal; tabernáculo vivo do Altíssimo, não se corrompeu, pode-se logo referir a ela o que se disse de Jesus: *"non dabis sanctum tuum videre corruptionem"*. "Não permitireis que o teu santo veja corrupção" (Sl 15,10).

Maria é, portanto, o marfim espiritual que **resistiu à corrupção do pecado e à do sepulcro**, de onde foi levada ao céu em corpo e alma!

Nós, pobres mortais, estamos justamente sujeitos à lei da corrupção: "Somos pó e em pó nos havemos de tornar".

Mas há uma corrupção, mais triste e humilhante, que podemos e devemos evitar: é a da alma pelo pecado.

Recorramos à torre de marfim! Ela, que é toda pureza, será a torre onde encontraremos a defesa para tão bela virtude.

Uma piedosa donzela, que se distinguia pela sua beleza, tanto espiritual, como corporal, teve a infelicidade de agradar a um homem de maus costumes que, perseguindo-a, procurava roubar-lhe a virtude.

Um dia, foi ela visitar uma parenta, cuja casa ficava situada fora da cidade, de modo que, para lá chegar, tinha que atravessar um bosque.

Foi rezando o terço pelo caminho, mas de repente percebeu que era seguida pelo perverso, que, sabendo à última hora do passeio da menina, julgou a ocasião oportuna para realizar o seu infame desejo. Vendo o perigo, a moça chamou por Nossa Senhora e, apressando o passo, conseguiu chegar a uma capela de Maria Santíssima. Entrou, prostrou-se diante de sua imagem e exclamou: "Ó Maria, não permitais que uma filha vossa, que a vós recorre, seja desamparada! Sem a vossa proteção, estou perdida! Servi-me de torre, sede a minha arca! Ó Maria, salvai, salvai a minha honra!"

Entretanto, entrou também o depravado moço; porém, vendo a menina chorando e rezando diante da imagem de Maria Santíssima, não se atreveu a aproximar-se. Tocado pela graça, conheceu a sua maldade e, arrependido, saiu da capela, tornando-se desde então um bom cristão.

Resolução: *Depositar tudo inteiramente nas mãos de Maria Santíssima: alma, corpo, contingências, temor e esperanças.*

37. Casa de ouro, rogai por nós

A interpretação desse título poucas dificuldades apresenta. A casa de ouro, figura de Maria Santíssima, representa o templo de Deus em Jerusalém, coberto de ouro finíssimo por dentro e por fora, o que lhe dava um aspecto admirável e imponente. Se fizermos uma comparação entre o templo de Salomão e Maria Santíssima, descobriremos com facilidade grande semelhança entre eles.

Vejamos algumas:

Davi levou muitos anos para **preparar** o material necessário à construção desse templo! Não é de admirar, pois se tratava de uma obra importantíssima e santa, e não de uma casa qualquer, ou de um palácio régio, mas da casa do próprio Deus. *Não se prepara a morada para algum homem, mas para Deus* (Pr 29,1).

Por isso escolheu o melhor material que se podia encontrar, e toda a ciência e arte à porfia concorreram para tornar o templo digno do seu destino.

Isso observamos em Maria, templo vivo de Deus, que foi destinada para esse fim desde os séculos eternos, como ela mesma afirma. *Desde a eternidade e antes dos séculos, eu fui criada. O Senhor me possuiu no princípio de seus caminhos, desde o princípio, antes que fosse criada coisa alguma. Ainda não havia os abismos e eu já estava concebida: quan-*

do Ele preparava os céus, eu me achava presente, e cada dia me deleitava, brincando em todo o tempo diante dele (Pr 8).

O **material** de que foi construído o templo vivo foi o **melhor** que se pode imaginar: um corpo virginal e puríssimo, uma alma santa e imaculada, um conjunto de beleza e santidade.

Na formação do corpo e da alma de Maria, Deus exauriu as riquezas da sua sabedoria, de seu poder e de sua bondade, unicamente para torná-la digna morada de seu Divino Filho, pois Ele a construiu, não para homens, mas para si, como diz o Profeta Ezequiel: esta porta estará fechada, nenhum homem passará por ela, porque o Senhor Deus entrou por esta porta que estará fechada para o Príncipe. O Príncipe mesmo se assentará nela (Ez 44,1). Maria é aquela casa que a sabedoria eterna construiu e adornou com os sete dons do Espírito Santo. *A sabedoria edificou para si uma casa, cortou sete colunas* (Pr 9,1).

A **inauguração** do templo realizou-se com toda a solenidade possível. Do céu desceu um fogo que consumiu o holocausto e as vítimas, e a majestade do Senhor encheu a casa. Uma nuvem repousou no templo, como sinal da presença de Deus. Se contemplarmos Maria, verificaremos que ela é cheia de graça e que o esplendor da majestade de Deus encheu toda a sua alma, por isso o anjo lhe disse: o Senhor está convosco.

Mais ainda! Sobre Maria não desceu apenas uma nuvem, como sinal da presença de Deus, mas o Espírito Santo, que a transformou em templo vivo do Altíssimo.

Salomão exclamou, cheio de entusiasmo: "É crível que Deus habite com os homens sobre a terra? Se o céu dos céus não o pode conter, quanto menos esta casa, que eu edifiquei?"

Maria, porém, foi o "**tabernáculo em que descansou aquele que a criou**" (Eclo 24,12). Por esta razão a Santa Igreja exclama com Santo Agostinho: "Com que louvores posso eu dignamente honrar-vos, Virgem Santa? Não sei; pois encerrastes, no vosso ventre, aquele que não cabe nos céus". Portanto, ela é mais do que o templo de Salomão; é a "casa de Deus e a porta do céu".

Deus se dignou também habitar em nossa alma, pela graça santificante, da qual devemos procurar ser dignos e não profanar, com o pecado, a habitação de Deus.

Resolução: *Considerar-se sempre templo de Deus.*

Valiosa como o ouro

O templo de Salomão era uma verdadeira maravilha, merecendo a atenção e veneração do povo judaico. Mas, o que mais atraiu o povo foram as grandes promessas que Deus fez a Salomão em favor dos homens que iam visitar o templo: "Escolhi e santifiquei este lugar, para nele estar o meu nome para sempre, e para nele estarem fixos os meus olhos e o meu coração; os meus olhos se abrirão e os meus ouvidos atenderão à oração daquele que orar neste lugar". Promessas solenes que em **Maria ainda mais se realizam.**

Deus atenderá à oração que lhe dirigirmos pelas mãos de Maria, que obterá com a sua poderosíssima intercessão, pois os olhos e os ouvidos de Deus estão abertos para ela.

O sinal característico do templo de Salomão era o brilho deslumbrante de seu **ouro finíssimo**. *E o ouro das lâminas de que fez cobrir o edifício, as suas traves, as pilastras, as paredes e as portas, era finíssimo* (2Pr 1).

Só assim o templo poderia ser uma digna imagem de Maria Santíssima, **cujas** obras, devido à pura e **santa intenção** que as dirigia e santificava, foram de **ouro puríssimo**.

O que dá valor às nossas obras é a intenção: se ela for boa, boas serão as nossas obras; e, se ela for má, toda a obra será má.

Examinemos se as nossas obras brilham no ouro da boa intenção, ou se devemos lamentar com o Profeta Jeremias: Como assim se escureceu o ouro e se mudou a sua tão bela cor (*Lament. Jr 4,1*).

Quantas vezes as obras mais santas, as orações, comunhões, ficam enegrecidas pelo amor-próprio, pela vaidade, por uma intenção menos reta, perdendo assim todo o seu brilho e valor!

Que belo exemplo nos dá Maria!

Nunca a ferrugem do amor-próprio estragou as suas ações, tudo brilhava no finíssimo ouro do amor de Deus.

O exemplo de Carlos Dolce nos mostra o valor da boa intenção, e como os mais humildes atos podem ser generosamente recompensados.

De pais pobres, recebera ele uma educação medíocre, mas a sua mãe plantara em seu coração uma filial devoção a Maria Santíssima.

Um dia, em que foi a Florença, encontrou nas ruas dessa cidade um mendigo, que lhe pediu uma esmola por amor de Nossa Senhora.

Carlos pegou na bolsa, mas hesitou em tirar o último dinheiro que tinha. Lembrando-se, porém, de que o pobre havia pedido por amor de Nossa Senhora, comoveu-se e disse consigo mesmo: "Por amor de Maria darei tudo, ainda que tenha de morrer de fome". Deu então o dinheiro e entrou na igreja para rezar; aí o esperava Maria com uma recompensa: nessa igreja trabalhava o célebre pintor Domenico Grotte, que, gostando de ver a devoção do rapaz, levou-o consigo para lhe ensinar a pintura.

Poucos mestres pintaram a imagem de Maria como o célebre Carlos Dolce.

Resolução: *De manhã, oferecer a Deus pelas mãos de Maria as obras, e durante o dia renovar frequentemente o mesmo oferecimento.*

38. Arca da aliança, rogai por nós

Quando Noé entrou na arca, abriram-se os abismos da terra e as cataratas do céu, e durante quarenta dias e quarenta noites choveu torrencialmente. Então cenas horrorosas se desenrolaram diante de seus olhos.

Viu as águas subirem; homens e animais refugiarem-se sobre as árvores e sobre os telhados. As casas pouco a pouco despareciam, desmoronando-se com estrondoso ruído e sepultando milhares e milhares de homens nas águas turvas da inundação.

As águas subiam e cresciam cada vez mais, cobrindo os montes e os cumes das montanhas, mergulhando no seu seio todos os viventes.

Por fim, viu Noé o céu coberto por um nevoeiro escuro; rugiu o trovão, luziu o relâmpago, aclarando de quando em vez as grandes massas d'água. E ele, só, na arca, flutuando sobre este mar imenso, via tudo arruinado, destruído, morto.

Não obstante os horrores que o rodeavam, não obstante as misérias e desgraças que presenciou, ficou firme e confiante; não hesitou, nem duvidou; não desanimou, nem se perturbou. Com uma confiança firme e inabalável, esperou o futuro, uma nova vida, a salvação! A arca inspirava-lhe inteira confiança, pois sabia que ela o havia de salvar do dilúvio universal.

Quantas vezes teria beijado os seus bordos, e ao ver sepultados nas águas traiçoeiras os homens, seus antigos companheiros, teria exclamado: "Bendita arca, tu és a minha esperança e a minha salvação".

Oh! Que bela e admirável figura de Maria!

Assim como a arca de Noé o salvou, e a todos os que estavam com ele, do dilúvio e da morte, Maria Santíssima salvará da corrupção geral e da morte eterna todos os que se abrigarem debaixo do seu manto e se lançarem aos seus braços.

Um tríplice dilúvio nos ameaça: lançando um olhar sobre a sociedade moderna, temos a impressão de que um **dilúvio destruidor invadiu a família e a sociedade inteiras,** vitimando milhares e milhares de almas.

As paixões que tudo dominam, o ódio que tudo destrói, a descrença, o indiferentismo, a negação de todo o sobrenatural, o sensualismo degradante, a intemperança desmedida e, enfim, a sede de prazeres, aglomerando-se nos horizontes da vida, transformam-se em verdadeiro dilúvio que inunda o mundo e que num crescendo assustador ameaça encobrir a elevação da sociedade humana!

As águas turvas das paixões já chegam aos nossos pés, já nos vemos envolvidos por elas e em grande perigo de sermos arrastados aos seus abismos.

Ah! Quem nos dera uma arca onde refugiarmos! Uma arca sólida, forte e incorruptível, para depositarmos a nossa virtude.

A Santa Igreja no-la aponta em Maria, a quem, juntamente com os Santos Padres, chama Arca da Aliança, Arca de Noé, e de quem dizem o seguinte: entregando-nos a Maria, nos refugiando debaixo do seu manto, lançando-nos em seus braços, debalde o velho dragão lançará contra nós as águas das paixões. Como a arca se elevou sobre as águas, salvando-o da morte certa, assim Maria

Santíssima nos fará navegar seguros sobre as águas das paixões, salvando-nos do dilúvio espiritual que causa tantas vítimas entre os homens.

Lancemo-nos aos braços de Maria; seja ela a nossa arca. Com filial devoção, descansemos em seus braços e seremos preservados da geral corrupção.

Nosso coração, que pela graça de Deus é um jardim espiritual, onde Jesus mesmo acha as suas delícias, torna-se muitas vezes um campo de grandes lutas.

Também sobre ele se desencadeia, de vez em quando, um forte vendaval, ameaçando-o de completa ruína.

As águas turbulentas das más inclinações invadem a alma; **um verdadeiro dilúvio de tentações**, de apetites carnais, de orgulho, e de concupiscência levam-na ao fundo. Se mão forte não nos acudir e se uma arca salvadora não nos abrigar, estaremos perdidos.

Mas, graças ao bom Deus, não nos falta essa arca, que é Maria! A sua oração, a sua bênção de mãe, o seu olhar materno acalmará a tempestade, dominará as águas das paixões e salvar-nos-á da ruína.

Ela é poderosa e benigna e o seu coração só tem um desejo: salvar-nos das tentações e dos perigos que nos assaltam.

Oh! Quantos teriam perecido, se a mão poderosa de Maria não os tivesse amparado! Para milhares e milhões de almas, ela tem sido efetivamente a arca de Noé! Chamemo-la em nosso socorro na hora da tentação, imploremos a sua misericórdia e um abrigo no seu maternal coração.

Resolução: *Em qualquer tentação invocar os santíssimos nomes de Jesus e de Maria.*

Arca da Aliança

Mais um dilúvio nos ameaça, menos perigoso em si, mas que afinal pode causar a morte de nossa alma. A nossa vida é cheia de misérias e fraquezas! Vemo-nos cercados de sofrimentos e tribulações. É, realmente, **um dilúvio de dores**, de cuidados, de ansiedades, de tristezas, de perturbações, de ofensas, de injúrias, enfim, um **mar de tribulações** que acabrunha a nossa pobre alma e que nos faz gemer e chorar amargamente. Onde encontraremos alívio para a nossa dor, apoio para a nossa fraqueza? Onde nos abrigaremos dos que nos odeiam e perseguem? Onde acharemos um asilo para descansar de tanto sofrimento? Em Maria, a quem a Igreja nos aponta e diz: Eis a arca da aliança, a vossa esperança, o vosso abrigo em todas as adversidades. Eis a arca, que vos salvará das águas das dores, Maria, a consoladora dos aflitos, o auxílio dos cristãos, nossa vida, nossa doçura, nossa esperança. A ela não se recorre em vão; não se apela inutilmente; à sua porta não se bate sem ser atendido. *Bem-aventurados os que vêm à minha porta e cedo vêm a mim; quem me achar, achará a vida e receberá a salvação do Senhor* (Pr 3,35).

Oh! Não desesperaremos nem desanimaremos! Maria é nossa salvação; é nossa arca; nela e com ela queremos atravessar o mar proceloso desta vida, porque assim chegaremos incólumes à margem da feliz eternidade!

As congregações marianas são, particularmente para a mocidade, **uma arca de salvação**, assim falaram o Papa Bento XIV, São Filipe Neri, São Carlos Borromeu, Santo Afonso e outros. Ilustra esta verdade um fato que narra a revista *Debaixo do estandarte de Maria*.

Uma noite, apresentou-se ao diretor da Congregação Mariana um moço e disse: "Eu vim aqui para lhe narrar um triste fato: provavelmente o senhor não se lembra mais do que disse há cinco anos, em uma reunião da Congregação; eu, porém, não o esqueci. Falou dos perigos da má leitura, mas eu pensei comigo: nós, moços, devemos gozar um pouco a vida e saber o que os outros fazem e pensam; assim, li quase sem escolha alguma.

Com isso começou a minha ruína e hoje estou perdido! Tirando do bolso um pequeno revólver, mostrou-o ao diretor, dizendo: "já há uns dias trago-o comigo e uma dessas balas há de me varar a fronte".

O diretor procurou por todos os modos mostrar-lhe a inconveniência desse modo de pensar e inspirar-lhe confiança. Tudo em vão!

Conte aos congregados, disse ele, os efeitos da má leitura.

Quando saiu, o sacerdote quis acompanhá-lo, mas ele não o permitiu. Chegando à rua, andou vagarosamente pelo parque onde estava o edifício. No fim da casa, sacou o revólver para desfechá-lo contra a cabeça! Nesse momento, porém, caiu uma luz sobre a arma. Levantando os olhos para ver de onde ela vinha, viu três janelas iluminadas. Eram as janelas da capelinha da Congregação Mariana.

Ouviu a oração e o conto dos congregados e lembrou-se de que ele também, havia cinco anos, esteve na mesma capela, com a vela acesa na mão, jurando com santa alegria: "Ó Maria, eu vos acolho hoje para minha senhora, advogada e mãe".

A mão se abaixou imediatamente e, lançando longe o revólver, chorou amargamente o seu pecado. Procurou novamente o sacerdote e, em sincera confissão, reparou a sua culpa.

A devoção a Maria foi a sua arca.

Resolução: *Fazer todo o possível para pertencer à Congregação Mariana, empregando fervorosa propaganda para que a mocidade entre nessa "arca".*

Arca consagrada a Deus

Saudando Maria Santíssima, "arca da aliança", lembra a Igreja aquela arca que fez Moisés, por ordem de Deus, e que constitui o objeto mais santo da antiga lei.

Fazendo uma **comparação** entre a arca e Maria Santíssima, encontramos tais semelhanças, que não podemos deixar de ver em Maria a verdadeira arca da aliança.

A arca foi feita de **madeira branca** e durável, não sujeita à podridão; Maria Santíssima foi criada na inocência e santidade. Tanto a sua alma como o seu corpo foram preservados de toda e qualquer decomposição. A arca foi **coberta de ouro** por dentro e por fora; assim Maria, cuja virtude e santidade brilharam sempre, qual ouro puríssimo. Mais claramente ainda, veremos na arca da antiga lei uma figura da arca viva da nova lei, Maria Santíssima, se considerarmos o fim de uma e de outra.

Deus mandou que Moisés construísse a arca, para depositar nela as duas tábuas de pedra, nas quais havia gravado a sua lei. Ele mesmo construiu a arca da nova lei, para nela repousar o autor da lei, Jesus Cristo, o Filho de Deus.

Na arca da aliança **conserva-se** também, segundo a opinião de diversos intérpretes, a vara de Aarão, que floresceu maravilhosamente, imagem de Nosso Senhor Jesus Cristo, o verdadeiro Sumo Sacerdote, que repousou durante nove meses no seio virginal de Maria Santíssima.

Guardava-se, ainda, na arca da aliança um vaso com o **maná**, aquele pão que diariamente caía do céu para alimentar o povo no deserto. Bela imagem de Maria, que foi a arca que recebeu aquele que disse: *eu sou o pão vivo que desci do céu; quem comer deste pão, viverá eternamente.*

A arca, **o objeto mais santo** e venerado que possuía o povo judaico, era para ele uma fonte de graças, e a arma mais poderosa nos combates contra os seus inimigos. Realmente, com a arca do Senhor fizeram **as maiores maravilhas**.

Quando se dirigiam à Palestina, chegando ao Rio Jordão, em face da arca, as águas se abriram dando passagem livre ao povo judaico.

Jericó resistia aos judeus; mas, logo que eles levaram para as circunvizinhanças da cidade a arca do Senhor, os seus muros desabaram e a cidade caiu em poder dos israelitas.

Em todas as dúvidas, em todas as dificuldades, recorriam à arca e por seu intermédio recebiam luz, esclarecimentos e paz.

As mais abundantes graças e bênçãos caíram sobre a casa de Obededon e sua família, por ele ter guardado a arca em sua casa, durante três meses.

Quando ela caiu nas mãos dos filisteus, todo o povo deplorou esse fato; Eli morreu de dor e o povo chorava dizendo: "foi-se a glória de Israel, porque ficou cativa a arca do Senhor" (1Sm 4,22).

Colocaram-no no templo de Dagon, mas de manhã acharam Dagon caído de bruços, em terra, diante da arca do Senhor (1Sm 5,4).

Se a arca da antiga lei era apenas uma figura da nova, os judeus possuíram a sombra, nós temos a realidade; eles veneravam a figura, nós a substância. Os bens que os judeus receberam da "arca" eram bens temporais; nós esperamos e recebemos da verdadeira arca do Senhor, que é Maria, **todas as graças**, como sejam bens **temporais e**

eternos, bens para o **corpo** e para a **alma**, bens **sem número** e **sem medida**.

Se quisermos enumerar as graças que Deus concedeu ao povo pela arca da nova lei, deveríamos ter a língua de todos os anjos e santos, pois essas graças são mais numerosas do que as estrelas no firmamento e as gotas d'água no mar. São Boaventura pergunta: "Quem é que não recebe benefícios do sol? Quem não recebeu provas de misericórdia de Maria?" E, se os homens calassem, e se, tornando-se ingratos, não publicassem a misericórdia de Maria, então as pedras de milhares de santuários bem altamente publicariam a sua glória e misericórdia.

Maria é a verdadeira arca da aliança.

Invocando-a, dividem-se as águas das tribulações e removem-se os obstáculos; caem em ruínas as barreiras levantadas por nossas paixões e o poder do demônio, como caiu Dagon diante da arca de Israel.

Honrando-a com filial devoção, trazendo o seu escapulário sobre o peito, a sua imagem em nosso coração, choverão sobre nós bênçãos e graças divinas.

Se nos esquecermos de Maria e desprezarmos a sua devoção, poderemos dizer: foi-se toda a nossa glória, pois não está mais conosco a arca do Senhor.

Como a casa de Obededon, a alma que nutrir em seu coração verdadeira devoção a Maria receberá abundantes graças, pois ela é Mãe da divina graça e obterá o perdão dos nossos pecados, salvando-nos da perdição eterna.

A arca **salvou a vida** de Abiatar, a quem Salomão disse: "Na verdade, tu és digno de morte, mas eu te perdoo, porque trouxeste a arca do Senhor". Do mesmo modo fala Deus ao pecador, que conservou amor e devoção a Maria Santíssima. "Perdoo-te por causa da minha Mãe!"

Um missionário teve a grande consolação de ver mais uma vez provada essa consoladora verdade, em uma ocasião em que um homem de cabelos brancos, curvado pelo peso dos anos e mais ainda pelos seus numerosos pecados, lhe fez uma confissão tão sincera e boa que ele não pôde deixar de lhe perguntar como havia merecido tão grande graça.

Então o velho lhe respondeu: "Pensando na minha juventude, lembrei-me de que minha mãe me havia consagrado a Nossa Senhora e que até na hora da sua morte ainda me recordou isso. Infelizmente, esqueci-o por longos anos, mas agora pensei comigo mesmo: "Eu estou consagrado a Nossa Senhora, portanto ela não me repelirá... e de fato não me repeliu, pois estou salvo"; dizendo isto horava como uma criança. Por fim, disse: "Se minha mãe não me tivesse consagrado a Nossa Senhora, eu teria morrido em pecado, perdendo-me assim eternamente. Oh! Dizei aos pais e às mães que consagrem seus filhos a Maria, pois ela os salvará".

Resolução: *Recomendar a todos o belo costume de consagrarem as crianças a Nossa Senhora logo depois do batismo ou no dia da primeira comunhão.*

39. Portas do céu, rogai por nós

Quem entrar no campo santo de Pisa ficará agradavelmente surpreendido ao ver uma belíssima imagem de Nossa Senhora, colocada em uma torre, sobre o grande portal. Aos pés da estátua, se leem as seguintes palavras: "*Janua caeli*". "Porta do céu".

Essa feliz ideia corresponde a uma visão que teve São Francisco de Assis. Estava em um grande campo, quando viu de repente, tingindo o céu e a terra, uma escada de cor rubra, acima da qual estava Jesus. Francisco incitou então seus filhos a subirem por ela, mas qual não foi a sua dor ao ver que todos caíam, sendo que alguns depois de terem chegado a grande altura.

Nisto apareceu outra escada branca, em cujo topo Maria Santíssima animava São Francisco a mandar subir, por ela, os seus filhos. Ele o fez e todos conseguiram chegar aonde estava Nossa Senhora, que os recebeu carinhosamente e apresentou-os ao seu Divino Filho.

Os Santos Padres dizem que Maria é aquela escada que viu o patriarca Jacó, que da terra chegou à altura do céu e por onde os anjos subiam e desciam. Pois por ela desceu e por essa mesma escada nós havemos de chegar a Jesus e à glória eterna. Por isso rezamos na *Salve Rainha*: "Eia, pois, advogada nossa, esses vossos olhos misericordiosos a nós volvei e depois deste desterro nos mostrai a Jesus, bendito fruto do vosso ventre".

A Santa Igreja, coluna da verdade, confirma a fé dos cristãos nessa doutrina, mandando-nos rezar a ladainha lauretana: porta do céu, rogai por nós, assim como no belo hino da *Ave Maris Stella* também a saúda como porta do céu:

> Deus te salve, ó clara estrela,
> Do mar e de Deus mãe bela,
> Sempre virgem; da morada
> Celeste, feliz entrada.

Saudemos, pois, a nossa boa Mãe, com as palavras que a Santa Igreja dirige a Maria na antífona final: "Santa Mãe do Redentor, porta franca do céu, brilhante estrela do mar, socorrei o povo cristão".

Mas esse título não contradirá as palavras de Jesus, quando diz: *eu sou a porta; quem entrar por mim será salvo* (Jo 10,9). Ele mesmo o afirma expressamente: *eu sou o caminho, a verdade e a vida: ninguém vem ao Pai senão por mim* (Jo 14,6).

Estas palavras não negam que também Maria possa ser chamada "porta do céu", pois em relação à Igreja o Apóstolo São Paulo diz que Jesus é a sua pedra fundamental, *porque ninguém pode pôr outro fundamento, senão Jesus Cristo*, e, no entanto, o mesmo Jesus exclama: *tu és Pedro e sobre esta pedra edificarei a minha Igreja.*

Se a Sagrada Escritura dá aos próprios apóstolos o título de "porta do céu", muito mais o merece Nossa Senhora, porque não somente pregou a doutrina de Jesus, mas **deu-nos Jesus**, o Salvador do mundo.

É verdade que ninguém pode chegar a Deus senão por Jesus, mas não é menos verdade que só podemos ir a Jesus por Maria.

Jesus é o Salvador do mundo; dele nos veio a salvação, mas quem no-lo deu foi Maria, de cujas mãos recebemos todas as graças, por determinação divina. Ela é para nós a porta do céu, **sem a qual não poderemos entrar na vida eterna**.

Resolução: *"Tudo por Jesus;*
nada sem Maria".

Porta que se abre

A Igreja coloca nos lábios de Maria as palavras da Sagrada Escritura: Todo aquele que não me ama, ama a morte (Pr 8). A interpretação dessas palavras é a seguinte, na opinião de Santo Alberto Magno: "Todos aqueles que não são vossos servos, ó Maria, perecerão".

São Boaventura diz: "Quem não recorrer a vós, nesta vida, ó Senhora, não chegará ao paraíso".

A mesma verdade sustenta Santo Afonso nas glórias de Maria: "É impossível que se perca um devoto de Maria, que fielmente a obsequia, e a ela se recomenda. Tremam os que fazem pouca conta, ou abandonam por pouco caso e negligência a sua devoção. Dizem os santos ser impossível salvarem-se os que não forem protegidos por Maria".

Isto é a confirmação do que já disse Santo Anselmo. "Virgem bendita, exclama ele, assim como é impossível salvar-se aquele que não for vosso devoto e não for por vós protegido, também é impossível perder-se quem for vosso devoto e por vós protegido." São Germano, patriarca de Constantinopla, escreve belamente a este respeito: "Não há ninguém, ó beatíssima Virgem, que possa esperar a sua salvação senão por vosso intermédio: ninguém que seja livre dos males desta vida senão pela vossa proteção; ninguém que possa alcançar misericórdia senão por vossa poderosa intercessão".

Isso também afirma São Lourenço Justiniano, dizendo: "Maria, tornando-se Mãe de Deus, ficou sendo escada do céu, porta do paraíso, advogada do mundo e verdadeira medianeira entre Deus e os homens".

Também nos sermões de São Bernardo se encontra frequentemente a mesma verdade. Em um deles lemos: "Como todo o rescrito de graça mandado pelo rei passa pela porta do seu paço, assim nenhuma graça vem do céu à terra sem passar pelas mãos de Maria". Estas palavras são confirmadas por São Boaventura, que acrescenta: "Maria se chama porta do céu, porque ninguém pode entrar no céu sem passar pela sua porta, que é Maria".

Seja, pois, a filial devoção a Maria a escada pela qual devemos subir; seja ela a porta por onde devemos entrar e chegar a Jesus, tanto durante a nossa vida como na hora da morte. **A devoção a Maria é o caminho mais curto e seguro** para chegarmos a Jesus, com quem nos une na morte para jamais dele nos separar! Por isso diz São Gregório de Nicomédia estas belas palavras: "Queres salvar-te? Ama Maria! Queres viver eternamente? Ama Maria! Queres entrar no céu: Ama Maria! Ela é o caminho e a porta que conduz ao céu". Gemminger narra o fato seguinte: em uma cidade da França havia um homem que durante quatorze anos levou uma vida escandalosa. Certo dia, encontrou-se na rua com uma senhora de extraordinária beleza; cativado, seguiu-a e, como ela entrasse em uma igreja, também ele entrou. Lá a perdeu de vista por causa da multidão, mas ouviu as palavras do pregador, que dizia: "Ó Maria, lançai um olhar misericordioso para este rebanho reunido, e, se estiver aqui uma ovelha desgarrada, eu vos peço, eu vos suplico, servi-lhe de caminho para voltar a Jesus". Essas palavras, qual seta abrasada, penetraram-lhe o coração. Desesperado, deixou a igreja e com horror passou a alembrar-se de seu lastimoso estado. Lutou durante algumas semanas, mas a graça venceu; procurou um sacerdote, emendou-se da sua vida pecaminosa e pela mão de Maria chegou a Jesus e readquiriu o direito ao céu.

> Resolução: *Ser constante no amor e devoção a Maria Santíssima e pedir-lhe que nos assista na hora da morte.*

40. Estrela da manhã, rogai por nós

Belíssima e mui acertada é a comparação de Maria Santíssima com a estrela! Há poucas imagens que tão adequadamente sintetizam a grandeza e formosura de Maria, cujo nome já significa "estrela do mar". A estrela rutila no firmamento em absoluta distância da miséria humana; assim brilha Maria em santidade que a eleva imensamente sobre nós, fracas criaturas humanas.

A luz da estrela nos **ilumina** e **atrai** as nossas vistas. A luz brilhante das excelsas virtudes de Maria ilumina os nossos passos, para que possamos segui-la na prática das virtudes.

Não podemos admirar a beleza da estrela sem levantar as nossas vistas de sobre a terra. Tampouco podemos admirar as virtudes de Maria sem desviarmos o olhar das vaidades deste mundo.

Santo Inácio exclama: "Como me repugna a terra quando contemplo o céu!" Do mesmo modo, sentirá repugnância no mundo e de seus prazeres quem contemplar as virtudes de Maria e meditar a sua vida.

A meditação da vida imaculada de Maria é um contínuo "Sursum corda", pois nos induz a procurar o que é de cima, e não o que é da terra! Para a virtude, vossos pensamentos; para Deus, vossos corações; para a pátria celeste, vossas aspirações!

Realmente, em nossa alma penetra uma luz celestial, quando dirigimos os nossos olhos para a estrela da manhã, cujo brilho nos induz a desprezar as coisas terrestres!

Maria Santíssima não é uma estrela qualquer, é a estrela da manhã! Quando as outras estrelas empalidecem e perdem o seu brilho à luz do dia, que desponta, a estrela da manhã conserva-se no horizonte até chegar o astro-rei, acompanhando-o então na sua marcha.

Maria Santíssima também **excede a todos** os santos em **brilho e claridade**; conserva a luz, que recebeu diretamente do sol, e somente quando Jesus se apresenta no esplendor de sua divindade é que ela se retira para, com todo o céu, admirar e adorar o seu Divino Filho.

A estrela da manhã é **mensageira infalível** da aurora, da **vinda do sol** e indica o **fim da noite**. Que belíssima imagem de Maria!

Seu aparecimento nos horizontes da humanidade foi o indício da vinda do sol da justiça; o seu nascimento, o sinal certo do fim da noite, pois trouxe ao mundo a certeza de ver terminada, em breve, a noite do paganismo, a superstição dos gentios, a corrupção e o erro em que jazia a pobre humanidade, para dar lugar à luz da verdadeira fé em Deus justo, eterno e clemente.

Veio substituir o erro pela verdade; o vício, pela virtude; o ódio, pela caridade cristã!

Sim, Maria é a estrela da manhã, que anunciou a vinda do sol da justiça; é a aurora da qual nasceu o sol.

Não anunciou somente a vinda do sol, ela nos deu o sol. Sobre os teus braços, qual "leve nuvem branca", desceu o Filho de Deus do seu trono, e apareceu nos horizontes da vida mortal. De Maria nasceu aquela luz, de que fala o Evangelista São João: "*Ipse erat lux quae illuminat omnem hominem venientem in hunc mundum*" (Jo 1,9). "Era a luz verdadeira que alumia a todo o homem que vem a este mundo."

Assim como o doente saúda a estrela da manhã, que lhe indica o fim da noite tormentosa e lhe anuncia o novo dia de luz e de esperanças, a Santa Igreja saúda Maria no dia do seu nascimento, exclamando: "A vossa Natividade, ó Maria, trouxe alegria ao mundo inteiro; pois de vós nasceu o sol da justiça, Cristo, nosso Deus, que, suspendendo a maldição, nos trouxe a bênção e, destruindo a morte, nos deu a vida eterna".

Resolução: *Abrir a nossa alma à luz da graça divina.*

Prenúncio de Jesus

A estrela da manhã **precede o sol**; logo que ela se levanta no horizonte e que as suas luzes brilham sobre os montes, já sabemos que o dia se aproxima e que dentro em pouco o sol sairá triunfante, espalhando as suas áureas luzes sobre o universo.

Isso também acontece com Maria, a mística "estrela da manhã". Ela **precede a Jesus**. Quando Maria entra em cena, Jesus a segue imediatamente. Se quisermos chegar a Jesus, devemos procurá-lo junto de Maria, pois somente ela nos poderá levar a Jesus: "E, depois do desterro, nos mostrai a Jesus, bendito fruto do vosso ventre", suplica a Santa Igreja. Foi nos braços de Maria que os pastores encontraram o divino infante e também os reis, depois de tê-lo em vão procurado em Jerusalém, no palácio do rei. "*Et intrantes invenerunt puerum cum Maria Matre eius*". "E entrando acharam o menino com Maria, sua mãe" (Lc 2).

Foi ainda sobre os braços de Maria que Jesus entrou no templo para se oferecer ao Pai eterno como holocausto pelos nossos pecados; que Ele fugiu para o Egito e escapou à espada trucidante de Herodes. Foi, enfim, a pedido de Maria que Ele se manifestou ao mundo e operou o primeiro milagre. Olhemos para o Calvário, onde Jesus desempenhou o ministério de redentor da raça humana. Pregado na cruz, pagou com o seu sangue puríssimo as nossas dívidas! "Estava a Mãe dolorosa ao pé da cruz, chorosa, quando seu filho pendia, sua alma, como lhe foi profetizado, tiranamente a feria cruel espada". Olhemos bem, e veremos na cruz do sol da justiça que, passando por um doloroso eclipse, triunfou sobre a morte e dissipou as trevas do pecado. Mas não podemos chegar a Jesus, sem primeiro passar por Maria, a estrela da manhã, que nos aponta o sol da justiça.

Per Mariam ad Jesum foi na vida mortal de Jesus e será na vida espiritual da alma; assim como na história da Igreja, especialmente na das missões. Que fez São Francisco Xavier? Como conseguiu ele a conversão de milhões de pagãos? Foi por meio da sua terna devoção a Maria! Trazia consigo uma imagem de Nossa Senhora, que colocava em lugar visível e expunha à pública veneração, conseguindo assim vencer os corações dos gentios. É certo que, quando nos visita a estrela da manhã, Jesus, o sol da justiça, vem logo após. Por isso muitos santos missionários, como São Vicente Ferrer, São Domingos, São Leonardo de Porto Mauricio etc., consideravam a devoção a Maria como infalível e indispensável para a conversão dos pecadores.

Conservemos, pois, em nosso coração a devoção a Maria e desse modo conservaremos a fé e o amor a Jesus. Brilhe em nossa alma a luz da estrela da manhã e o sol da justiça nunca desaparecerá da nossa mente.

> Resolução: *Fazer todo o possível para que as pessoas de minha família ou amizade, que não praticam a religião, façam ao menos alguns atos de piedade em honra de Maria Santíssima.*

41. Saúde dos enfermos, rogai por nós

Há em Veneza uma magnífica igreja, construída quase no meio do mar, com o título: "Maria de Salute".

Quando, no século XVI, a peste, a morte negra, despovoou cidades e países inteiros, transformando a Europa em um grande cemitério, a República de Veneza recorreu a Nossa Senhora fazendo o voto solene de edificar uma bela igreja em sua honra, se ela preservasse a cidade do terrível flagelo. Maria atendeu ao pedido dos venezianos, que, fiéis à sua promessa, mandaram construir aquela igreja.

No altar-mor vê-se a imagem de Maria Santíssima com o Menino Jesus nos braços, aos pés da qual uma mulher, representando a República de Veneza, oferece à Mãe de Misericórdia a referida igreja, nos seguintes termos: "Ó Madre, Madre, Madre!" Realmente, Maria é a saúde dos enfermos!

Um dos males mais humilhantes e que mais nos atormentam é a **doença, outra triste consequência do pecado original**, e algumas vezes do **pecado pessoal**: o organismo debilitado arrasta ao seu círculo de fraqueza e desânimo o próprio espírito, tornando o homem inútil para tudo.

É o mal que mais lembra a corruptibilidade da carne humana e inconstância dos bens corporais e intelectuais.

Jesus e Maria, isentos de qualquer culpa, original ou pessoal, ficaram logicamente livres de toda a consequência do pecado. A sua carne imaculada, o seu corpo virginal, o seu organismo perfeitíssimo, não podiam sentir as dolorosas perturbações de uma moléstia.

Aceitaram todos os males, até a própria morte, mas não a enfermidade, que é a manifestação da desorganização interna.

Devemos, pois, aceitar sempre as doenças, em espírito de humildade e penitência, pois, se o pecado de Adão corrompeu o nosso organismo, os nossos próprios pecados aumentam esse mal. Não murmuremos, pois, mas suportemos toda a doença com paciência e resignação! É um modo excelente de pagarmos as nossas dívidas, tornando-nos humildes e submissos à santíssima vontade de Deus, portanto serve para a sua glória e para o bem da nossa alma! Embora Maria Santíssima tenha ficado livre de toda a doença, **tem grande compaixão dos doentes**.

Todo o coração bem-formado tem dó do sofrimento do próximo; Maria Santíssima, que tem um coração sumamente compassivo, não pode deixar de sentir comiseração da pobre humanidade sofredora.

O que mais tocou o coração de Maria foi o belo exemplo de Jesus, que fazia bem a todos e que se compadecia dos doentes, restituindo-lhes a saúde. Este exemplo, sem dúvida, animou-a ainda mais a interessar-se por eles. E, embora a Sagrada Escritura nada diga a esse respeito, é certo que Maria, a exemplo de Jesus, mostrou sempre grande compaixão para com os doentes, cuja saúde alcançou com as suas palavras, visitas, orações e súplicas.

Resolução: *Aceitar doenças e sofrimentos em espírito de penitência.*

Mãe zelosa

Maria, por mais um motivo bem especial, tem compaixão dos doentes: é "**Mãe dos cristãos**". Vede com quanto carinho a mãe trata o filho doente; não mede sacrifícios; dia e noite, com solicitude maternal, procura aliviar-lhe a dor.

Priva-se de todos os divertimentos, sacrifica-lhe o dono, ocupando-se unicamente com o filho. Isso faz a mãe corporal; nossa Mãe Celestial será menos solícita para com os seus filhos que sofrem? Não! Nunca mãe alguma poderá amar, como ama Maria, nem sentir tanto os sofrimentos de seus filhos!

Maria é a saúde dos enfermos! Testemunham essa verdade os **milhares de doentes** que por seu intermédio **recuperam a saúde** e outros tantos que por ela foram consolados; testemunham, ainda, as numerosas cidades, províncias e países inteiros que, como Veneza, invocando a saúde dos enfermos, ficaram preservados da peste e de outras moléstias contagiosas.

Testemunha insuspeita, enfim, é Lourdes, onde quase diariamente numerosos doentes alcançam a implorada saúde, e outros muitos santuários, em que se publica a bondade e misericórdia de Maria para com os filhos doentes. Por isso diz São Filipe Neri: "Dai ao doente, como remédio, o amor de Maria, e o corpo debilitado recuperará a saúde". "De que serve o remédio, se não for abençoado por Maria; e que tristeza, se na doença falta a confiança na 'saúde dos enfermos'"? – exclama São Vicente de Paulo.

Hoje em dia corre-se aos médicos, procuram-se os curandeiros, recorre-se a quanto remédio há; mas esquece-se de invocar piedosamente aquela que é a "saúde dos enfermos".

Por que, em nossas doenças, não invocamos frequentemente nossa Mãe Celestial? Por que não incitamos os nossos parentes e amigos a invocá-la com confiança em suas enfermidades?

Maria não faz o milagre, restituindo sempre a saúde, mas pode dar eficácia ao remédio; **pode aliviar a nossa dor**, dar-nos resignação à vontade de Deus, mais paciência no sofrimento e, enfim, enquanto o corpo sofre, pode encher-nos a alma de consolação e santa alegria.

Tendo Santo Afonso adoecido gravemente, deram-lhe o santo viatico. Depois da comunhão, pediu que lhe trouxessem a imagem de Nossa Senhora, diante da qual havia feito os seus votos, pois queria morrer nos braços de Jesus e de Maria. Quando lhe mostraram a imagem milagrosa, não pôde Santo Afonso reprimir os seus sentimentos. Seu rosto resplandeceu de uma alegria tão grande, que parecia estar vendo com os olhos corporais o que só poderemos ver na eternidade, e a sua língua exprimiu os mais puros afetos de amor! Maria o consolou e restituiu-lhe a saúde.

Não falte perto de nossa cama a sua imagem. Em nossas doenças dirijamos a ela o nosso olhar e em doce colóquio lhe fale o nosso coração. Ela nos consolará!

Resolução: *Visitar os pobres doentes e procurar aumentar neles o amor e a confiança em Maria.*

42. Refúgio dos pecadores, rogai por nós

Procurou um dia Santo Afonso de Ligório uma pobre pecadora, que por entre lágrimas lhe contou a sua desgraça, dizendo que não tinha mais salvação e que só lhe restava o fogo do inferno.

O santo compadeceu-se da Madalena penitente e disse-lhe: "Tenha confiança, não deve desesperar ainda, mostrar-lhe-ei uma saída pela qual, como o filho pródigo, poderá voltar ao Pai Celestial". – "Qual! Não há saída para mim, pobre pecadora", interrompeu a penitente. "Veja, continuou o santo, Maria é nossa Mãe, é o refúgio dos pecadores e não abandona a quem se recomenda à sua proteção. Tenha, pois, confiança, corra ao seu altar, prostre-se a seus pés e clame: Mãe, ó Mãe, rogai por mim, grande pecadora. Ela a atendera."

Sim, Maria é o refúgio dos pecadores, **é a sua última esperança**. Por isso, diz São Bernardo: "Temos no céu uma soberana que ao mesmo tempo é nossa Mãe; uma medianeira onipotente diante do Soberano Mediador: uma advogada a quem o Redentor não pode negar graça alguma. Eis a escada dos pecadores; eis a minha grande confiança, eis aqui o fundamento de toda a minha esperança" (*De laud. Virg.*).

Maria **recebe a todos os pecadores**, benignamente, por mais miseráveis que sejam. Como a mãe de Tobias esperava ansiosamente cada dia a volta do filho, ela espera a volta do pecador, para apertá-lo ao seu coração materno. Não lhe dirige palavras ásperas nem censuras, muito menos o repele; mas anima-o e lhe diz: "*In me spes vitae: qui invenerit me inveniet vitam*". "Em mim há esperança da vida; quem me achar, achará a vida" (Pr 8).

De fato, Maria é a Mãe da misericórdia! Assim fala São Bernardo:

"Se olho para vós, ó Maria, não vejo senão misericórdia, pois, para os miseráveis, vos tornastes Mãe de Deus. De vós nasceu a misericórdia; a vós foi confiada a misericórdia, e não tendes outro desejo senão o de ser misericordiosa".

Diversos Santos Padres dizem que, se Caim tivesse conhecido Maria e implorado a sua intercessão, não se teria perdido; se o próprio Judas, em vez de procurar os sacerdotes e fariseus, tivesse procurado Nossa Senhora, ela teria alcançado misericórdia para ele. Alguns atribuem a conversão do bom ladrão à circunstância de ter estado perto de Maria! É bem justificada essa crença, pois ela é Mãe de misericórdia, vida, doçura e esperança dos cristãos, a quem abre o seio de misericórdia. É a verdadeira Ester que, compadecida da triste sorte do pecador, se prostra aos pés do rei e **pede perdão e misericórdia** para o seu povo. É a mulher cananeia que gritava atrás de Jesus, pedindo a salvação de sua filha.

Comentando o procedimento daquela mulher, Santo Afonso diz:

"Quando aquela mulher pediu a Jesus que livrasse sua filha do demônio, disse: 'Filho de Davi, tende piedade de mim!'" Causa admiração este modo de pedir; sendo a filha a possessa do demônio, a mãe devia pedir: "Filho de Davi, tende piedade de minha filha!" Mas não; ela gritava:

"Tende piedade de mim!" E com razão, pois a mãe sente os sofrimentos dos filhos como se fossem os seus próprios.

Se, portanto, um pecador se recomendar a Maria, ela pedirá a Deus com as mesmas palavras: "Senhor, tende piedade de mim; vede esta pobre alma que está em pecado, é minha filha; não peço tanto que vos compadeçais dela, mas de mim, que sou sua Mãe! Oxalá – continua o mesmo santo – que todos os pecadores recorressem a esta doce Mãe; Deus lhes perdoaria todos os pecados".

A vida dos santos é cheia de exemplos da misericórdia de Maria para com os pecadores e mostra o interesse que ela tem por eles, junto ao trono de Deus.

Resolução: *Recomendar a Nossa Senhora os pobres pecadores.*

Mãe que busca

Maria faz mais ainda: **procura o pecador**, do mesmo modo por que procurou seu Divino Filho, quando o perdeu em Jerusalém.

"Maria" – diz São Bernardo – "perdeu durante a vida um filho só; depois, perdeu muitos. O zelo com que procurou o primeiro é a prova do zelo com que procura os muitos".

Com quanta solicitude e ansiedade ela vai atrás do pecador para o estreitar ao seu coração. Maria é aquela mulher do Evangelho que tinha dez dracmas e que, tendo perdido uma, acendeu uma luz e foi à casa procurá-la ansiosamente a achar.

É a Mãe do Bom Pastor, que dá a vida pelas suas ovelhas. Ela sabe que Jesus deixou as noventa e nove para ir atrás da que faltava. Sabe quanto Jesus trabalhou, rezou e sofreu para salvar uma alma! Como Mãe do Bom Pastor, acompanha o seu Divino Filho e entre orações e lágrimas vai atrás do pecador e, só quando ele volta arrependido, ela enxuga suas lágrimas e diz: *Alegrai-vos comigo, pois encontrei a ovelha que estava perdida.*

Oxalá se deixassem todos levar pelas mãos de tão carinhosa Mãe ao rebanho de Jesus. Nós, que amamos a Maria, ajudemo-la a procurar os pecadores e exortemo-los a voltarem depressa à casa paterna.

Pode ser que alguém, desanimado, em vista da gravidade e número de seus pecados, tenha ainda alguma dúvida em seu coração; e que, qual filho pródigo, meditando na sua grande ingratidão, tenha receio de voltar à casa paterna! Talvez semelhante pensamento atormentasse o filho pródigo e fosse a causa de sua demora em voltar para casa. Mas, nós somos mais felizes, pois temos uma Mãe com um coração de ouro, que será a nossa medianeira e advogada junto ao Pai.

Por isso, a Santa Igreja nos ensina a rezar. "À vossa proteção recorremos, santa Mãe de Deus; não desprezeis as nossas súplicas; com vosso filho nos reconciliai, a vosso filho nos apresentai".

Mesmo quando a sentença de morte pareça já lavrada, ela ainda poderá **reconciliar-nos com Deus**. Na vida de São Vicente de Paulo lemos um belo exemplo, que admiravelmente comprova essa verdade:

Um grande pecador negava-se a receber os últimos sacramentos, pelo que São Vicente foi ter com ele e suplicou-lhe carinhosamente que se convertesse e salvasse a sua alma. Tudo em vão!

Quando o santo lhe disse que seria condenado eternamente se não se convertesse, o moribundo deu-lhe esta horrível resposta: "Eu quero ser condenado só para causar desgosto a Jesus". Todos ficaram horrorizados com essa blasfêmia, e o santo, por sua vez, indignado, respondeu: "Pois bem, e eu quero livrar-te da condenação eterna, para causar alegria a Jesus".

Convidou então a todos os presentes a recitarem o Rosário para que Maria Santíssima obtivesse a conversão de tão rebelde pecador.

A princípio, o doente rangeu os dentes, insultou São Vicente e todos os que rezavam; pouco a pouco, foi-se acalmando e começou a chorar amargamente, pedindo, por fim, a santa confissão.

Maria triunfou sobre a dureza do pecador e reconciliou-o com o seu Deus e Senhor.

Mesmo que os nossos pecados sejam numerosos como a areia do mar, não devemos desanimar, pois Maria é realmente o refúgio dos pecadores.

Ouçamos mais uma vez as belas palavras de São Bernardo: "Receias, ó homem, de te aproximar do Pai? Quando escutas a sua voz, ocultas-te? atende: Ele te deu Jesus Cristo para medianeiro. Que não fará ante o Pai tal filho? Ele é teu irmão, homem como tu, exceto no pecado, e assim se apiedará de ti. Talvez temas ainda aproximar-te dele, porque, embora teu irmão, descobres a majestade de um Deus; é homem, mas ao mesmo tempo não deixa de ser Deus. Queres um intercessor junto dele? Recorre a Maria. Ela é da raça humana, só dessa raça, apesar dos assombrosos dotes que a adornam. Não hesites; o Filho ouve sua Mãe e o Pai atende ao Filho. Eis a escada pela qual sobe o pecador para chegar ao trono da divindade; é aqui que está a minha confiança e onde se funda toda a minha esperança!"

Refúgio dos pecadores, rogai por nós.

Resolução: *Unir as orações às orações e lágrimas de Maria pela conversão dos pecadores.*

43. Consoladora dos aflitos, rogai por nós

"A vós bradamos, os degredados filhos de Eva; a vós suspiramos, gemendo e chorando neste vale de lágrimas", assim rezamos diariamente na *Salve Rainha*.

Na realidade, *o homem*, disse Jó, *vive breve tempo e é cercado de muitas misérias. Nasce como a flor, é pisado e morre como a sombra, sem jamais permanecer no mesmo estado* (Jó 16,1). *Eu vi o que se passa debaixo do sol, e achei que tudo é vaidade e aflição de espírito. Pois que proveito tirará o homem de todo o seu trabalho e da aflição de espírito com que é atormentado? Todos os seus dias são* **cheios de dores e amarguras**, *nem de noite descansa o seu pensamento* – palavras de Salomão (Eclo 1,2).

Nós entramos neste mundo chorando; e gemendo saímos dele. Não preciso recorrer à Sagrada Escritura para provar a dolorosa verdade destas palavras, basta o que vemos e sentimos em nós e ao nosso redor. E, não obstante, quantas pessoas amam o mundo e suas vaidades, procurando gozar os seus prazeres, e esquecem-se dos bens eternos, os únicos que merecem o nosso trabalho? Seremos do número desses insensatos? *Procurai em primeiro lugar o Reino de Deus e sua justiça, e o resto vos será dado* – palavras do Divino Salvador.

Quem jamais comeu seu pão com lágrimas não sabe o que é sofrer. Para compreender a dor do próximo é preciso senti-la na própria carne e no próprio coração! É dificílimo compreender e consolar o sofrimento, quando não se sofre.

Pois bem! Ninguém melhor do que Nossa Senhora **saberá consolar**, pois **ninguém sofreu tanto quanto ela**. É boa, compassiva; sabe o que é sofrer e quanto ardem as lágrimas! Qual o sofrimento, a dor, a tribulação e a tristeza que não experimentou o seu sensível coração?

Sentiu as consequências humilhantes da pobreza; suportou a indiferença do povo e o desprezo dos bethlemitas! O seu coração foi gravemente ferido pelo ódio de Herodes, que a obrigou a fugir, alta noite, sem recursos, para o Egito. Longe de casa, sem parentes nem amigos, comeu, chorando, o duro pão do desterro.

Em Jerusalém, perdeu de um modo inexplicável o seu Divino Filho, a quem procurou entre parentes e amigos, por espaço de três dias, que foram dias de martírio para o coração de tão amorosa Mãe! A dor foi, afinal, a sua inseparável companheira! Dia e noite ecoava em seu coração a cruciante profecia de Simeão: *"Este teu filho será posto em ruínas e uma espada de dor transpassará a tua alma!"*

Ah! Como feriu, despedaçou o compassivo coração de Maria esta espada, na grande Sexta-feira Santa, quando se encontrou com seu filho, que com a cruz às costas era arrastado pelas ruas de Jerusalém! Ela ouviu o som das marteladas; viu a nudez de Jesus; ouviu os seus gemidos dolorosos; viu correrem as lágrimas e o sangue; assistiu à penosa agonia do filho querido e à sua morte dolorosa na cruz.

Depois, abraçou o seu corpo gelado e desfigurado, contemplando cheia de horror e de compaixão as numerosas chagas; acompanhou-o até ao sepulcro e suportou enfim a cruel soledade! De fato, ela sabe o que é sofrer e pode dizer a todos os que sofrem: *vinde e vede se há dor semelhante à minha dor*. Desde então, tornou-se Mãe dos que sofrem. Consoladora dos aflitos!

Se, pois, uma dura cruz pesar sobre os nossos ombros; se o sofrimento, a dor, a aflição forem hóspedes de nossa casa; se fugir todo o prazer, o sossego, a alegria; se lágrimas forem a nossa comida – volvamos nosso olhar para aquela que mais, muito mais sofreu, e que tem um coração compassivo para todos os que sofrem; procuremos a sua imagem, juntemos as nossas lágrimas às suas amarguras e então sentiremos profunda consolação. Porque ela sabe o que é sofrer; ela sabe consolar.

Resolução: *Ter grande devoção a Nossa Senhora das Dores.*

Mediadora ante a dor

Reinardo d'Anjou, rei da Sicília, tinha no jardim um balsameiro com um grande corte, de onde gotejava o bálsamo, com a seguinte inscrição: "Ferido para sarar".

Podemos gravar essas mesmas palavras na imagem de Nossa Senhora das Dores, de cujo coração, transpassado pela espada do martírio, corre o doce bálsamo da consolação, para os corações oprimidos de dor!

Ela **ama** todos os filhos; **mais, porém, aqueles que sofrem e que choram**. Seu coração compassivo deseja ardentemente aliviar a nossa dor e enxugar as nossas lágrimas.

"*Solamen miseris socios habuisse malorum*" – diz um velho sábio: "Para aqueles que sofrem é uma consolação saber que têm numerosos companheiros"; entre eles Jesus e Maria ocupam o primeiro lugar.

A piedosa **meditação das dores de Maria** cai como o **orvalho** sobre as nossas feridas cujas dores perdem a sua veemência. As lágrimas que vemos deslizar dos seus olhos tiram a amargura das nossas. A sua resignação, sua admirável paciência e inabalável firmeza em suportar as maiores provações inspiram-nos coragem e levantam o nosso ânimo.

Muitíssimo sofreu a Rainha Maria da Baviera, irmã do Imperador Guilherme I da Alemanha. O fato de ter voltado à Igreja Católica trouxe-lhe grandes tribulações, não só da parte de seus parentes como dos protestantes em geral, os quais se julgaram com direito de injuriar a católica rainha. A estas tribulações juntaram-se outros muitos sofrimentos.

Nas vésperas de Pentecostes, por exemplo, em 1886, perdeu seu filho Luiz II, que, em um acesso de loucura, se atirou às águas de uma lagoa, morrendo miseravelmente.

Que dor cruciante para a infeliz rainha! Onde poderia ela encontrar o bálsamo da consolação para o seu coração tão duramente provado? Ela o sabia, pois diariamente visitava a imagem de Nossa Senhora das Dores e a seus pés chorava e rezava, encontrando assim consolo!

Depois alistou-se na Confraria de Nossa Senhora das Dores, dizendo: "**Aqui estou em boa companhia**".

Maria é a consoladora dos aflitos, a prova é que existem numerosos santuários onde se venera a sua imagem sob essa invocação. Um deles é o santuário de Kevelaer, na Alemanha, onde milhares e milhares de romeiros vão anualmente buscar consolação para os seus sofrimentos. Muitas vezes Maria, para mostrar o seu poder e a sua bondade, tem consolado milagrosamente os seus devotos.

A crônica de um outro santuário narra um fato em que mais uma vez se verifica que Nossa Senhora é, realmente, a consoladora dos aflitos.

Reinava grande tristeza na família de um tecelão, por ser o filho mais velho um verdadeiro filho pródigo, e por estar o segundo gravemente doente.

O pai e a mãe passavam os seus dias rezando e chorando. Um dia, porém, lembraram-se de fazer uma romaria ao santuário de Nossa Senhora, em Altötting. O pai pôs em execução o seu projeto e, cheio de confiança, recomendou à Consoladora dos aflitos a tristeza que acabrunhava a sua família, lembrando a Nossa Senhora quanto ela sofreu e que por seus sofrimentos se compadecesse dele.

De volta à casa, encontrou-se com o filho mais velho que, chorando, pediu perdão da vida escandalosa que levava. Mal havia apertado, comovido, ao seu coração o filho penitente, este lhe comunicou que o irmão estava fora de perigo.

Cheio de reconhecimento, voltou o pai a Altötting e ofereceu a Nossa Senhora dois corações de ouro, para lhe mostrar a sua gratidão por haver prontamente transformado a tristeza do seu lar em doce alegria.

Resolução: *Em todas as tristezas e aflições recorrer cheio de confiança à Consoladora dos aflitos, particularmente a Nossa Senhora das Dores.*

44. Auxílio dos cristãos, rogai por nós

Quando Jesus entregou a São Pedro as chaves do Reino dos Céus, disse-lhe: *Tu és Pedro, e sobre esta pedra edificarei a minha Igreja e as portas do inferno não prevalecerão contra ela.* Essas últimas palavras indicam, bem claramente, que a Igreja de Jesus havia de sofrer perseguições e que o próprio inferno se levantaria contra ela, mas que, não obstante isso, haveria de triunfar sempre, pois o próprio Jesus, como penhor da vitória, disse: *Eu estarei convosco até a consumação dos séculos.*

Além dessa garantia, deixou outra, que foi a proteção daquela de quem fala a Sagrada Escritura: *"terribilis ut castrorum acies ordinata"*; "terrível como um exército bem disciplinado".

Com efeito, desde o primeiro momento da existência da Igreja, até os nossos dias, Maria Santíssima tem sido a sua defesa. Em todos os perigos e tempestades ela se tem mostrado sua **soberana protetora** e **invencível auxiliadora**. Grata a essa valiosa proteção, a Igreja a honra com o glorioso título: "Auxílio dos cristãos".

Numerosos e fortíssimos foram os ataques dos inimigos da Igreja. Apenas Jesus havia subido ao céu, desencadeou-se logo sobre a nova Igreja a fúria das tempestades, de ódios e perseguições.

Maria, porém, Mãe, consolo e animação da nascente família cristã, **animou os apóstolos** e discípulos a pregarem a doutrina de Jesus por toda a parte, frustrando, desse modo, o plano dos judeus.

No céu, continuou a ser o amparo e o auxílio da Santa Igreja, que muitas vezes parecia sucumbir às insídias, maquinações e força brutal de seus perseguidores, os quais, julgando-se vitoriosos, vaticinaram orgulhosamente o seu fim. Mas, passados vinte séculos, ela vive e reina ainda; venceu a todas as perseguições e salvou-se de todas as tempestades. Quem a fez triunfar de tantos inimigos? Foi a especial proteção de Maria.

Na realidade, basta estudar atentamente a história da Igreja para ver, **nos maiores perigos, a mão poderosa de Maria**! Por isso a Santa Igreja, para perpetuar a sua poderosa proteção, instituiu diversas festas em que prova sua imperecível gratidão. Entre outras, temos a Visitação, Nossa Senhora das Vitórias, Nossa Senhora Auxiliadora etc.

Em diversos países há, ainda hoje, governos ateus e ímpios que procuram impedir a santa missão da Igreja, perseguindo-a oculta ou abertamente; mas não desanimemos, por Maria, a Torre de Davi, defendê-la-á. Ela mesma nos oferece as armas para combatermos e vencermos os inimigos.

Uma das mais poderosas é o Santo Rosário!

O Papa Pio IX diz que Maria está à direita de seu Divino Filho, e que é o nosso maior refúgio em todos os perigos e nossa fidelíssima auxiliadora; de modo que nada devemos temer, de nada desesperar, enquanto ela nos guiar, defender e proteger.

Resolução: *Pedir muito
a graça de bons sacerdotes.*

Mãe da Igreja

Não menos benigna e poderosa se mostrou Nossa Senhora em proteger a Santa Igreja nas suas lutas internas, **contra o cisma e a heresia, que causaram** à Igreja maiores males do que os ódios e as perseguições dos poderosos deste mundo. Também nesses perigos Maria se mostrou o auxílio dos cristãos, pois todas as vezes que o mal parecia invencível a Igreja dirigia-lhe orações públicas, e então terminava o cisma, conhecia-se o erro e a heresia era banida.

É ainda a Santa Igreja que reconhecida o confessa altamente no ofício divino, quando saúda Maria, como triunfadora da heresia: "Alegrai-vos, *ó* Virgem Maria, porque vencestes todas as heresias do mundo". Realmente, a devoção a Maria Santíssima tem sido sempre um preservativo do erro e da heresia. Se os chamados reformadores do século XVI não tivessem abandonado o culto mariano, não se teriam separado da verdade, caindo no erro, ficando separados também de Jesus.

Roguemos instantemente à Mãe de Jesus, à Esposa do Espírito Santo, que é quem ensina toda a verdade, que continue a interceder pela Santa Igreja, para que ela conserve a fé pura e sem falsificação e faça triunfar de todos os seus inimigos.

Se Maria merece ser chamada "auxílio dos cristãos", por ter defendido e protegido a Santa Igreja contra os seus inimigos externos e internos, por ter sido auxiliadora do corpo místico de Jesus, não menos merecedora é deste honroso título, porque é **o auxílio e o refúgio dos membros desse corpo.**

Com cuidado maternal vela por todos os membros da Santa Igreja e sobre todos estende o seu manto poderoso, abrigando-os no seio de sua misericórdia.

Particularmente o papa, os bispos, os sacerdotes, e, finalmente, os religiosos todos têm experimentado o seu poderoso auxílio. Por isso, a Santa Igreja recomenda-se a Maria a súplica: Santa Maria, socorrei os míseros, ajudai os fracos, consolai os que choram, rogai pelo povo, intervinde pelo clero, intercedei pelo sagrado feminino sexo, e experimentem todos, os que vos invocam, o vosso poderoso auxílio.

Não podemos duvidar que Maria queira mostrar a todos a sua bondade e prestar-nos o seu auxílio, pois é nossa Mãe e nos ama como filhos! Todos somos membros do copo místico de seu Divino Filho, por isso terá o maior interesse em nos ver salvos. O Apóstolo São Paulo tinha tanto amor aos cristãos que se tornou tudo para todos: *fiz-me tudo para todos, para salvar a todos* (1Cor 9,22).

O mesmo e com muito maior razão se pode dizer de Nossa Senhora, e o confirma São Bernardo, quando escreve: "Maria fez-se tudo para todos. Os sábios como os ignorantes são-lhe devedores pela superabundância de seu amor. A todos abre o seio de misericórdia para que, da sua plenitude, recebam os cativos liberdade; os doentes, saúde; o triste, consolação; o pecador, perdão; e o justo, graça".

Que consolação para nós termos uma Mãe que nos ame e proteja em nossas numerosas tribulações e necessidades! Cheios de confiança, imploremos o seu patrocínio. Maria é o auxílio dos cristãos em todas as suas necessidades; essa verdade é altamente publicada pelos inúmeros santuários espalhados por todo o mundo, nos quais ela distribui a mãos cheias graças sobre graças a todos os que pedem a ela. Nesses santuários, onde ela erigiu o seu trono de misericórdia, correm as graças em abundância e todos encontram alívio para os seus males corporais e espirituais.

Lembremos a nossa Boa Mãe este título, pedindo-lhe que continue a proteger a Santa Igreja, o Santo Padre, os bispos e sacerdotes e a todo o povo cristão e eternamente cantaremos a sua misericórdia.

Resolução: *Rezar diariamente pelas necessidades da Santa Igreja.*

45. Rainha dos anjos, rogai por nós

Nessa invocação e nas seguintes, Maria nos é apresentada na sua glória de Rainha do céu e da terra.

Sendo a sua natureza inferior aos espíritos celestes, foi elevada sobre eles, erigindo o seu trono ao lado de Jesus, onde recebe as homenagens dos anjos e dos santos, que a reconhecem, amam e veneram como rainha.

Que Maria Santíssima seja Rainha dos anjos, e seu trono esteja acima dos querubins e serafins, é doutrina da Santa Igreja, que diz no dia da sua gloriosa Assunção: "Foi elevada a santa Mãe de Deus sobre os coros dos anjos na glória celestial". E na ladainha a invoca claramente: "Rainha dos anjos, rogai por nós".

Quem se lembra da imensa dignidade de Maria, em ser Mãe de Deus, não se admira que ela seja Rainha dos anjos, pois nunca nenhum ousou dizer a Deus: meu filho, e, no entanto, Maria o disse. A sua posição é, portanto, excepcional no céu e na terra.

É São Sofrônio quem diz: "Tu ultrapassaste o esplendor de todas as ordens dos anjos, eclipsaste o brilho dos arcanjos. Ficam abaixo de ti os tronos; és superior aos domínios e principados; és mais forte do que as potestades, mais pura do que as virtudes. Assentas acima dos querubins, antecedes aos serafins".

Que alegria deve sentir a nossa alma com a glória de Maria, que, elevada sobre todos os tronos dos anjos, é honrada, amada e obedecida pelos espíritos celestes; Rainha dos anjos, rogai por nós.

Para dar a Maria Santíssima esse título não precisamos recorrer à sua excelsa dignidade de Mãe de Deus, basta compará-la aos anjos e veremos que ela excede a todos em virtude, perfeição, santidade e méritos. *"Vinderunt eam filiae Sion et beatissimam praedicaverunt et Reginam laudaverunt eam"*. "Os anjos viram-na, louvaram-na e chamaram-na sua Rainha."

Podemos considerar nos santos anjos três virtudes e distinções que causam a nossa admiração: **a pureza, o poder e a obediência**, mas Maria venceu-os também nestes três pontos.

Os anjos são puros espíritos sem culpa e sem mácula. A Sagrada Escritura recomenda a sua pureza e nos aponta como modelo. Relativamente às almas castas e puras, Jesus mesmo afirma: *"erunt sicut angeli Dei*, "elas serão como os anjos de Deus".

Maria, porém, é mais santa e mais pura do que os próprios anjos no céu. Deus, que *até entre os seus anjos achou crime*, diz que Maria é *candor da luz eterna, espelho sem mácula e a imagem de sua bondade* (Sb 7,26).

Também os Santos Padres dizem francamente: "Maria é mais santa do que os querubins, mais santa do que os serafins, e sem comparação mais gloriosa do que todos os exércitos celestes".

Por isso, diante dela se inclina um dos príncipes celestes, o Arcanjo Gabriel, que lhe fala com o respeito e submissão que se deve a uma rainha: *"Ave, cheia de graça"*.

Oxalá também nós guardássemos pura e santa a nossa alma, para nos tornarmos dignos companheiros dos anjos do céu.

O que admiramos, em segundo lugar, nos anjos, é o seu **poder**, do qual não podemos fazer ideia exata. A Sagrada Escritura, relativamente ao poder de um só anjo do céu, refere diversos fatos que nos assombram: em uma noite, um único anjo matou cento e oitenta e cinco mil soldados do exército de Senaqueribe. Um outro matou todos os primogênitos dos egípcios.

Quem quebrou as cadeias de São Pedro e abriu com o seu olhar as portas férreas do cárcere foi um anjo do céu. Pois bem! O poder de Maria é muito maior, porque os anjos são "servos de Deus" e ela é a Mãe de Deus, por conseguinte, terá mais poder no céu e na terra do que os anjos todos.

Todos estão à sua disposição! Ela reina e governa no céu e na terra, e tudo obedece à sua vontade. É também a Rainha do nosso anjo da guarda; portanto, peçamos-lhe que nos recomende à solicitude do nosso anjo, para que ele nos defenda contra "os espíritos malignos, que andam pelo mundo para perder as almas".

Resolução: *Junto com os anjos, saudar Nossa Senhora Rainha do céu e da terra.*

Elevada acima dos anjos

Saudamos Nossa Senhora, "Rainha dos anjos", indicando como foi elevada por Deus acima dos coros angelicais. Os anjos mereceram o céu pela sua obediência à vontade de Deus. Não foi um simples presente, mas a justa recompensa de sua humilde submissão.

A obediência de Nossa Senhora foi sem comparação muito maior, mais perfeita, mais heroica; também o prêmio devia ser maior.

Eis o prêmio: a coroa de Rainha dos anjos.

Podemos mesmo atribuir à humilde obediência de Maria todas as distinções que recebeu.

Foi a obediência que elevou Maria à sua alta dignidade de Mãe de Deus! Sobre este ponto Santo Agostinho se manifesta do seguinte modo: "obediência salvificante, graça admirável, que humildemente acreditou e assim mereceu vestir com a carne humana o Criador do universo". Em outro lugar diz o mesmo santo: "Maria, por sua obediência, reparou o dano causado pela desobediência de Eva!" Santo Afonso diz: "A obediência de Maria foi muito mais perfeita do que a de todos os outros santos" (*Glórias de Maria*).

De fato, a única palavra que dirigiu ao Arcanjo Gabriel, dando o seu consentimento para a maternidade divina, revela a sua absoluta obediência. Pois, com essa palavra, submeteu-se plenamente a tudo o que Deus quis fazer com ela, na qualidade de Mãe do Salvador.

É Jesus mesmo quem engrandece a obediência de Maria: pois, quando uma mulher do povo levantou a sua voz, dizendo: "*Bem-aventurado o ventre que te trouxe e os peitos em que foste criado*, Jesus respondeu: *sim, bem-aventurados aqueles que ouvem a Palavra de Deus e a pôem em obra*".

Interpretando essas palavras, Santo Agostinho e São Beda afirmam que Jesus chama a sua mãe mais bem-aventurada por causa da sua obediência em ouvir e cumprir a Palavra de Deus do que por ser a mãe corporal de Jesus.

Essa admirável obediência mereceu-lhe a sua grande glória e tornou-a digna de ser Rainha dos anjos.

Nós todos aspiramos à glória eterna; reinar um dia na eternidade é o grande desejo do nosso coração; mas, notemos bem o que disse Jesus: "*Nem todo o que diz 'Senhor,*

Senhor', entrará no reino dos céus, mas sim aquele que faz a vontade de meu Pai" (Mt 7,21).

Qual é a nossa obediência? O orgulho que nasceu conosco nos impele a fazer em tudo a nossa própria vontade. Todo o nosso interior se revolta em submeter-se à vontade de outrem; mas a obediência é sumamente necessária.

Olhemos para Jesus e Maria, modelos da perfeita obediência, e aprendamos a vencer o nosso orgulho, para que possamos dizer com Maria: *Eis aqui a serva do Senhor, faça-se em mim segundo a vossa palavra.*

Santo Afonso narra nas "Glória de Maria" que um religioso franciscano conversava um doce colóquio com Nossa Senhora, quando o chamaram para visitar um doente. Obedecendo ao chamado, levantou-se imediatamente para cumprir a ordem recebida. Voltando mais tarde para a sua cela, encontrou ainda Maria, que muitíssimo louvou a sua obediência.

Resolução: *Obediente à Lei de Deus e da Santa Igreja, obedecer também pontualmente aos pais e superiores.*

46. Rainha dos patriarcas, rogai por nós

Estão diante dos nossos olhos espirituais aqueles veneráveis anciãos, sobre os quais menciona o Livro do Eclesiástico (*Cap. 44*): "*Louvemos os varões gloriosos e os nossos pais na sua geração. Desde o princípio do mundo, com a magnificência do seu poder, o Senhor obrou ações de muita glória. Estes varões dominavam nos seus estados como homens grandes em virtude e adornados da sua prudência, anunciando como profetas a dignidade dos profetas, governavam o povo de seu tempo; e com a virtude da prudência davam avisos santos aos povos*". Depois, Salomão aponta alguns destes veneráveis anciãos: Enoque, Noé, Abraão, Isaac, Jacó, Moisés, Aarão etc.

São realmente admiráveis estes homens a quem chamamos patriarcas, cuja fé viva, de um modo especial, admiramos, pois muitos viviam no meio de um povo descrente e ímpio. A Sagrada Escritura elogia francamente a fé destes homens e nos aponta esta como modelo.

Assim, por exemplo, referindo-se a Abraão, escreve o Apóstolo São Paulo: "*Abraão creu em Deus, e lhe foi imputada a justiça... ele creu com esperança, contra toda a esperança... e não a mais leve desconfiança na promessa de Deus, mas foi fortificado pela fé, dando glória a Deus. Tendo por muito certo que Ele é poderoso para cumprir tudo quanto prometeu*" (Rm 4).

Realmente, a fé de Abraão foi grande, pois experimentado de mil modos, segurou-se na Palavra de Deus, merecendo por isso o título sumamente honroso de pai dos crentes.

Apareceu no meio dos tempos, entre as fronteiras da antiga e nova aliança, a humilde Virgem de Nazaré, para ser a medianeira e o instrumento da salvação do gênero humano. Como os patriarcas tornam-se instrumentos dignos na mão da Divina Providência, para conservar o depósito da fé; assim Maria, pela sua humilde fé, tornou-se digna medianeira na obra da redenção. Por isso exclama Santa Isabel: "*Bendita és tu, porque creste*" (Lc 1,45).

Não houve, ainda, criatura que tivesse fé tão robusta! Quando toda a natureza se encheu de pasmo diante do mais incompreensível dos mistérios, ela creu na Palavra de Deus, anunciada pela boca de um anjo e, cheia de fé, proferiu aquele onipotente "*fiat*", causa admirável da nossa redenção. Se a fé de Abraão o fez "pai dos crentes", a de Maria, humilde Virgem de Nazaré, a fez Mãe de Deus e dos homens.

Bem-aventurada sois vós, ó Maria, pois acreditastes na palavra do anjo e sarastes com a vossa fé a chaga da nossa incredulidade. Bendita sois vós, ó Maria, porque crestes e por isso mereceis que os veneráveis patriarcas deponham diante de vosso trono as suas coroas e vos saúdem como sua rainha. Também nós, cheios de admiração, vos saudamos: Rainha dos patriarcas, rogai por nós.

A fé, diz o Apóstolo São Paulo, *é a substância das coisas que se devem esperar, um argumento das coisas que não aparecem.* De onde se vê o seu merecimento, pois creem-se coisas que não aparecem, confiado unicamente na Palavra de Deus. É a base e a raiz de todas as virtudes.

Quanto maior a fé, mais florescem as outras virtudes.

Resolução: *Fazer diariamente atos de fé.*

Rainha de fé

"Se o apóstolo vive da fé, que diremos de Maria Santíssima, cuja fé, segundo escreve Hettinger na sua Apologia, conduziu-a na vida, coroando-a sempre? Contempla um menino que chora deitado no berço e nele crê o ser que criou os céus; vê um menino nu, mas crê que é aquele a quem pertence o universo e os tesouros da vida eterna; é um menino fraco, com o qual foge dos sátrapas romanos, mas crê que a ele obedecem os coros dos anjos; é um menino silencioso, mas crê e adora nele a sabedoria eterna. É por isso que ela guardava no coração todas as suas palavras e desde o princípio da carreira pública do filho disse: *Fazei tudo quanto Ele vos disser.* Vê a sua morte na cruz e crê que Ele é o Redentor do mundo, que pela sua ressurreição nos restituirá a vida. Mesmo quando todos vacilaram, ela conservou-se firme e sua luz não se apagou de noite, isto é, na Paixão de Jesus.

Maria, conclui Santo Alberto Magno, exercitou a fé por excelência e mereceu ser chamada luz de todos os fiéis, Rainha do céu.

Por causa da sua fé concebeu do Espírito Santo e conquistou o que a descrença na primeira mulher havia perdido; restituiu a vida àqueles a quem a primeira mulher havia causado a morte.

Exclamemos novamente com Santa Isabel: *Bendita sois vós, ó Maria, porque crestes, pois realizar-se-á em vós o que foi dito do Senhor.*

Louvemos os gloriosos santos patriarcas na sua fé, mas incomparavelmente maior deve ser o nosso louvo àquela que dignamente se chama: "Rainha dos patriarcas".

O Apóstolo São Paulo diz: sem fé é impossível agradar a Deus (Hb 11). Mas Deus não se contenta com uma fé que resida somente em nossa mente, *"Justus ex fide vivit"*, "o justo vive da fé"; isto quer dizer: a fé deve nos servir de regra, não só para crer, mas também para operar. "A fé sem obra é morta", diz o Apóstolo São Tiago.

Avivemos a nossa fé, tão fraca, na da Virgem Santíssima. Guardemos, a seu exemplo, a Palavra de Deus, meditando-a em nosso coração e tomando-a para regra da nossa vida.

Se sem fé não podemos agradar a Deus, tampouco poderemos agradar a Mãe de Deus. Nós nos consideramos servos, devotos, filhos de Maria. Honremos, pois, este nome com uma vida conforme as prescrições da nossa santa religião; só assim Maria nos reconhecerá como seus filhos. De fato, os devotos de Nossa Senhora devem distinguir-se entre os cristãos por uma fé viva e ardente e, dessa maneira, glorificar sua Mãe Celestial.

Entre os numerosos mártires que, sob o regime da cruel Isabel da Inglaterra, morreram pela fé católica, distingue-se John Boast de Pereth, no Condado de Cumberland. Ele era um grande devoto de Nossa Senhora e, morrendo, deu aos inimigos da Igreja uma belíssima prova do seu amor a Maria.

Quando chegou à forca, ajoelhou-se no primeiro degrau e rezou em voz alta o "Anjo do Senhor", com a primeira *Ave-Maria*; levantou-se, subiu o segundo degrau e rezou: *Eis aqui a escrava do Senhor, faça-se em mim, segundo a vossa palavra*, com a segunda *Ave-Maria*. Por fim, subiu o último degrau e de joelhos concluiu: *E o Verbo se fez carne e habitou entre nós*; Ave Maria. Depois então deixou-se enforcar, morrendo mártir da sua fé católica e da sua devoção a Maria.

> Resolução: *Submeter, sem preocupação, a inteligência à autoridade da Santa Igreja, crendo firmemente tudo quanto ela ensina.*

47. Rainha dos profetas, rogai por nós

Hettinger, na sua Apologia do cristianismo, escreveu: Maria aparece no meio dos tempos, entre as fronteiras da antiga e da nova aliança; explica aquela, fortalece esta. É a última profetisa e Rainha dos profetas; porque nela não foi só insuflado o verbo, mas o concebeu encarnado e o trouxe em seu ventre; é por isso que, arrebatada em espírito profético, exclamou: *Eis que de agora em diante todas as gerações me chamarão bem-aventurada.*

Indica uma das razões pelas quais Maria é Rainha dos profetas: ela mesma é **profetisa**!

O mais admirável é que ela vaticinou o que seria a sua própria pessoa, predizendo o que profeta nenhum ousou ainda dizer de si. Disse que todas as gerações haviam de chamá-la bem-aventurada. E, com efeito, o que ela, inspirada por Deus, vaticinou, realizou-se solenemente. Todos os dias os sinos de milhões de templos publicam a sua glória e grandeza, e milhões de crentes, do fundo do coração, repetem com o Arcanjo Gabriel: "Ave Maria, cheia de graça".

Todos os séculos lhe renderam homenagem; todas as nações engrandecem o seu nome. Ainda hoje todas as línguas publicam a sua grandeza e exaltam a sua glória.

Maria é Rainha dos profetas, porque **eles falavam sempre dela**, quer apontando-a como futura Mãe do

Messias, quer anunciando-a como aurora da qual havia de nascer o sol da justiça, o Salvador do mundo.

Poucas são as profecias que se dirigem à pessoa de Maria em particular, mas inúmeras as que dela falam em união com o seu Divino Filho. Em todo o caso, ela era o objeto dos desejos dos profetas, que em fervorosas orações suplicavam a sua vinda. Diziam que o Filho de Deus havia de descer sobre uma nuvem! *Eis, o Senhor virá sobre a nuvem cândida* (Is 19,1).

Chamavam-na a vara de Jessé, da qual devia brotar a flor da salvação: *Sairá uma vara do tronco de Jessé, e uma flor brotará da sua raiz e descansará sobre ela o espírito do Senhor* (Is 11,1).

Comparavam-na com as nuvens que devem chover o justo, com a terra que deve dar o seu fruto. *Destilai, ó céus, lá, dessas alturas, o vosso orvalho, e as nuvens choram o justo; abra-se a terra e brote o Salvador* (Is 45,8).

Anunciaram também a sua Imaculada Conceição, sua divina maternidade e ilibada virgindade, assim como seus grandes sofrimentos. Ela foi realmente a esperança dos profetas, o objeto de suas súplicas, por isso merece ser chamada Rainha dos profetas.

Oh! Peçamos-lhe, como os profetas, que nos mostre a Jesus, bendito fruto do seu ventre, e que nos dê a glória eterna: "Para que a Jesus gozemos e sempre nos alegremos".

A missão dos profetas era alimentar a esperança do povo na vinda do Salvador! Eles deviam, com o seu exemplo e com as suas palavras, animá-lo nas duras provações, mostrando-lhe o futuro do Salvador, para que ele confiasse plenamente no cumprimento das promessas de Deus. Essa missão nobre e divina, Maria a desempenhou fiel e heroicamente! Mais do que todos eles, **estimulou a esperança na vinda do Senhor**; mais do que todos os profetas, mostrou que nas tribulações devemos depositar toda a nossa confiança em Deus, que é fiel em suas promessas!

O nascimento de Maria foi um novo alimento à esperança quase desvanecida na chegada do Salvador, pois ela foi a aurora que anunciou a chegada do dia; a estrela da manhã, que prenunciou o astro rei, o sol da justiça.

Mais ainda, ela levou sobre os seus braços o Divino Salvador e apresentou-o no templo, completando assim a profecia de Isaías, que predisse a visita do Salvador no Templo de Jerusalém.

Deu-nos o Salvador, a quem os profetas haviam anunciado e mostrou-o ao povo, portanto, fez mais do que todos eles e, dessa maneira, se tornou sua rainha.

Resolução: *Pedir que se fortaleça em nós a virtude da esperança.*

Estrela da esperança

Se os profetas eram o esteio de esperança no Salvador, Nossa Senhora, mais do que eles, conservou esta virtude em seu coração e deu durante a vida belíssimas provas de confiança na Palavra de Deus.

Admiravelmente brilhou nela a **estrela da esperança**, que iluminava sempre a sua mente e serenava seu espírito, quando se sentia cercada por densas trevas e amargas tribulações!

É admirável a confiança que mostrou quando viu São José, triste e perturbado, disposto mesmo a abandoná-la, por ignorar a causa misteriosa da sua gravidez.

Podia com uma palavra explicar tudo e revelar o sublime mistério que Deus havia operado nela, mas preferiu abandonar-se a Deus, certa de que Ele haveria de defender a sua honra e inocência.

Mais uma vez provou sua confiança, quando, chegando a Belém, teve de se retirar para uma estrebaria, onde deu à luz.

Grande prova de confiança deu, ainda, quando São José lhe comunicou que Herodes queria matar o menino e que, por isso, deveriam fugir imediatamente para o Egito. Na mesma noite se pôs a caminho, para um país desconhecido, sem recursos e sem outro acompanhamento a não ser o do Menino Jesus e de seu pobre esposo; mas, apesar disso, rezava sempre em seu coração como o Profeta Davi: *O Senhor é o defensor da minha vida: de quem temerei?* (Sl 26).

Com que confiança pediu ela a Jesus, nas Bodas de Caná, um milagre em favor dos pobres esposos! Apesar de Jesus lhe dar uma resposta que parecia negativa, confiou na divina bondade e disse aos servos, certa de obter a graça que havia pedido: *Fazei tudo quanto Ele vos disser!* E, de fato, Jesus mandou encher os vasos d'água, mudando-a em vinho.

Foi, sobretudo, durante a Paixão de seu Jesus que Maria deu a prova mais eloquente da sua inalterável confiança.

Sem vacilar, esperou a gloriosa ressurreição de seu Divino Filho!

Vede, pois, a mãe da santa esperança! Nunca desanimou nem desconfiou da Palavra de Deus. *A esperança não traz confusão* (Rm 5,5), diz o Apóstolo São Paulo; e é uma virtude sumamente necessária.

Que seria de nós, nas misérias e tribulações desta vida, se não fosse a esperança na misericórdia de Deus e na vida eterna!

Seria vã a nossa esperança se a depositássemos nos homens e nos bens deste mundo!

Em todas as tribulações, em todas as lutas e dificuldades, depositemos em Deus toda a nossa confiança, pois só Ele é fiel em suas promessas; confiemos nos merecimentos do nosso Divino Salvador e na intercessão de Maria Santíssima, e a nossa confiança não será confundida. Seja nossa a divisa de São Bernardo: "*Unica spes mea Jesus et post Jesum Maria*", "a minha única esperança é Jesus e, depois de Jesus, Maria".

Quanto vale a oração confiante, vemo-lo nas crônicas de diversos santuários de Nossa Senhora! Quando lemos essas atas, assinadas por testemunhas oculares que, com juramento, confirmam a verdade do ocorrido, não sabemos o que mais admirar: se a bondade e o poder de Maria, se a fé e confiança dos que a ela recorreram. Assim, por exemplo, as atas do Santuário de Nossa Senhora de Trens, em Tyrol, narram que em 1500 uma senhora, tendo vindo em romaria a essa cidade, deu à luz uma criança morta.

Durante sete horas ficou o cadáver insepulto, enquanto a mãe e outros romeiros rezavam ardentemente pela salvação eterna da criança. De repente, a criança começou a respirar, recebeu o Santo Batismo e duas horas mais tarde morreu, sendo então sepultada imediatamente. Homens sérios e de grande reputação confirmavam esse fato com um juramento solene.

Este exemplo é um dos muitos, em que Nossa Senhora, atendendo às ardentes preces da mãe, restitui à vida crianças nascidas mortas. Pois ela não se deixa vencer em confiança.

Resolução: *Em todas as provações, não perder de vista a Divina Providência.*

48. Rainha dos apóstolos, rogai por nós

As relações entre Maria, Mãe de Jesus, e os apóstolos, foram íntimas e cordiais.

Se durante a vida de Jesus eles já se sentiam atraídos por ela; se muitas vezes a procuravam, ora pedindo um conselho, ora solicitando a sua intercessão junto a Jesus, depois da morte essa confiança tornou-se mais estreita ainda. Passado o primeiro terror que lhes causou a paixão e morte de Jesus e que os fez fugir, voltaram tristes e arrependidos ao cenáculo, onde, rodeando a Mãe de Jesus, procuravam ânimo e coragem, esperando junto dela obter mais facilmente o perdão de sua infidelidade.

Assim como a criança se sente segura perto da mãe, os apóstolos se sentiam perto de Maria.

Desde aquele momento, Maria começou a desempenhar a santa missão de Mãe da humanidade, que o filho moribundo lhe havia confiado, dizendo-lhe: *Eis o vosso Filho*.

Os apóstolos foram os primeiros que receberam as mais calorosas provas de amor maternal de Maria, que, consolando-os, inspirando-lhes coragem e levantando a sua fé em Jesus, lhes despertava a esperança na ressurreição do crucificado.

Naqueles dois dias, Maria foi sem dúvida o laço que os prendeu, a força e a escora para que não caíssem na descrença e no desespero. Depois da gloriosa ressurreição do Divino Salvador, nos quarenta dias que precederam a sua triunfante ascensão e depois de terem recebido a visita do Espírito Santo, Maria voltou a ser o centro de suas reuniões, conversas e orações.

Sua presença fê-los esquecer ou pelo menos suportar mais facilmente a ausência do Divino Mestre.

Considerando tudo isto, os Santos Padres chamam a Maria Santíssima Mãe, Mestra e Rainha dos apóstolos. Portanto, muito acertadamente a honra a Igreja com este título na ladainha lauretana.

Sejamos gratos a tão boa Mãe, que até em sua dor se lembrou dos discípulos acabrunhados, tristes, vacilantes na fé. Foi ela quem, com a sua caridade maternal, salvou a fé em Jesus Cristo, salvando, assim, a nascente Igreja.

Chegou a hora predita por Jesus: *E agora vou eu para aquele que me enviou, porque vos disse isto, apoderou-se do vosso coração a tristeza* (Jo 16,5-6).

Embora assistissem cheios de alegria à gloriosa ascensão de Jesus ao céu, sentiram-se imensamente tristes ao voltarem para Jerusalém, pois acabava de sumir no horizonte o sol da justiça, aquela grande luz que tanto tempo havia alumiado seus corações.

Restou-lhes, porém, uma consolação, pois no horizonte da Igreja nascente brilhava ainda, luminosa e suave, a bela lua, Maria Santíssima, que novamente os reuniu no cenáculo de Jerusalém e com a sua presença e a sua palavra lhes levantou o ânimo.

Por isso, em união com ela, suplicaram a vinda do Espírito Santo, "o consolador", que devia ensinar-lhes todas as verdades. – *Perseveraram em oração com Maria, Mãe de Jesus* (At 1,14).

Foi Maria o laço que uniu os apóstolos na fé e na oração e, segundo a opinião dos Santos Padres, foi ela que, com a sua oração, apressou a vinda do Espírito Santo e que os fez dignos de receberem as luzes e graças divinas.

Não merece, pois, que a saudemos como Rainha dos apóstolos? Não é justo que eles a reconheçam como sua Soberana, Mestra e Rainha?

Ó Maria, Rainha dos apóstolos, alimentai nossa fé em vosso Divino Filho, animai-nos em nossas tribulações, para que perseveremos convosco na oração e mereçamos as consolações do Espírito Santo.

Resolução: *Rezar fervorosamente pelo clero.*

Rainha da Igreja

A missão de Maria não findou com a vinda do Espírito Santo; pelo contrário, foi ela o instrumento de que ele se serviu para a fundação da Santa Igreja, corpo místico de Jesus.

Foi sob as vistas e afagos dessa carinhosa mãe que nasceu e cresceu o cristianismo, a cujo cuidado ela se entregou nos anos que sobreviveu à subida de Jesus ao céu. Ela era também o consolo, a fortaleza e a orientação da nova família cristã, a quem dirigia, com as suas preces, seus avisos, instruções e conselhos. Foi ela quem introduziu os apóstolos nos altos mistérios da encarnação, nascimento e infância de Jesus, pois somente ela havia sido testemunha. Lembrou-lhes muitas palavras de Jesus, pois guardava-as todas em seu coração.

Inspirados pelo Espírito Santo, pregavam por toda a parte a ressurreição de Jesus!

Como outrora faziam com Jesus, dando-lhe conta dos resultados obtidos, agora corriam à Mãe de Jesus, tornando-a ciente de seus trabalho e frutos. Apresentavam-lhe os novos fiéis, que Maria recebia com todo o carinho maternal, abençoando e confortando a todos.

Contavam-lhe igualmente as suas mágoas e as perseguições que sofriam e ela, então, os exortava a suportarem todos esses males por amor de Jesus.

Era a sua conselheira; em suas dúvidas e dificuldades, mostrava-lhes o caminho que deviam seguir. Sabendo que por toda a parte ela os acompanhava com a sua oração e bênção maternal, sentiam-se cheios de coragem e força para pregarem o Evangelho a toda a humanidade.

Realmente, Maria é a Rainha dos apóstolos. Ela contribuiu mais para o engrandecimento do Reino de Jesus do que todos eles juntos. Se todos os santos, no céu e na terra, cooperam para a exaltação do Reino de Deus, do corpo místico de Cristo, ela influi muito mais para a salvação dos seus. É Mãe e Rainha da nova aliança, é o espectro da fé verdadeira (São Cirilo), a demonstração da verdade católica; a Mestra e Rainha dos apóstolos.

No céu continua a sua missão. Cumpre do mesmo modo o seu papel de medianeira junto de seu Filho, e isto por todos os séculos. Pela graça do Espírito Santo, suscita sempre novos filhos para a Igreja, que é corpo místico de Jesus, e faz com que seu Filho nasça sem interrupção em todos os corações (*Hett.*).

Por isso, os apóstolos de hoje colocam suas missões debaixo do patrocínio de Maria.

Foi na Santa Casa de Loreto que o grande apóstolo das índias sentiu sua devoção.

As admiráveis e maravilhosas conversões que ele obtinha, atribui-as sempre à intercessão de Maria, a quem em cada sermão rendia os tributos de sua filial devoção.

Resolução: *Nutrir o coração grande reverência para com o sacerdote e recomendá-lo à especial proteção da Rainha dos apóstolos.*

49. Rainha dos mártires, rogai por nós

Mártires, segundo a denominação da Igreja, são aqueles cristãos que por amor de Jesus, ou por sua fé em Cristo e na Santa Igreja, ou mesmo por amor a uma santa virtude, sofreram perseguições e derramaram seu sangue.

Esse título é concedido somente àqueles que realmente morreram em consequência do martírio, embora a morte não se tenha dado imediatamente.

A Igreja faz, porém, uma honrosa exceção, chamando mártir, até Rainha dos mártires, a Maria Santíssima, que nunca derramou seu sangue. E com razão, pois, sendo Jesus o "varão das dores", Maria não pode deixar de ser Mãe das dores, virgem dolorosa! Merece também o título de Rainha dos mártires, porque sofreu **mais do que todos eles**, e com **mais paciência e resignação**, sendo para todos os que sofrem um **perfeito modelo**.

Em geral, os mártires sofreram martírios determinados; foram provados em certos sofrimentos.

Isso não se deu com Nossa Senhora, cujos sofrimentos foram de **toda a espécie**. Conforme lhe disse o velho Simeão, uma espada de dor transpassou o seu coração.

Perturbações, medo, angústia, pressentimentos dolorosos, a previsão contínua do martírio de Jesus, tudo isto atormentava dia e noite o seu amoroso coração, que também foi ferido pela inveja, desprezo, ódio e perseguição.

Quem acompanhar Maria na via dolorosa não duvidará que ela tenha sofrido mais do que os mártires!

Assistindo à crucificação e morte de Jesus, viu-se submergida em um mar de dores. O Profeta Jeremias exclama:

A quem vos compararei, Virgem, filha do Sion? Grande como o mar é a vossa dor!

O Cardeal Hugo, comentando essas palavras, diz:

"Ó Virgem Bendita, como a amargura do mar excede a todas as amarguras, assim na vossa dor excede a todas as outras dores!"

Santo Anselmo e diversos outros santos afirmam que, se Deus não tivesse conservado a Maria por um milagre singular, sua dor teria sido suficiente para lhe causar a morte a cada instante:

Diz São Bernardo:

"Diga, calcule, compreenda quem o puder, a grandeza da cruciante dor da mãe, pois ninguém pode imaginá-la senão aquele que crê e sabe que ela foi tão grande como só a pode ser uma Mãe de tal Filho".

Sendo imensa a sua dor, não deverá ela ser Rainha dos mártires?

Quando lemos atentamente a história dos mártires, ficamos horrorizados com a crueldade e tirania dos algozes; admiramos, porém, a serenidade e a calma que esses santos manifestaram.

Muitos deles mostraram-se até alegres (como São Lourenço, São Bonifácio, São Marcos, São Vicente, Santa Inês etc.), tais eram as consolações que Deus lhes infundia na alma.

Maria Santíssima, porém, sofreu **sem consolação**, pois Deus deixou cair sobre ela o peso da dor, e fê-la beber o cálice do sofrimento em toda a sua amargura. Ela confessa pela boca do profeta:

"*Veni in altitudinem maris et tempestas demersit me*" (Sl 68).

Jeremias declara:

"*Non est qui consoletur eam*". – "Não há quem a console entre os amigos".

Mais ainda! O que para os mártires servia de consolo, para Maria era motivo de dor! Vejamos: O que animava os mártires nos seus sofrimentos? O que lhes causava tanta consolação e até certa alegria? Era a lembrança de Jesus crucificado! Regozijavam-se com os apóstolos que puderam sofrer ignomínias por amor de Jesus.

Era justamente o martírio de Jesus que atormentava o coração de Maria. Quanto mais olhava para Ele, mais lhe doía o coração! Não somente por espírito sofreu o que o Filho sofreu no corpo; o seu coração sentiu mais presenciando o sofrimento do Filho do que se ela própria o tivesse sofrido.

Diz São Boaventura que as mesmas chagas que estavam espalhadas pelo corpo de Jesus se achavam reunidas no coração de Maria. "Dizei-me, Senhora, onde estáveis quando vosso Filho agonizava? Porventura, junto da cruz somente? Não posso dizer que estáveis na própria cruz, crucificada juntamente com vosso Filho."

Consolemos essa boa Mãe, juntando às suas lágrimas de amor compassivo as nossas de arrependimento. "Ó Maria, das chagas de Cristo bebemos por vós a salvação" (*Ofício div.*).

Resolução: *Aceitar de boamente os pequenos sofrimentos.*

Mãe do sofrimento

Os sofrimentos dos mártires, não podemos negá-lo, eram, às vezes, horrorosos, terríveis, mas duravam pouco; algumas vezes, nem horas. Se olharmos para a Mãe de Jesus, veremos então que a sua dor **foi contínua e durou a vida toda!**

"Assim como a Paixão de Jesus começou desde o seu nascimento", diz São Bernardo, "assim também Maria, em tudo semelhante ao Filho, sofreu o martírio durante toda a vida".

O seu sofrimento começou especialmente com a profecia do velho Simeão, que lhe disse: *Este teu Filho é posto em ruína, sinal de contradição, e uma espada de dor transpassará tua alma.*

"Desde então", diz São Bernardo, "Maria vivia morrendo a cada instante, porque a assaltava a dor da morte de seu amado Jesus; dor mais cruel que a própria morte". Ela mesma disse: "Almas remidas, não vos deveis compadecer de mim, só naquela hora em que presenciei a morte do meu amado Jesus, pois a espada da dor que me prenunciou Simeão transpassou minha alma em todos os dias de minha vida. Quando aleitava meu Filho, quando o aquecia ao colo, quando o via trabalhando e pregando, contemplava a morte cruel que o aguardava! Considerai, pois, que dor intensa eu devia sofrer! Com o Profeta Davi podia dizer: "Passei toda a minha vida entre dores e lágrimas!" *"Fuerunt mihi lacrimæ panes die ac nocte"* (Sl 41,4). As minhas lágrimas foram o meu pão de dia e de noite, porque a minha dor nunca se apartou de mim.

Portanto, afirma São Boaventura: "Não há, nem pode haver, ó mãe Dolorosa, dor mais amarga que a vossa; porque nunca houve no mundo filho mais amável que Jesus, nem mãe alguma mais amante que Maria".

Todos os Santos Padres afirmam unanimemente que as dores de Maria excederam às de todos os mártires. Ninguém lhe pode negar o título de mártir dos mártires, Rainha dos mártires.

Quanta gratidão devemos a Maria, que com o seu martírio concorreu para a nossa salvação! Devia acrescentar mais uma circunstância, pela qual Maria Santíssima merece o título de Rainha dos mártires. São as admiráveis **paciência, coragem** e **resignação** que conservaram seus sofrimentos. A palavra do Evangelista indica o seu heroísmo: *Estava junto da cruz, Maria, Mãe de Jesus.* De pé, firme e forte, assistiu ao sanguinolento drama. Correram-lhe as lágrimas, mas nenhuma queixa saiu de seus lábios. A sua paciência era tal que Santo Alberto Magno chega a afirmar ter sido precisamente pelo merecimento de sua paciência que ela se tornou nossa Mãe e nos gerou para a vida da graça.

Olhemos para esse modelo! Quão longe estamos da sua paciência e resignação! Lembremos o que disse Jesus aos dois discípulos de Emaús: *Não devia então Jesus sofrer tudo isso para entrar na sua glória?*

Jesus e Maria, inocentes e santíssimos, sofreram; e nós, míseros pecadores, que mil vezes merecemos o inferno, não queremos sofrer? Há um único caminho que conduz ao céu: o caminho da cruz.

Peçamos à Mãe Dolorosa, à Rainha dos mártires, a graça de suportarmos a nossa cruz com paciência e conforto.

O Príncipe Maximiliano da Baviera, em seu leito de morte, mandou que trouxessem para o seu quarto uma imagem de Nossa Senhora, diante da qual costumava rezar.

Ao aproximar-se o último momento, todos os seus parentes rodearam o leito, chorando amargamente; e ele mesmo sentiu um grande horror. Mas, contemplando a imagem de Maria Santíssima, suas lágrimas se estancaram e todo aquele horror de que estava possuído desapareceu do seu coração.

Tranquilo e com um sorriso nos lábios, entregou a alma ao Criador.

Resolução: *Por amor de Maria, privar-se, aos sábados, das iguarias na comida.*

50. Rainha dos confessores, rogai por nós

No céu há grande número de santos, a quem a Igreja chama confessores, e são aqueles que, em diversos estados e condições de vida, se santificaram sem o martírio.

A maior parte deles, desconhecidos do mundo, vivia muitas vezes desprezada por todos e ocultava humildemente as suas ótimas qualidades, talento saber e, mais ainda, virtude.

Embora muitos deles se distinguissem nessa ou naquela virtude, para todos a humildade foi a proeminente. E assim deve ser, pois a humildade é o fundamento do edifício da santidade.

Quanto maior for a humildade, tanto maior será o edifício da virtude.

Maria é a Rainha dos confessores, pois nenhum deles era humilde como a Virgem de Nazaré. Estudemos ligeiramente a humildade de Maria, para aprendermos a dominar o espírito de orgulho, que é tão forte em nós.

A humildade é a verdade, portanto, o verdadeiro humilde não se imputa defeitos ou pecados que não tem; nem nega as boas qualidades que possui.

Nossa Senhora nunca disse que era pecadora, mas, conhecendo como nenhuma outra criatura a grandeza e majestade de Deus, reconhecia consequentemente a sua pequenez.

Embora elevada à dignidade de Mãe de Deus; embora saudada por um anjo bendita entre as mulheres – viu somente a imensa distância entre ela e Deus, por isso respondeu: "Eis aqui a escrava do Senhor".

Os Santos Padres admiram a humildade de Maria e dizem que foi esta virtude, mais do que a castidade, que a tornou digna de ser Mãe de Deus. E, na verdade, *Deus exalta os humildes.*

Que sentimentos humildes revelou Maria na visita à sua prima Isabel que, conhecendo pela luz do Espírito Santo a maternidade divina de Maria, exclamou: "Bendita és tu entre todas as mulheres e bem-aventurada por tua fé". Não podendo negar a sua dignidade, ela atribui tudo à excessiva misericórdia de Deus, que olhou para a humildade de sua escrava e "fez grandes coisas nelas". "*Magnificat anima mea Dominum*". "Engrandece a minha alma ao Senhor."

Esta é a verdadeira humildade! Como estamos longe dela! Com indústrias ocultamos os nossos defeitos, e as poucas coisas boas que temos atribuímo-las a nós mesmos. Esquecemos que nada somos e nada valemos sem a graça de Deus, como diz São Paulo: "Pela graça de Deus, sou o que sou". O que também confessou Maria Santíssima: "*Fez grandes coisas em mim o Todo-poderoso*".

A verdadeira humildade **respeita os outros** e **nunca se eleva acima de ninguém** por causa das graças que recebeu. Que belo exemplo nos dá Maria! Ela se tornou Mãe de Deus, por conseguinte, Senhora soberana do universo; é a bendita entre as mulheres e, no entanto, colocou-se no meio delas como se lhes fosse semelhante e não possuísse aquelas graças e distinções que a elevam sobre todas as criaturas.

Que edificante humildade, na sua vida íntima com São José! Obedece-lhe humildemente, honra-o diante de todos; e dá-lhe publicamente um título que parece ofuscar a sua própria honra, quando encontrou no templo o seu Divino Filho, a quem se dirigiu nesses termos: "Por que fizeste assim: teu pai e eu te andávamos procurando, cheios de aflição" (Lc 2,48).

Com quanta facilidade desprezamos o nosso próximo quando nos julgamos com mais talento, com mais habilidade e mais ciência. Oxalá fosse só isso!

Até por motivos fúteis e indignos nos elevamos sobre os outros, desprezando-os por sermos mais ricos, por nos julgarmos mais belos, por termos um vestido melhor! Oh! Que vergonhoso orgulho!

O Apóstolo São Paulo pergunta: *Que tens tu que não tenhas recebido? E, se recebeste, de que te glorias?*

Tudo recebemos da mão de Deus; e, se julgamos ter sido Ele mais generoso para conosco, mais altamente devemos dizer: "*Magnificat anima mea Dominum*".

Resolução: *Nunca desprezar a ninguém.*

Mãe de humildade

O humilde é grato; agradece o dom que recebeu, e atribui-o a quem lhe deu, mas evita a ostentação, **oculta as suas distinções e foge à honra dos homens: eis como procedeu a humilde** Virgem de Nazaré.

Ocultou prudentemente a seu próprio esposo o inefável mistério que nela se operou. Nada lhe disse da sua dignidade, que a todos encobriu.

Mesmo mais tarde, depois de Jesus nascido, ela não revelou a sua dignidade de Mãe de Deus, nem dela se serviu para assunto de suas conversas.

Vieram os pastores visitá-la e adorar o divino infante; apresentaram-se os três reis e ofereceram ao Menino Jesus ricos presentes; Simeão, inspirado pelo Espírito Santo, reconheceu-a como Mãe de Deus; Maria, porém, calou-se sempre; guardou todas essas palavras, meditando-as em seu coração (Lc 2,19).

Durante a vida pública de Jesus; quando Ele por milagres revelou a sua divindade à multidão que o aplaudia; quando quiseram fazê-lo rei e o conduziram em triunfo a Jerusalém, Maria conservou-se oculta, longe do tumulto do mundo, evitando todos os elogios das massas populares.

Quando, porém, ecoou pelas praças e ruas de Jerusalém o grito horroroso: crucificai-o, crucificai-o, então ela apareceu e acompanhou o filho condenado para compartilhar a sua dor, humilhação e ignomínia.

Realmente, não se encontra humildade igual à de Maria, que não só ama, mas procura a humilhação. E nós, que procuramos?

Com quanto desvelo contamos as nossas aparentes boas obras, o bom êxito das nossas empresas, o bom resultado do nosso trabalho, não para dar honra a Deus, mas para nos gloriarmos diante dos homens e receber os seus aplausos!

Por outro lado, logo desanimamos, nos entristecemos, quando nos censuram, repreendem ou nos saímos mal em alguma empresa.

Oh! Quanto, quanto podemos aprender com a nossa boa Mãe.

A humildade é a virtude **mais necessária** e Nossa Senhora a ela atribui os extraordinários privilégios que recebeu de Deus, pois disse: "Porque olhou para a humildade de sua escrava", o que São Bernardo confirma, dizendo: "Podes te salvar sem a virgindade, mas não sem a humildade. Agrada a Deus a humildade que chora a perda da virgindade, mas eu digo que sem a humildade não teria agradado a Deus a virgindade de Maria. Se ela não tivesse sido humilde, o Espírito Santo não teria repousado em seu seio, e ela não teria concebido o Filho de Deus.

Por aí se vê que Deus olhou mais para a humildade da sua escrava do que para a sua virgindade; e que, se com a sua virgindade agradou a Deus, com a humildade o concebeu, de onde se vê que a humildade fez com que Deus gostasse da sua virgindade (S. Bernardo, *Hom 5,8*).

Assim também Maria Santíssima olha com especial carinho para os humildes; ouve as suas orações e atende aos seus pedidos. Quão amável foi ela para com o pequeno e pobre José Germano! Cumulou-o de distinções e assistiu carinhosamente as suas necessidades materiais. A humilde simplicidade com que dirigiu a Maria a sua oração tornou-o digno de poder brincar com o Menino Jesus e de encontrar em Maria uma verdadeira Mãe.

Quem nos dera chegar ao altar de Maria Santíssima com verdadeira humildade! Quantas graças poderíamos receber de suas mãos! Peçamos-lhe esta virtude e aprendamo-la da nossa boa e santa Mãe.

Resolução: *Não atribuir a nós mesmos os dons com que Deus nos dotar, nem desprezar os que tiverem recebido menos.*

51. Rainha das virgens, rogai por nós

Rainha das virgens é o título mais apropriado àquela que foi o *"Virgo singularis"*. "Virgem singular". Essa virtude ou esse estado como a Virgem de Nazaré.

"Sem exemplo e sem conselho, foi a primeira que ofereceu sua virgindade a Deus, dando-lhe assim todas as outras virgens que a imitaram" (S. Alberto Magno).

São Sofrônio diz: "Deus escolheu para Mãe a virgem puríssima, para que ela servisse de exemplo de castidade". Santo Ambrósio a denomina: "Porta-bandeira que ergueu o estandarte da virgindade".

Ela preferiu a virgindade à dignidade de Mãe de Deus, como já vimos na invocação acerca desse título.

Seu exemplo inspirou a muitos outros o amor a essa virtude e fez com que milhares de cristãos consagrassem solenemente a Deus e sua pureza virginal, conforme as palavras de Davi: *"Adducentur virgines post eam"*.

É especialmente Maria quem guarda as virgens, assistindo-as com o seu poderoso patrocínio; é a virgem castíssima modelo e coroa das virgens.

A castidade de Suzana, de Inês, de Cecília, Águeda, Lúcia, Clara e de muitíssimas outras, causou admiração aos contemporâneos; Maria, porém, excedeu a todas elas.

Assim como o sol excede as estrelas, Maria excedeu as virgens em pureza e castidade.

É justo, pois, que a honremos e invoquemos: Rainha das virgens.

A virgindade não é somente uma virtude interna que embeleza a alma, dando-lhe um especial encanto, e que merece as visitas de Deus e a admiração dos anjos; tem o seu reflexo no exterior. Toda a sua aparência respira pureza e inspira amor e essa virtude, conforme as palavras da Sagrada Escritura: "Oh! Quão formosa é a casta geração no esplendor da virtude, pois é imortal a sua memória; quando ela está presente, todos a imitam" (Sb 4,1).

Era o que acontecia com Maria: a sua modéstia era tão grande que, diz Dionísio Cartuxo, bastava a sua presença para inspirar a todos pensamentos e afetos de pureza.

São Jerônimo ensina que São José conservou-se virgem devido à companhia de Maria.

Santo Epifânio e São João Damasceno também dizem que desde pequena era ela tão modesta que a todos causava admiração!

A **modéstia** e **santa timidez** são os ornamentos necessários a uma virgem, sem os quais dificilmente ela conservará a virtude.

Ouçamos as palavras de Santo Ambrósio relativamente à virgindade e extraordinária modéstia de Maria: "Seja para vós descrito como uma imagem a virgindade e a vida da bem-aventurada Virgem, na qual, como em um espelho, resplandece o brilho de sua castidade e a formosura de sua virtude. Tomai dela o exemplo de vida, pois podeis aprender, como de um modelo e de uma mestra, o que deveis corrigir, o que evitar, o que seguir e imitar".

O que mais inspira confiança é a nobreza do mestre; mas, que é mais nobre e elevado que Maria? Que mais resplandecente do que aquela a quem o esplendor divino elegeu? Que é mais casto do que aquela que deu à luz sem mácula? Que direi das duas outras virtudes? Era virgem não somente na carne, mas também na mente, pois nenhum sentimento falso ou ambíguo profanou a pura e sincera intenção do seu coração.

Humilde de coração, era sempre modesta em suas palavras, prudente de espírito, moderada no falar, estudiosa na leitura; não colocou a sua esperança nas incertas riquezas, mas nas orações dos pobres. Atenta às suas obrigações, tomava em tudo, não aos homens, mas a Deus como testemunha de suas ações. Não ofendia a ninguém, respeitava a todos e a todos fazia o bem; longe de qualquer jactância, seguia sempre a luz da razão e da graça, amando e praticando a virtude.

Nada tinha no olhar que pudesse intimidar, nada de duro nas suas palavras, nem de inconveniente nas suas ações. Cheia de casto pudor e de modesta disciplina, era o seu modo de andar, de falar e de agir; de tal modo que todo o seu exterior era um espelho do espírito, no qual se refletia a sua interna santidade.

Oh! Que honrosos elogios para a virgindade de Maria! Ó virgens e vós todos que amais a pureza, olhai Maria e aprendei a estimar, conservar e praticar essa bela virtude, que torna o homem semelhante aos anjos do céu.

Resolução: *Por amor de Maria, observar toda a modéstia no modo de vestir.*

Mãe de modéstia

Sobre a modéstia virginal de Maria e, em particular, sobre a sua **modéstia no falar**, São Bernardo escreve umas belíssimas palavras que devemos gravar em nosso coração: "Efetivamente, a pedra mais preciosa, a estrela mais fulgurante que brilha na coroa, que orna a fronte do homem casto, é o recato. Haverá quem duvide que aquela que era cheia de graça não tenha tido essa virtude? Maria era pudica, o que provamos pelo Evangelho. Pois, onde aparece indiscreta ou altaneira? Está fora para falar com o filho, mas não o interrompe com a sua autoridade de Mãe, nem entra onde o Filho fala".

Segundo os quatro evangelistas, Maria falou apenas quatro ou cinco vezes. – Primeiramente falou ao anjo depois de ele ter falado duas vezes. A segunda vez, foi para louvar a Deus, no belo *Magnificat*, quando Isabel a saudou e chamou bendita entre as mulheres. Pela terceira vez, dirigiu-se ao seu Divino Filho no templo, na ocasião em que o encontrou, depois de tê-lo procurado por três dias.

A quarta vez foi nas Bodas de Caná. Essa palavra de Maria evidencia a sua natural bondade, pois, considerando a confusão dos outros como a sua própria, não a pôde suportar. Por isso, quando Jesus lhe respondeu aparentemente com dureza, ela replicou com humildade e brandura, e não duvidou que Ele atendesse ao seu pedido, razão por que disse aos criados: "Fazei tudo o que Ele vos mandar". Foi esta a quinta vez que ela falou.

E, no entanto, acompanhou Jesus desde o nascimento! Já sabemos que os pastores, ao chegarem, viram em primeiro lugar Maria (Lc 2,16). Os reis também encontraram o menino com "sua Mãe" (Lc 2). Foi ela quem levou Jesus ao templo, onde ouviu muitas coisas da boca de Simeão a respeito de seu Filho e da sua própria pessoa. Ela era tão comedida para falar, como pronta para ouvir (Lc 2).

Em todos os textos citados, não consta que ela tivesse falado uma única palavra sobre o mistério da encarnação!

Ai de nós, que temos o espírito na língua, que o ostentamos e, para usar a palavra do comediante, o deixamos passar pelas numerosas falhas (S. Bernard.).

Que belo exemplo para todos os que amam a pureza e que, no céu, querem pertencer ao número daquelas benditas almas que seguem o cordeiro e cantam o hino que só sabem cantar as almas castas!

Maria é a primeira em defender a nossa inocência, se fervorosamente a pedimos. Uma filha de Maria teria assistido ao mês de Maria, como era seu costume. Voltando para casa, esperava o bonde; mas, demorando, e começando a chover, aceitou um taxi, que um *chauffeur* lhe ofereceu. Mal tinham dado uns passos, quando o auto parou e entrou apressadamente um moço, tomando lugar junto à moça e dando ao auto toda a velocidade. Grande foi a aflição da moça, quando notou que o rapaz era o mesmo que a perseguia há meses. Reclamou e insistiu energicamente que parasse o auto; mas, pelo contrário, corre com a máxima velocidade para o centro da cidade? Que fazer? Pegando na sua medalha de filha de Maria, recomendou-se a Nossa Senhora, pedindo que viesse em seu socorro. Realmente, quando o rapaz julgava triunfar sobre a vítima, Nossa Senhora interveio. Chegando a uma praça, o pneumático arrebentou, obrigando o *chauffeur* a parar. A moça saltou do auto e fugiu assim às mãos do seu perseguidor.

Resolução: *No maior perigo confiar em Nossa Senhora.*

52. Rainha de todos os santos, rogai por nós

Uma das coisas que mais nos atraem é a flor! Quanta variedade há entre elas; cada uma tem a sua particularidade. Uma se distingue pela sua admirável cor, outra pela elegância de sua forma, ou, ainda, pela fragrância de seu perfume. Algumas servem para enfeitar a igreja ou as nossas salas, outras oferecem conforto e remédio aos doentes. A rosa, porém, parece reunir todas estas qualidades: a beleza da forma e a fragrância do perfume; por isso chamamo-la Rainha das flores.

Os santos do céu são belas e admiráveis flores místicas, e entre eles há também grande variedade; os veneráveis patriarcas e os zelosos profetas, por exemplo, causam grande admiração. Os santos apóstolos, os gloriosos mártires e os humildes confessores, são flores belíssimas, assim como as virgens e as castas matronas pertencem ao grupo das flores mimosas.

Sim, os santos são flores que exalam um delicioso perfume, que brilham em múltiplas e variadas cores. Adornaram o jardim da Santa Igreja e hoje embelezam e encantam a Jerusalém Celestial.

Entre essas flores espirituais distingue-se uma que se eleva sobre todas as outras, reunindo a beleza e a fragrância de todas, e da qual diz o Espírito Santo, "*sicut lilium inter spinas amica mea inter filias*", "assim como o lírio entre os espinhos, a minha amiga entre as filhas".

Maria é a Rosa de Jericó, a Rainha de todos os santos, a Mãe de Jesus. Ela pode dizer: "*In me omnia*". – "Em mim encontrareis tudo".

Todos os outros santos receberam e participaram da beleza, do encanto e riqueza de Maria!

"*Ego Mater pulchrae dilectionis et timoris et agnitionis et sanctae spei.*" "Eu sou a mãe do amor formoso, do temor e do conhecimento e da esperança. Em mim há toda a graça do caminho e da verdade; em mim toda a esperança da vida e da virtude" (Eclo 24,25). É, pois, a Rainha de todos os santos.

Vejamos agora, em particular, em que Maria se distingue dos outros santos, superando-os e excedendo-os, como sua Rainha.

Maria excedeu a todos os santos nos **privilégios** que recebeu, na **plenitude de graças**, na sua **santidade, merecimentos, dignidade, glória e poder**. Enfim, os **outros santos receberam dela** graças e privilégios.

Deus distribui as graças segundo o seu agrado. A um dá 10 talentos, a outro 5 e a outro 1.

Se lermos com atenção a vida dos santos, havemos de notar que Deus concedeu a alguns graças e privilégios particulares, pelo que eles se distinguiram dos outros.

A Ester deu o dom de extraordinária formosura, para ganhar a graça e o amor do rei e poder, assim, salvar o seu povo.

Judite fascinou com as sandálias o terrível Holofernes, e tinha na sua pessoa um não sei quê de admirável, que muito concorreu para ela se conservar pura, no meio de grandes perigos.

Os apóstolos tiveram o dom de falar diversas línguas.

São Filipe Neri recebeu o dom especial de perceber pelo olfato se alguém estava em estado de graça ou de pecado.

Santa Francisca Romana viu, durante muitos anos, seu anjo da guarda.

Mas, que são estes e outros privilégios, senão migalhas que caíram da farta mesa dos que Jesus concedeu à sua Mãe Santíssima?

Qual o privilégio que Deus concedeu a um santo aqui na terra, não o tendo concedido antes e com maior perfeição à sua Mãe Puríssima? Apresentem-se os santos; compareçam os anjos ostentando os privilégios pessoais e Maria lhes responderá: "Em mim está tudo".

Mas, não somente ela tem tudo quanto é predicável e comum aos outros santos, mas possui as suas belezas individuais e particulares, das quais nenhuma outra criatura participa. "*Fecit mihi magna qui potens est*". "Grandes coisas fez em mim o Todo-poderoso", confessa ela mesma.

Realmente, que grandes coisas Deus fez só em Maria! Em favor dela suspendeu e derrogou as leis da natureza e da graça para, na imensidade de sua misericórdia, sabedoria e poder, cumulá-las de riquezas, graças e privilégios, que jamais concedeu nem concederá a nenhum outro santo.

Resolução: *Meditar frequentemente nos grandes privilégios de Maria.*

Mãe de santidade

Os santos juntaram riquezas, mas Maria excedeu-os a todos. É a criatura mais privilegiada.

Estes são os privilégios que nós conhecemos, enquanto que muitos outros só no céu havemos de admirar:

1) Pela lei, todos os homens nascem em pecado; são, durante algum tempo, vasos de ira.

Maria Santíssima, porém, fez honrosa exceção a essa lei. Concebida sem mácula, foi sempre pura, santa e imaculada. *Toda formosa é minha amiga e nela não há mácula* (Ct).

2) Maria reúne a dignidade de Mãe às honras da virgindade. É este o grande sinal que Deus operou, segundo a palavra do Profeta Isaías:

> *Deus mesmo vos dará o sinal: uma Virgem conceberá e dará à luz um filho.* Privilégio único da natureza.

3) Houve, há e haverá mães que podem gloriar-se de ter filhos ilustres e célebres, mas nenhuma deu à luz o Filho de Deus. Somente Maria pode dizer com Deus Pai: "Tu és meu filho, hoje eu te gerei" (Sl 2).

4) A lei ou a sentença que Deus proferiu contra a primeira mulher é geral: multiplicarei os teus partos e com dores darás à luz. Desde então é essa a hora mais triste da mulher. Maria Santíssima, porém, deu à luz sem dores, sem angústia, sem tristeza e sem lesão da sua virgindade e mesmo sem as dolorosas consequências do parto. *É a bendita entre as mulheres.*

5) O Evangelista São João escreve: "Quem diz que não tem pecado é mentiroso e a verdade não está com ele". Mas houve uma criatura que pôde dizer: "Não há mácula em mim; pois sou o candor da luz eterna e espelho sem mácula". Esta criatura é Maria, Mãe de Deus, a virgem pura e imaculada.

6) "*Statum est homini Semel mori*" (São Paulo). "É decretado ao homem morrer".

A morte é a hora mais triste para o homem, enche--nos de angústia e dor; é a causa de grandes tribulações.

Mas há alguém, cuja morte não foi uma obrigação, mas um livre-consentimento, para em tudo ser semelhante ao Filho; por conseguinte, não podia sentir em seu coração e em seu corpo os horrores e a tristeza que a morte produz nos outros homens. Esta privilegiada é Maria.

7) A palavra que Deus dirigiu aos nossos primeiros pais, no paraíso, é dura: "*Pulvis es et in pulverem reverteris*". "Tu és pó e em pó te hás de tornar" (Gn 2).

Esta lei, que é para todos, não o foi para Maria.

Seu corpo virginal, trono e templo de Deus, onde se formou a humanidade sacrossanta do Filho de Deus, não podia estar sujeito à lei da corrupção; ressuscitado pelo poder do Filho, foi transladado pelas mãos dos anjos às alturas do céu, onde reina e triunfa ao lado de Jesus, por séculos eternos.

8) É justo e digno venerar e invocar os santos, ensina a Santa Igreja. Mas nenhum deles tem uma veneração tão universal e tão intensa como Maria Santíssima, que, prevendo esta honra particular, disse: E, de agora em diante, todas as gerações me chamarão bem-aventurada.

Completou-se essa profecia, pois o céu e a terra se unem para engrandecer a Mãe de Jesus, saudando-a Rainha de todos os santos.

Agradeçamos a Deus, de todo o coração, os inúmeros privilégios que concedeu a sua Mãe Santíssima: de boa vontade publicaremos a sua grandeza, trabalhando para que ela seja amada e venerada por todos.

Analisando a nossa alma, descobriremos com certeza muitas graças particulares, concedidas por seu intermédio ao nosso corpo e à nossa alma. Assim confessou-o gratamente São Leonardo de Porto Maurício. Em um sermão sobre Nossa Senhora, disse ao povo:

Se eu me aprofundar na lembrança de todas as graças que recebi pelas mãos de Maria, sabeis o que me parece? Permite que eu o diga altamente em louvor da minha grande Senhora: parece-me que sou uma das igrejas, onde se venera uma imagem milagrosa de Maria Santíssima, as paredes cobertas de ex-votos e em toda a arte se leem as palavras: por graça de Maria. Sim, parece-me que estou coberto com esta inscrição: por graça de Maria. A saúde no corpo e na alma; a minha dignidade sacerdotal, a veste que trago, tudo por graça de Maria. Todo o bom pensamento, toda a boa vontade, todo o nobre sentimento de meu coração, por graça de Maria. Lede! Lede! No corpo e na alma, por fora e por dentro está escrito: por graça de Maria. Em meu coração está escrito: por graça de Maria. Na minha língua está escrito: por graça de Maria.

Por isso, seja louvada sem fim minha senhora e protetora. Eternamente cantarei as misericórdias de Maria e, se eu me salvar, só me salvarei pela graça dada por Maria.

Resolução: *Agradecer a Maria todas as graças que nos distribui, recitando nesta intenção o* Magnificat.

53. Rainha de santidade

Maria é a Rainha de todos os santos, pela **plenitude** de graças. Como já vimos em outras invocações, ela era cheia de graças. Isto significa que recebeu graças maiores e mais abundantes do que os outros santos.

Há muitos Santos Padres que afirmam e sustentam ter Nossa Senhora, no momento de sua Imaculada Conceição, recebido mais graças do que todos os anjos e santos juntos. Sendo assim, que soma de graças ela terá acumulado em toda a sua vida!

Ergueu-se, pois, ao céu "inundando de delícias" e, sendo cheia e supercheia de graças, mereceu o título de Rainha de todos os santos.

Oh! Roguemos à Rainha de todos os santos que nunca nos falte a graça de Deus e que sempre cooperemos com ela.

Maria venceu os anjos e santos todos em **santidade** e em **virtude**.

As imensas graças concedidas à Mãe de Deus correspondem à culminância de virtudes que Maria alcançou. As virtudes praticadas pelos santos não tinham em todos o mesmo grau de perfeição, mas não se pode negar que, na prática de uma certa virtude, alguns chegaram a uma perfeição admirável. Mas nenhum deles alcançou a perfeição de Maria, com quem todos podiam aprender: quanto mais olhavam para ela, mais desejavam imitá-la e quanto mais imploravam o seu patrocínio, maior era o progresso que faziam. Por isso ela diz: *Em mim, toda a esperança da vida e da virtude.*

Parece-nos tão difícil a prática da virtude! Frequentemente desanimamos. Invoquemos mais vezes a Rainha de todos os santos, e ela removerá as dificuldades.

Maria é Rainha de todos os santos devido aos seus **grandes méritos**. Toda a prática da virtude, qualquer ato bom, tem o seu merecimento diante de Deus. A Igreja possui um tesouro imenso, que são os merecimentos do Divino Salvador, de sua Mãe Santíssima, dos santos e de todos os bons cristãos que viveram neste mundo. Os méritos de Jesus são de imenso valor, pois são méritos de um Deus.

Depois de Jesus, foi Maria a primeira que contribuiu para esse tesouro, e os seus méritos excederam aos de todos os santos juntos. Nenhum deles praticou as boas obras com tão pura e santa intenção, com tanto amor e com tanta perfeição como Maria Santíssima.

O amor de Maria excedeu aos de todos os anjos e santos, dizem os Santos Padres; consequentemente, todos os seus atos têm mais merecimentos do que os dos santos, *"Multae filiae congregaverunt divilitias tu supergressa es universas"*.

Ofereçamos frequentemente os méritos de Maria a Deus, e procuremos por meio deles reparar as nossas numerosas faltas.

Vejamos se, pela prática do bem, teremos alguma parte nos tesouros da Igreja.

Resolução: *Imitar o próximo na virtude em que se distingue.*

Rainha de dignidade

Maria é Rainha de todos os santos, porque excede a todos em **dignidade**!

Grande e respeitável era a dignidade dos patriarcas e profetas que tiveram a sublime missão de preparar as nações para a vinda do Salvador. Enorme foi a dignidade de São João Batista, não só como precursor do Messias, como pela honra que teve de batizar a Jesus e mostrá-lo ao povo, dizendo:

Eis o Cordeiro de Deus, que tira o pecado do mundo.

Maior ainda a de São José, casto esposo de Maria, pai nutrício de Jesus, a quem trouxe em seus braços. Jesus quis viver do trabalho de São José; Deus o constituiu chefe de sua família.

Extraordinária foi a dignidade dos apóstolos, enviados e escolhidos pelo próprio Jesus para pregar o Evangelho, batizar os homens e abrir-lhes as portas do céu. Mais elevada a de São Pedro, a quem Jesus constituiu chefe da Igreja, e a quem confiou as chaves do Reino de Deus.

Grande também é a dignidade do sacerdote, a do bispo e a do papa, a maior que há na terra.

Mas, incomparavelmente maior é a dignidade da humilde Virgem de Nazaré. Que são os outros todos? Servos de Deus, aos quais Ele confiou um certo número de talentos, dando mais a uns e menos a outros.

Maria Santíssima, porém, é Mãe de Deus; trouxe nos seus braços o criador do universo; alimentou no seu peito o Todo-poderoso; deu a existência mortal ao próprio Filho de Deus.

"Dignidade incompreensível para a nossa fraca mente. Ela é maior do que o céu", diz São Pedro Crisólogo, "mais forte do que o mundo, mais extensa do que a órbita da terra, porque Deus, que o universo não pode compreender, tu o tiveste dentro de ti". "Maria trouxe em si aquele que abraça o universo inteiro; deu à luz o seu Criador, e alimentou o que sustenta todos os vivos."

São Boaventura diz, assombrado com a dignidade de Maria:

"Pode Deus fazer um céu maior, um mundo maior; não pode, porém, fazer uma Mãe Maior do que a Mãe de Deus".

Sendo Maria Mãe do infinito, participa da sua infinidade. Por isso, diz Santo Anselmo, "a distância entre Maria, Mãe de Deus, e os servos de Deus é indizível! Daí se segue que Maria tem no céu mais poder do que todos os anjos e santos: ela é Rainha!"

Mais vale a palavra da Rainha do que a de seus servos. Sendo Maria Mãe de Deus, tem poder, não somente sobre todas as criaturas, racionais ou irracionais, mas até sobre o coração de Deus. Com efeito, a sua dignidade dá-lhe direitos que outros não têm; ela manda mais do que pede. É certo que aquele Filho, que voluntariamente a escolheu por Mãe e lhe obedeceu em tudo, estará sempre pronto a fazer-lhe a vontade e a atender aos seus pedidos.

Nossa Senhora, vendo o grande desejo que tinha Santa Isabel da Hungria de fazer progresso na virtude, dignou-se aparecer-lhe, convidando-a a ser sua discípula. Cheia de júbilo, aceitou o honroso convite e, ensinada por esta admirável mestra, fez em breve grandes progressos na virtude e chegou a um alto grau de perfeição.

Resolução: *Pedir a Nossa Senhora que se digne a ser nossa mestra na prática da virtude.*

54. Rainha vestida de glória

A glória que os santos gozam no céu é indizível! Santa Catarina viu uma vez uma alma em estado de graça e quis adorá-la, pensando que fosse o próprio Deus, tal era a sua beleza e a sua glória.

O Apóstolo São Paulo diz: *O olho não viu, nem o ouvido ouviu, jamais veio ao coração do homem o que Deus tem preparado para aqueles que o amam* (1Cor 2,9). Incompreensível, pois, é a glória do céu. Se isto se afirma, como deve ser grande, imensamente grande a **glória de Maria**, que amou a seu Deus como nenhuma outra criatura tem amado! Quem serve a Deus com fidelidade será recompensado no céu. Deus lhe dirá: *Servo bom e fiel que o tens sido em pequenas coisas, serás colocado sobre muitas coisas e entrarás na glória do Senhor* (Mt 25,22).

Assim fala Deus a seus servos, que dirá de Maria? Por isso diz São Basílio: a glória de Maria excede a de todos os bem-aventurados, assim como o sol excede o esplendor de todos os outros.

O Apóstolo São João, que viu Nossa Senhora na sua glória, escreve: *E apareceu no céu um grande sinal: uma mulher vestida do sol, que tinha a lua debaixo de seus pés e uma coroa de doze estrelas sobre a cabeça* (Ap 12,1).

São Bernardo, citando essas palavras, comenta-as e diz: "Dignamente é coroada com as estrelas aquela cabeça que mais brilha do que elas e que recebem mais glória do que dão".

Por que não devem as estrelas coroar aquela que é vestida com o sol? Assim como as rosas florescentes na primavera, como os lírios junto às águas, as estrelas a rodeiam. Quem poderá nomear as estrelas que formam a sua coroa? Excede à capacidade humana descrever essa coroa e indicar a sua composição.

As doze estrelas são os doze privilégios com que Maria foi tão singularmente distinguida.

Sim, nela se reúnem as prerrogativas e virtudes de todos os santos, por isso foi coroada com as suas coroas significadas pelas doze estrelas.

"Nela resplandeceu a fé e a esperança dos patriarcas; a luz e devoção dos profetas; o amor e o zelo dos apóstolos; a fortaleza e a generosidade dos mártires; a paciência e a mortificação dos confessores; a sabedoria e a prudência dos doutores; a santidade e a pureza dos sacerdotes; o amor à solidão e o espírito de devoção dos anacoretas; o puro e angélico amor das virgens; a humildade e paciência das viúvas; enfim, a fidelidade dos cônjuges; por isso brilha sobre sua cabeça, com luzes mais rutilantes ainda, o brilho dessas virtudes" (São Bernardo).

O Rei Davi viu em espírito a Rainha do céu e assim descreveu a sua glória: *Apresentou-se a Rainha com manto de ouro, cercada de varidade..., toda revestida de vários adornos* (Sl 44,10).

Maria estabelece no céu uma glória à parte, por assim dizer: é Rainha; recebe homenagens de todos. A contemplação de sua glória enche os anjos e os santos de grande alegria. São Pedro Damião afirma: os bem-aventurados não têm maior glória no céu, depois de Deus, do que gozar a vista desta belíssima Rainha.

Ó Maria, excelsa Rainha do céu, todas as gerações e todos os entes vos chamam bem-aventurada, porque fez coisas grandes em vós o Todo-poderoso. Nós vos dirigimos as nossas saudações e exclamamos com a Santa Igreja: "*Speciosa facta es et suavis in deliciis tuis sancta Dei Genitrix*". "Vós vos tornastes formosíssima e amável em vossa glória, santa Mãe de Deus".

"Atrai-nos, para que corramos atrás do unguento delicioso dos vossos perfumes", e possamos ver e gozar no céu a vossa amabilíssima presença!

Resolução: *Pedir a Nossa Senhora que em sua glória se lembre de nós.*

Criatura privilegiada

Maria é a criatura mais privilegiada, tudo se encontra nela. **Os santos**, em grande parte, **receberam de Maria os privilégios** e distinções que os tornaram célebres na Igreja de Jesus Cristo.

Vede São José, o mais privilegiado entre os santos. Qual é a causa da sua grandeza? A dignidade de ser esposo de Maria. Realmente, esse título é a raiz de onde lhe vieram as honras e graças que recebeu.

Como, para Maria Santíssima, a sua dignidade de Mãe de Deus foi a raiz e a fonte de toda a sua grandeza, assim para São José o título de esposo de Maria.

Deus lhe concedeu graças extraordinárias, entre outras, segundo a opinião de alguns Santos Padres, a de ser purificado do pecado original, como São João Batista antes do seu nascimento.

Supõem também que ele tivesse conservado perfeitíssima castidade virginal etc., devido à sua vocação de ser esposo da Virgem Imaculada, da Mãe de Deus! Por ser esposo de Maria, entrou em íntima relação com o Menino Jesus, merecendo, por isso, o título de pai putativo de Jesus Cristo.

E assim muitos outros santos. São João Evangelista, por exemplo, que teve uma das maiores glórias, isto é, o privilégio de receber como legado a sua Mãe Santíssima e de ter sido por longos anos o sem amparo temporal.

Foi a íntima relação de São Domingos com Maria Santíssima, de cujas mãos recebeu o Santo Rosário, que o fez conhecido e honrado no mundo inteiro.

Que fez conhecido o nome de São Simão Stock? Foi o fato de ter recebido das mãos de Maria o santo escapulário; assim como o que tornou célebre na Igreja os nomes de São Bernardo, Santo Afonso e de muitos outros, foi a filial devoção que tinham a Nossa Senhora.

Assim, pois, é ela a honra, a glória, a coroa dos santos e devemos invocá-la com sumo respeito: Rainha de todos os santos, rogai por nós.

Todos participam da abundância das graças de Maria, diz São Bernardo. Realmente, pelas mãos de Maria passaram todas as graças que Deus tem concedido.

Os próprios santos devem confessar que são devedores de Maria. Nenhum deles alcançou o céu sem o auxílio e a proteção de Maria.

Pela intercessão de Maria, os pecadores se converteram; os bons receberam a graça da perseverança; as virgens conservaram-se puras; os mártires receberam conforto. A todos abriu o seio de misericórdia e os levou pelo mar tempestuoso desta vida ao porto de salvação. É esta a doutrina dos Santos Padres.

Edificante é o que lemos na vida de Santo André Corsini. Durante sua mocidade levou uma vida licenciosa, causando com isso grandes desgostos a seus pais. Os conselhos, os pedidos e as lágrimas de sua piedosa mãe não comoveram o seu coração.

Ela então, aborrecida com o seu mau procedimento, disse-lhe que o tinha consagrado a Nossa Senhora e que a sua vida ofendia muito a sua Mãe Celestial.

Ouvindo dizer que estava consagrado a Maria, caiu em si; reconheceu o seu mal, chorou os seus pecados e mudou de vida. Nossa Senhora ainda fez mais. Auxiliando-o com sua especial proteção, fê-lo grande santo! Com as suas brilhantes virtudes, chamou muitos outros ao caminho e à prática da virtude.

Vede, pois, quão digna e merecidamente a Igreja chama Nossa Senhora Rainha de todos os santos. Os santos formam no céu a coroa de Maria.

Cada um deles é um hino eterno ao seu poder, à sua misericórdia. Gratos descem de seus tronos, depositam aos pés de Maria as suas coroas e reconhecem, confessando-o altamente: "Por vós nos foi dada a salvação". Ó Maria, ó Rainha dos santos, assisti-me em minhas lutas, para que eu seja digno de receber a coroa da justiça, sendo na vida mortal vossa alegria e na eternidade vossa coroa!

Resolução: *Lembrar-se frequentemente de que Maria Santíssima está olhando para nós e sempre pronta a ajudar-nos na prática da virtude.*

55. Rainha concebida sem pecado original, rogai por nós

Na coroa de glórias de Maria a pedra mais preciosa é a sua Imaculada Conceição. Esta honrosa distinção lhe vale mais do que a imensa dignidade de Mãe de Deus, pois a sua isenção de qualquer pecado, de toda a mácula, tornou-a agradabilíssima aos olhos de Deus.

Este privilégio concedido a Maria, desde o primeiro momento de sua existência, é a prova cabal da sua elevada posição entre as criaturas.

Eximindo-a de uma lei universal e necessária, mostrou Deus que a elevou sobre todos os homens, por mais santos que fossem, dizendo-lhe o que disse o Rei Assuero à sua esposa Rainha Ester, figura de Maria: *Esta lei é para todos, mas não para ti* (Est).

Mas vejamos o que significa o mistério da Imaculada Conceição de Maria.

O Apóstolo São Paulo escreve: *Por um homem veio o pecado ao mundo, pelo pecado a morte, assim também passou a morte a todos os homens por um homem no qual todos pecaram* (Rm).

Adão pecou como pai da humanidade e, segundo a doutrina dos Santos Padres, na vontade de Adão estavam reunidas as de todos os homens que haviam de descender dele, de modo que o pecado de Adão foi o pecado de todos.

Por isso nascemos todos com a mácula do pecado original! Devemos confessar humildemente com Davi: *Eu fui concebido em iniquidades, e em pecado me concebeu minha mãe* (Sl 50).

Os santos mais privilegiados, os mais chegados a Deus, todos, sem exceção, foram durante algum tempo, por natureza, "filhos de ira" (Ef 2,3), estiveram mortos (5), foram trevas (Ef 5,8), escravos de pecado e do demônio.

Maria, porém, fez honrosa exceção a essa lei, pois desde o primeiro momento de sua existência foi objeto de amor e de complacência de Deus, nem um momento com a menor mácula. O próprio Espírito Santo disse: "Uma é a minha amiga, uma a minha pomba, de quem diz novamente: Toda formosa és, minha amiga, e não há mácula alguma em ti, e outra vez: como a açucena entre os espinhos, assim é minha amiga entre as outras filhas de Eva".

Maria não contraiu, como todos os homens, a culpa de Adão e Eva. Esta verdade ensina-a a Igreja claramente na declaração do dogma da sua Imaculada Conceição: "A doutrina que diz que a beatíssima Virgem Maria, no primeiro momento de sua conceição, por um privilégio particular da graça de Deus onipotente, em consideração aos merecimentos de Jesus Cristo, redentor do gênero humano, foi preservada incólume de toda a mancha do pecado original, é revelada por Deus, por isso deve ser crida firme e constantemente".

Que honra, pois, para Maria, ser a única entre os milhares e milhões de homens, que nunca esteve sujeita ao pecado; que nunca teve em sua alma a menor mancha!

Que prova de amor lhe deu o seu Criador!

Com toda a razão pode ela dizer com o profeta: *Nisto conheci eu que me querias bem, em que o meu inimigo não se alegrará comigo* (Sl 40,12).

Não! O inimigo infernal, que pode gloriar-se de ter dominado nos corações de todos os homens descendentes de Adão, de ter erigido o seu trono até nos corações daqueles que hoje triunfam no céu, deve confessar a sua vergonhosa derrota por uma fraca mulher, que repeliu todos os seus ataques e destruiu todo o seu poder, esmagando-lhe a cabeça, conforme Deus havia predito no paraíso, apontando o Salvador e sua Mãe Santíssima. *Eu porei inimizade entre ti e a mulher; entre a tua descendência e a dela; ela te pisará a cabeça, em vão tentarás mordê-la no calcanhar* (Gn 3,15).

Com estas palavras prova a Igreja a isenção de todo o pecado em Maria, mesmo o original.

Resolução: *Agradecer a Deus a promulgação deste dogma.*

A Imaculada

Confirma a doutrina da Imaculada Conceição o que escreve o Evangelista São João no Apocalipse (Ap 12,1 etc.).

> Apareceu, outrossim, um grande sinal no céu: uma mulher vestida do sol, que tinha a lua debaixo de seus pés e uma coroa de doze estrelas sobre a sua cabeça. – E foi visto um outro sinal: um grande dragão vermelho, que tinha 7 cabeças e 10 cornos, e nas cabeças 7 diademas. Sua cauda arrastava a terça parte das estrelas do céu, fazendo-as cair sobre a terra.

Depois descreve o Evangelista como o dragão começou a perseguir a mulher que devia dar à luz um filho, e a luta que houve entre Miguel e seus anjos e o dragão, que por fim foi precipitado em terra e com ele os seus anjos. E continua dizendo:

E o dragão, assim que se viu precipitado, começou a perseguir a mulher a quem foram dadas duas asas para voar para o deserto, lugar do seu retiro, fora da presença da serpente. Esta lançou da sua boca água como um rio, para que a mulher fosse arrebatada pela corrente, porém a terra abriu-se e engoliu o rio. E o dragão, irritado contra a mulher, foi fazer guerra aos outros filhos, que guardavam os mandamentos de Deus e tinham o testemunho de Jesus Cristo.

Quem não vê claramente, nesta descrição, a imagem de Maria Santíssima? Essas palavras do Apocalipse parecem uma ampliação das palavras de Deus no paraíso.

O demônio não conseguiu manchar com o pecado aquela mulher que, escapando às suas insídias, tornou-se até sua vencedora.

A doutrina da Santa Igreja é confirmada pela opinião dos Santos Padres. É impossível citar todos, falarei de um ou outro dos primeiros séculos. Santo Agostinho, por exemplo, disse: "Quanto à Santíssima Virgem, não quero absolutamente que seja objeto de discussão, quando se tratar de pecados". Santo Efrém, dirigindo-se a Jesus, diz: Só Tu e tua Mãe estais puros a todos os respeitos: porque em ti, ó Senhor, não há mancha e em tua Mãe não há mácula.

O patriarca Proclo chama a Maria: "O santuário da inocência, inacessível ao pecado. O paraíso original, defesa do mesmo pecado".

São João Damasceno saúda-a e diz: "Salve, ó sarça milagrosamente a arder, da qual não se pode aproximar nenhum pecado. E em outro lugar: salve, ó templo, casa de Deus, construída com toda a pureza".

Um célebre escritor do século XII escreveu: "Sei, creio e confesso que da raiz de Jessé brotaste sem nenhuma mancha de pecado, saindo da estirpe corrupta de Adão, livre de qualquer corrupção".

Segundo a doutrina geral dos Santos Padres, "assim como o primeiro homem foi formado da terra sem mácula, o segundo devia ser formado da mesma maneira".

Congratulemo-nos, pois, com Maria, por este singular privilégio. Procuremos agradar-lhe fugindo de todo o pecado, único mal que seus puríssimos olhos detestam. Imploremos a sua intercessão para nos livrar cada vez mais da escravidão do demônio.

Um doutor protestante irritou-se muitíssimo com a declaração do dogma da Imaculada Conceição de Maria e publicou uma brochura contra essa doutrina. Mas desde então sentiu-se tão perturbado que resolveu estudar a religião católica, a qual abraçou, depois que conheceu a verdade. Escreveu então uma nova brochura, defendendo a Imaculada Conceição e refutando todas as sentenças que escrevera na primeira. De inimigo da Virgem tornou-se seu defensor.

Resolução: *Repetir muitas vezes a bela oração da Igreja: em vossa conceição, ó Virgem Maria, fostes imaculada; rogai por nós ao Pai, cujo Filho, Jesus, concebeste do Espírito Santo e destes à luz (cem dias indulg.).*

56. Candor de luz eterna

"*Candor est lucis aeternae et speculum sine macula.*" "Maria é candor da luz eterna e espelho sem mácula", diz a Sagrada Escritura. Na realidade, é um privilégio sem precedente! Nunca a menor mácula manchou ou diminuiu o brilho desse espelho divino!

Resta-nos ver até onde chegou a bondade de Deus, preservando do pecado original, assim como das suas tristes consequências, a sua Mãe Santíssima.

Afirmando que Maria Santíssima ficou **livre das tristes consequências do pecado** original, não nos referimos às penas que Deus infligiu à humanidade. Pois sabemos que Maria, bem como seu Divino Filho, não foram isentos de trabalhos e fadigas, tanto Jesus como Maria suportaram todos esses incômodos (frio e calor excessivos, cansaço, pobreza e mesmo a morte); não como consequência do pecado, mas por livre-vontade. Assim tiveram o ensejo de praticar constantemente a virtude e aumentar os seus méritos. Relativamente a Jesus, diz o apóstolo: *Havendo-se-lhe proposto o gozo, preferiu a cruz, não se importando com a ignomínia* (Hb 12,2).

Dessas palavras se deduz que Jesus Cristo, embora homem, estava isento de qualquer sofrimento, mas espontaneamente tomou a si as nossas fraquezas, para nos dar o exemplo.

Nossa Senhora também aceitou a cruz e o sofrimento, para tornar-se conforme a seu Divino Filho, pois, uma vez sem culpa, não havia razão para estar sujeita ao castigo.

Ela livrou-se, porém, da outra consequência do pecado, a **concupiscência**, que reina em todos os corações. Segundo a Sagrada Escritura, *o coração humano é inclinado para o mal, desde a sua infância.* O apóstolo queixa-se amargamente dessa má inclinação, que é a causa de muitos pecados. Todos nós devemos confessar humildemente a mesma verdade:

> O pecado produziu em mim toda a concupiscência... eu sou carnal, vendido para estar sujeito ao pecado... sei que na minha carne não habita o bem... porque não faço o bem que quero, mas o mal que não quero... sinto nos meus membros uma lei que contradiz a lei do meu espírito, e que me faz cativo dessa lei que está nos meus membros (Rm 8,8-23).

Mesmo libertado do humilhante cativeiro do demônio, exerce ele ainda um grande poder sobre o homem, sugerindo-lhe ideias perversas de incredulidade, de irreverências, de desconfiança, de presunção e de desonestidade, tentando-o interiormente!

Ah! Quantas vezes temos sentido essa triste realidade! Fazemos muitas vezes o que, momentos antes, havíamos prometido evitar! Quantas lutas por causa dessa terrível concupiscência! Devemos exclamar com São Paulo: *Infeliz homem sou eu; quem me livrará desse corpo de morte?* (Rm 7,24).

Sendo a concupiscência tão humilhante, é claro que Maria Santíssima não podia senti-la no seu imaculado coração. Sua carne inocente, isenta da maldição do pecado, não podia sofrer as consequências da maldição. Tudo em Maria foi puro, santo e imaculado: sua alma, seu corpo e seus sentimentos.

Todo o nosso ser se revolta contra o pensamento de que o demônio pudesse ter tido alguma influência ou domínio sobre aquela que foi destinada a ser Mãe de Deus. Maria pode dizer com Jesus: *Em mim não tem nada* (Jo 14,30).

São Damião diz: a carne que a Virgem recebeu de Adão não assumiu as suas máculas; mas a pureza de sua singular continência transformou-se em candor da luz eterna. Por isso saúda Maria: "*Ave*, livro fechado, que fostes livre de qualquer pensamento libidinoso". O Bispo Heschin de Jerusalém escreve: "Os sentimentos da concupiscência não tocaram em Maria, e o verme da voluptuosidade não a feriu".

A alma daquela que era ministra de tantos mistérios, diz São João Crisóstomo, devia ficar livre de todo o tumulto das paixões.

Por aí se vê quanto Maria, não somente pela dignidade de Mãe de Deus, mesmo pela sua Imaculada Conceição, se distancia dos outros santos todos, pela sua imunidade absoluta de qualquer dependência do príncipe das trevas.

Devemos saudá-la como o Papa Pio X: "Eia, bendita Mãe, rainha e advogada nossa, que desde o primeiro instante da vossa conceição esmagastes a cabeça do inimigo; acolhei as súplicas que, unidos convosco em um só coração, vos pedimos, apresenteis perante o trono do Altíssimo, para jamais cairmos nas emboscadas que se nos armam".

Resolução: *Pedir à Virgem Imaculada*
que domine em nós a terrível
concupiscência.

Eterna alegria

Devemos dar parabéns a Nossa Senhora por ter ficado isenta das tristes consequências do pecado original, que tanto nos humilham e a tanta miséria e baixeza nos arrastam. A primeira, como já vimos, é a concupiscência.

Outra triste consequência do pecado original, da qual Maria foi também preservada, é o **enfraquecimento da nossa vontade e a perturbação da nossa inteligência**.

A serpente enganou os nossos primeiros pais, prometendo-lhes o conhecimento do bem e do mal!

Cometido o pecado, eles perderam as luzes divinas; sua inteligência se escureceu, dificultando-lhes a compreensão das verdades naturais e sobrenaturais.

Nós todos sofremos essa consequência! Nossa mente é tão limitada para compreender as coisas transcendentes; a ciência humana mesmo só a adquirimos com penosos estudos.

Maria Santíssima, porém, não sentiu essas dificuldades, pois a luz divina iluminava a sua mente.

Ela compreendia os mistérios de Deus melhor do que Adão e Eva antes do pecado. Sua inteligência era mais esclarecedora do que as dos próprios anjos; sua vontade, sempre submissa e dócil aos ditames da razão e da graça. Também a ciência natural era, em Maria, muito mais vasta do que em qualquer outro santo. Oh! Quantas graças e privilégios recebeu ela, desde a sua Imaculada Conceição!

Realmente, devemos exclamar com a Santa Igreja: *Glórias vos sejam dadas, ó Maria, porque grandes coisas fez em vós o Todo-poderoso.*

Como Deus não permitiu que nenhuma mácula deformasse a alma imaculada de Maria, não permitirá que alguém a despreze ou ofusque o brilho de sua honra.

Em uma cidade da Renânia vivia, em 1871, um velho farmacêutico que não frequentava os sacramentos e que blasfemava frequentemente contra Maria Santíssima. Estando de cama, no dia 8 de dezembro, e ouvindo os sinos repicarem solenemente, perguntou irritado por que estavam tocando os sinos.

O enfermeiro respondeu-lhe: "Hoje é a festa da Imaculada Conceição".

A essa resposta ele proferiu um impropério contra a Virgem Imaculada. Mal apenas acabara de pronunciar essa injúria, o seu rosto transformou-se de tal modo que o neto horrorizado disse: "O avô tem a fisionomia do belzebu". Logo depois, morreu o desgraçado. Todos viram nessa morte repentina um justo castigo de Deus.

> Resolução: *Em desagravo das blasfêmias contra a Imaculada Conceição de Maria, repetir mil vezes a jaculatória: Bendita seja a santa e Imaculada Conceição de Maria.*

57. Rainha do Santo Rosário, rogai por nós

Se é verdade (e ninguém pode duvidar do que dizem os santos doutores da Igreja) que entre os meios mais importantes para a salvação eterna sobressai a verdadeira e filial devoção a Maria, devemos reconhecer que o Santo Rosário é o exercício principal dessa devoção.

O culto mariano nos torna mais castos, modestos, humildes e fervorosos, e a devota e contínua recitação do rosário derrama em nossa alma, juntamente com a paz, as abundâncias da graça divina.

Foi este um dos motivos principais por que o grande Papa Leão XIII tanto se empenhou para que a devoção do rosário tomasse o novo incremento e se exercesse em todas as igrejas do mundo e em todos os lares cristãos, pois, na sua opinião, "nada poderia ser mais eficaz e seguro de tornar-nos favorável, pela prática religiosa de seu culto à Mãe sublime de Deus, à Virgem Maria, depositária soberana de toda a paz e dispensadora de toda a graça, que foi colocada por seu Divino Filho no auge da glória e do poder para ajudar, com o socorro da sua proteção, os homens que se vão encaminhando, por entre as fadigas e perigos, para a cidade eterna".

Na capela capitular do convento de São Francisco, na Bahia, há uma bela pintura que representa um viajante caminhando para o céu e segurando na mão um rosário, no qual também Nossa Senhora, por entre as nuvens, segura, guiando assim os passos do viajante. Bela expressão da fé no poder de Maria, particularmente na eficácia do Santo Rosário.

Para compreender os desejos da Santa Igreja e praticar esse piedoso exercício é conveniente saber a **sua origem e a sua composição**. À vista disto perder-se-á qualquer preconceito contra ele.

Narra a história que no século XIII houve muitas desordens, guerras e heresias, especialmente no sul da França, onde dominavam os albigenses, inimigos implacáveis da Igreja e de toda a devoção, que puseram em perigo o trono e o altar, a Igreja e o Estado.

Negaram os sacramentos, a ressurreição dos mortos, o casamento religioso e a constituição da família; a ferro e a fogo destruíram altares e igrejas e massacraram os sacerdotes; enfim, era impossível dominar esse dilúvio de corrupção pelas armas, pois já se estava alastrando pelo resto da França, pela Espanha e pela Itália.

Deus, porém, compadeceu-se da Igreja e lhe deu um apóstolo que, com a sua palavra, penitência e oração, devia opor um dique a essas calamidades. Tudo nesse homem inspirava fé; as suas palavras eram como setas de amor divino que abrasava o seu coração, a sua filial devoção a Maria, como ele mesmo afirmava, era a arma mais poderosa para vencer o erro e converter os pecadores. Não começava as instruções sem primeiro ajoelhar aos pés da imagem de Maria e dizer-lhe a seguinte súplica: "Dignai-me, Virgem Sagrada, louvar-vos, e dai-me força contra os vossos inimigos".

Assim converteu muitos hereges e pecadores, mas a sua maioria persistia no pecado, por isso, São Domingos, o apóstolo em questão, queixou-se a Nossa Senhora que, compadecida dos homens que tinham caído no erro e no vício, lhe apareceu em 1202 e instruiu-o sobre a recitação do rosário, como meio poderoso e irresistível de vencer a heresia e converter os pecadores. Assim disse ela:

> Conheces, meu filho, os meios escolhidos por Deus para a salvação do gênero humano. Em primeiro lugar, a saudação do anjo, em seguida o nascimento e a vida de Jesus, depois a sua Paixão e morte, afinal a sua ressurreição e ascensão triunfante ao céu. A meditação desses mistérios, junto com a recitação de *Pais-Nossos* e *Ave-Marias*, é o meu rosário. Prega-o aos pervertidos, pois será Ele o príncipe da sua conversão.

São Domingos, daí em diante, em vez de discutir a santa religião, ensinava a recitação do rosário, conseguindo em pouco tempo a conversão daqueles povos desencaminhados. Eis a gloriosa origem do Santo Rosário, que tem uma dupla importância: primeiramente, é uma dádiva de Maria e como tal nos deve inspirar amor e devoção. De fato, todos os grandes devotos de Nossa Senhora praticaram com amor esse piedoso exercício, portanto também nós o devemos rezar frequentemente, se não quisermos correr o risco de possuir indignamente o título de "devotos de Maria".

Resolução: *Agradecer a Nossa Senhora este valioso presente, que é o seu rosário.*

A oração do Rosário

Em segundo lugar, notamos a **grande eficácia dessa oração**. O que os exércitos, o que as orações e penitências de São Domingos não conseguiram, conseguiu-o rapidamente esse piedoso exercício.

Não somente no tempo de São Domingos, mas também nos séculos subsequentes, viu-se o valor e a eficácia do Santo Rosário.

"Ninguém, por certo, ignora – escreveu o Papa Leão XIII – que o povo fiel tem recebido insignes benefícios de Deus, em todos os tempos e lugares, pela valiosíssima proteção da bem-aventurada Virgem Maria. Mas especialmente os cristãos têm recebido um singular socorro por meio do piedoso exercício do Santo Rosário todas as vezes que grassam impiamente heresias e vícios, ou gravíssimas calamidades estão iminentes sobre a Igreja."

O mesmo afirmaram outros papas. Urbano IV, por exemplo, diz: "São inúmeros os benefícios que o povo cristão recebe diariamente pelo rosário". Nicolau V chama o rosário "árvore da vida, que ressuscita os mortos, sara os enfermos e conserva os bons".

Na opinião de Leão X, o rosário foi instituído para conjurar os perigos que ameaçavam o mundo, e, realmente, "pelo rosário foram dissipadas as trevas das heresias, e a luz da fé católica brilhou em todo o seu esplendor" (Pio V).

Não é de admirar que a devota recitação do rosário produza tal abundância de graças, pois, dirigindo-nos a Maria e repetindo a cada instante "Santa Maria, Mãe de Deus, rogai por nós", irá ela mesma "orar por nós", ela que, escolhida para ser Mãe de Deus e por isso intimamente associada a Jesus Cristo na obra da salvação do gênero humano, goza junto a seu Filho de um tal favor e poder, que jamais uma natureza humana, nem mesmo a natureza angélica, puderam alcançar. "É-lhe doce e agradável, acima de todas as coisas, conceder o seu socorro e a sua assistência àqueles que pedem" (Leão XIII).

São Clemente Hofbauer conhecia a força do rosário, especialmente quando se tratava da conversão de um pecador. Quando era chamado para assistir a algum moribundo, que se negava a receber os sacramentos, perguntava logo se teria tempo de rezar o terço. Se a resposta era afirmativa, ele ficava contente, pois tinha a certeza de que Maria Santíssima lhe alcançaria essa conversão. Efetivamente, nunca ninguém lhe resistiu na hora da morte.

Amemos, pois, tão santa oração, seja ela a nossa arma! Hoje em dia, que os modernos albigenses, os socialistas, os anarquistas e maximalistas destroem tronos e altares, rejeitando toda e qualquer autoridade e direito, devemos recorrer a Maria! Só ela nos pode salvar dessa iminente calamidade! Imploremos o seu patrocínio; roguemos-lhe, junto aos seus inúmeros triunfos, mais este: a vitória do cristianismo sobre os princípios subversivos do socialismo e maximalismo, e nós, gratos, a saudaremos: Rainha do Santo Rosário, rogai por nós.

Resolução: *Rezar o terço muitas vezes, não só particularmente, mas em família, e assistir à sua pública recitação no mês de outubro.*

59. Os benefícios da recitação do Rosário

Por ser a devoção do Santo Rosário de grande importância para o cristão, voltamos ao mesmo assunto para demonstrar as belezas dessa oração.

Recitando-o oferecemos a Maria a mais bela e digna homenagem. É um modo simples e ao mesmo tempo expressivo e honroso de lhe manifestar vossa veneração, amor e gratidão! Repetidas vezes a saudamos com as palavras que saíram da boca do anjo no dia da Anunciação. Estas *Ave-Maria*s são outras tantas rosas que se juntam em coroa e que cingem a fronte virginal de Maria.

Lemos nos Anais da Ordem Franciscana que um noviço, antes de entrar na Ordem, tinha o belo costume de enfeitar com flores frescas uma linda estátua de Nossa Senhora, sentindo com isso grande consolação. Como religioso, viu que não podia continuar a prestar a Nossa Senhora essa humilde homenagem, por isso resolveu abandonar a Ordem. Então Nossa Senhora lhe apareceu e disse-lhe: "Reza devotamente o Santo Rosário e assim me oferecerás flores mais belas e mais perfumadas do que aquelas que me oferecias outrora".

Não podemos duvidar de que a saudação angélica **soe agradavelmente aos ouvidos de Maria**.

Rezar o rosário é também uma santa ocupação, segundo um piedoso escritor que diz: consolai-vos e alegrai-vos, almas piedosas. Se não fizerdes nada senão rezar cada dia o rosário, estareis santamente ocupadas. Rezar o rosário é fazer o mesmo que fez Jesus, na maior parte de sua vida.

Se rezo o rosário, digo *"Ave Maria"*. E Jesus não a terá saudado de manhã, de noite e sempre que a encontrava?

Se rezo o rosário, digo "cheia de graça"; e Jesus não só o disse, mas encheu-a com a sua graça. Se rezo o rosário, digo: "o Senhor é convosco". Jesus, que é o Senhor, esteve sempre com ela e nela habitou. Eu digo: "bendita sois vós entre as mulheres". Foi Jesus quem a encheu de bênçãos e a elevou sobre todas as criaturas. Jesus fez o que rezamos na *Ave-Maria*.

Como este belo pensamento torna valiosa e agradável a recitação da *Ave-Maria*. Somente um cristão frio e sem amor a Maria não encontrará consolo e alegria na repetida recitação da *Ave-Maria*. Não queremos merecer esse qualificativo, por isso consideremo-la como um dever de honra e gratidão.

Pelo rosário **engrandecemos** alta e publicamente **as excelsas prerrogativas de Maria** e, sobretudo, a sua dignidade de Mãe de Deus e a sua posição de medianeira dos cristãos.

Cada *Ave-Maria* é uma profissão de fé na maternidade divina. Os mistérios que contemplamos em cada dezena mostram a união entre Jesus e Maria, manifestam e lembram novamente a cooperação de Maria na obra da redenção, realçando o direito que ela tem à nossa particular veneração.

Desde a saudação do Anjo Gabriel até a gloriosa ascensão de Jesus ao céu, vemos Maria Santíssima ao seu lado, cooperando com Ele em nossa redenção.

Jesus não quis sacrificar a sua vida sem a presença e o sacrifício daquela que lhe deu a existência humana, indicando, assim, o papel importante de Maria Santíssima.

Subindo ao céu para ser nosso advogado junto ao Pai, quis também que junto dele fosse nossa advogada aquela que na vida foi nossa medianeira, dando-nos o Salvador.

Enquanto, realmente, se oferece sobre os nossos altares o sangue do cordeiro que apaga os pecados do mundo; enquanto Jesus permanece nos tabernáculos, suplicando por nós, Maria continua a ser a nossa medianeira, pedindo a seu Filho que sobre nós derrame abundantes graças.

Todas estas verdades confessamos quando rezamos o rosário, meditando os mistérios e renovando depois de cada saudação angélica o grito de socorro: "Santa Maria, Mãe de Deus, rogai por nós!"

É, pois, o rosário uma linda coroa de flores de "Ave-Marias", com os sublimes mistérios da vida e Jesus e de Maria, que piedosamente depositamos aos pés da Mãe de Deus.

Resolução: *Meditar as belas virtudes de Maria.*

Os filhos prediletos de Maria

Enaltecemos no rosário as **virtudes de Maria** e sua exímia santidade, pois continuamente a chamamos "Santa", "cheia de graça". Particularmente os mistérios, que nele meditamos, apresentam aos nossos olhos as diferentes virtudes que Maria praticou: sua profunda humildade na Anunciação, sua caridade na Visitação, sua fé no nascimento, sua resignação e amor de Deus na apresentação no templo, sua conformidade com a vontade divina, e sua paciência quando perdeu o Filho. Também brilha a sua virtude nos mistérios dolorosos que contemplamos, e então não podemos deixar de a saudar do íntimo do nosso coração, com o Anjo Gabriel. *Ave, cheia de graça, bendita sois vós entre as mulheres.*

Foi este um dos motivos por que os santos tiveram tanta predileção pelo Santo Rosário. Achavam as suas delícias em meditar e admirar as excelsas virtudes de Maria e, arrebatados por tão nobre exemplo, apreciavam cada vez mais a virtude, procurando imitar Nossa Senhora, tanto quanto suas forças o permitissem.

O Santo Rosário é a oração predileta dos devotos de Maria e dos santos. Posso citar aqui os nomes de São Carlos Borromeu, Santo Inácio, Santa Teresa, Santo Afonso de Ligório e muitos outros.

É conhecida a devoção que teve São João Berchmans pelo rosário, o qual trazia sempre consigo, como uma relíquia religiosa. Costumava dizer que tinha três preciosidades, com as quais deseja morrer: o rosário, o crucifixo e a sua regra. De fato, teve a ventura de morrer segurando em suas mãos esses três objetos.

Oxalá tivéssemos também tanta devoção ao Santo Rosário, recitando-o devotamente e trazendo-o sempre conosco.

Não nos envergonhemos da nossa devoção a Maria, nem de trazer o terço frequentemente em nossas mãos.

Resolução: *Trazer sempre consigo o Santo Rosário e rezar os quinze mistérios, ao menos uma vez por semana.*

60. Rainha da paz, rogai por nós

Talvez não haja invocação que, ultimamente, tão repetidas vezes e com tanto fervor tenha sido pronunciada como a última dessa ladainha: Rainha da paz!

Desde os primeiros meses da terrível guerra que assolou toda a Europa a Igreja aprovou essa invocação, que mais uma vez veio revelar a fé e a confiança do povo cristão no poder e na misericórdia de Maria, esperando e suplicando da sua poderosa intercessão o termo do horrível flagelo, a paz e a bonança entre os povos cristãos.

O Papa Bento XV, que logo no princípio da guerra prescreveu para o mês de maio uma oração apropriada, dirigiu-se também a Maria Santíssima, dizendo: "E vós, Virgem Santíssima, como em outros tempos de terríveis provações, ajudai-nos, protegei-nos, salvai-nos".

Finalmente decretou que se acrescentasse na ladainha lauretana a invocação que agora ocupa o nosso pensamento.

Não foi baldada a confiança do povo cristão em Maria, pois ela nos trouxe a paz.

Deus criou o homem em paz e santidade, mas o pecado nos trouxe a perturbação, o remorso e o desespero. De filhos de Deus nos tornamos filhos da ira.

Perdeu-se a paz, a harmonia que uniu o céu com os homens e mais uma vez caiu sobre a humanidade a ira de Deus.

No dilúvio pereceu quase toda a humanidade; apenas oito almas se salvaram, e, mesmo assim, correram o risco de se perder. Apareceu então nas nuvens o arco-íris e Deus jurou nunca mais castigar desse modo os homens.

Eu porei o meu arco nas nuvens e ele será o sinal do concerto entre mim e a terra. E, quando eu tiver coberto de nuvens o céu, aparecerá o meu arco e eu me lembrarei do concerto que fiz convosco e com toda a alma vivente, e não tornará mais a haver dilúvio que faça perecer nas suas águas toda a carne.

O arco-íris, prenúncio da paz e da reconciliação, é apenas a figura de Maria Santíssima, que não somente anunciou a paz e a reconciliação, mas **nos deu o Reconciliador, o Príncipe da paz.**

Ela deu à luz um filho, em cujo nascimento os anjos, cantando, anunciaram a paz nos campos de Belém: *Glória a Deus nas alturas e paz na terra aos homens de boa vontade.*

Maria é a Rainha da paz, porque dela nasceu o Príncipe da paz, "o Salvador do mundo que, destruindo a morte, nos trouxe a vida e, suspendendo a maldição, nos deu a bênção".

Como Maria Santíssima foi a **portadora da paz** para a pobre humanidade em geral, assim o foi sempre **para a Santa Igreja**. Todas as vezes que havia perturbações no seio da Igreja, quer pelas heresias e cismas, quer por ódios e inimizades entre os príncipes cristãos, ou nas perseguições religiosas, Maria Santíssima restituiu à Igreja de Jesus a tranquilidade e a paz.

Para dar público conhecimento da sua gratidão, a Igreja instituiu diversas festas em honra de Maria Santíssima. Lembro apenas a da Visitação de Nossa Senhora, que o Papa Urbano IV e Bonifácio IX introduziram, com o fim de apressar a terminação do cisma que dividia a Igreja no século XIV.

Em 1441, o Concílio de Basel prescreveu-a para toda a Igreja, com as seguintes significativas palavras: "Sofrendo a Cristandade, nestes dias, grandes angústias e grassando em todos os lugares a guerra e o cisma, a Igreja militante atacada por diversos modos, julga o santo concílio seu dever decretar que em todas as igrejas se celebre a festa denominada 'Visitação de Nossa Senhora', para que a Mãe da graça, vendo-se honrada piedosamente pelos fiéis, reconcilie, por sua intercessão, seu Divino Filho e novamente reine a paz entre os cristãos".

Animemos a nossa confiança em Maria! Imploremos o seu auxílio em prol da Santa Igreja, que se vê rodeada de tantos inimigos que perturbam os fiéis e pastores. Suba ao seu trono de glória o grito da nossa alma: Rainha da paz, rogai por nós.

Resolução: *Pedir a Nossa Senhora que preserve a Igreja de toda a perturbação.*

Rainha das nações

Também para as **nações** Maria é **Rainha da paz**.

Quantas vezes ela obteve o termo de guerras e distúrbios! As que têm filial devoção a Nossa Senhora são, sem dúvida, enriquecidas de graças e bênçãos particulares. Para essas servem as palavras da Sagrada Escritura: "E assentar-se-á o meu povo na formosura da paz, nos tabernáculos da confiança e num descanso opulento" (Is 2,18).

Hoje, infelizmente, não acontece a mesma coisa, porque Deus não vê nos horizontes dos povos o arco-íris, que é o amor e a veneração a Maria Santíssima. Voltem as nações a honrar e festejar publicamente a Mãe de Deus, a Rainha da paz, e Deus se lembrará do pacto que fez com os homens, e à vista de sua mãe, arco-íris espiritual, Ele dará paz e tranquilidade.

Como a paz entre as nações e a união e harmonia entre os homens é um dos bens mais preciosos, assim também é **a paz na própria alma**! De que servem os bens, as riquezas, as honras, os prazeres e os divertimentos deste mundo se não tivermos a paz da alma? Essa paz perde-se pelo pecado; Maria, porém, sendo tão poderosa, pode defender-nos dele ou tirar-nos do seu abismo, se chegarmos a cair, como pede a Santa Igreja: *"Solve vincla reis, profer lumem caecis, mala nostra pelle, bona cuncta posce"*. "As prisões aos réus desata; e a nós cegos alumia; de tudo que nos maltrata nos livra, o bem nos grangeia" (*Ave maris stella*).

Ela nos reconcilia com Jesus, quebrando as cadeias do pecado e restituindo-nos a paz.

Quantos pecadores têm experimentado essa verdade! A quantas almas tristes e desesperadas Maria restituiu a paz e a felicidade!

Também podemos perder a paz pela tentação do demônio. Especialmente as almas que aspiram à perfeição sofrem essa insuportável perturbação da alma. Afligem-se por demais pelos pecados passados ou se perturbam inutilmente com qualquer tentação.

Tudo lhes parece pecado! Julgam-se condenadas e sem esperança de salvação. É um martírio indescritível. Maria, porém, vence o demônio e **restitui a paz à alma** assim atribulada.

A bem-aventurada Margarida, da Ordem de São Domingos, era a filha predileta de Maria.

Nunca havia maculado a sua inocência batismal com um pecado grave; não obstante, sofreu durante algum tempo as maiores ansiedades.

O demônio lhe inspirou o pensamento de ser indigna da graça de Deus e de não merecer a salvação!

Dia e noite a atormentava essa horrível tentação, a ponto de não poder comer nem beber.

Tornou-se um esqueleto; todo o seu corpo tremia. Ela dizia que as penas do inferno não podiam ser mais cruciantes.

Uma noite prostrou-se diante do altar de Nossa Senhora e, por entre lágrimas e soluços, implorou a sua misericórdia. Maria, compadecida com tanto sofrimento, apareceu-lhe e disse: "Eu te curo de todo o mal, no corpo e na alma".

Desde então, sentiu lhe invadir a alma uma divina paz, e passou os seus dias mais como anjo que goza as alegrias do paraíso do que como peregrina desse vale de lágrimas.

Se graves tentações nos perturbarem, se a lembrança dos nossos pecados nos inquietar, tudo parecer noite e trevas em nossa alma, corramos a Maria: sua presença, sua palavra nos acalmarão, pois ela é "Rainha da paz".

Resolução: *Evitar com prudência tudo o que possa perturbar a paz em minha família ou com o próximo.*

61. Cordeiro de Deus, que tirais o pecado do mundo!

Maria é o caminho que nos conduz a Jesus; é esta a sua missão. "*Per Mariam ad Jesum*". Por Maria a Jesus. Esta doutrina tem expressão muito significativa na ladainha que acabamos de meditar. Abrimos a ladainha com a invocação na qual se implora a misericórdia de Deus, e encerramo-la, dirigindo-nos novamente àquele que é o autor e a fonte de todos os bens.

Comumente, no fim da ladainha, invoca-se três vezes o Filho de Deus sob o belo título de Cordeiro: *Cordeiro de Deus, que tirais o pecado do mundo, tende piedade de nós*.

Quando São João Batista estava no Jordão, viu Jesus e, apontando-o a seus discípulos, disse: *Eis o Cordeiro de Deus, que apaga o pecado do mundo*. São João, compreendendo a missão de Jesus, referia-se às palavras do Profeta Isaías, que disse que o Messias, com a sua morte e o seu sangue, devia apagar as nossas culpas e as nossas dívidas:

> Verdadeiramente, Ele foi o que tomou sobre si as nossas fraquezas e dores, para as carregar nos seus ombros.
> Foi ferido pelas nossas iniquidades, quebrantado pelos nossos crimes; o castigo que nos devia trazer a paz caiu sobre ele e nós ficamos curados pelas suas pisaduras.

Foi oferecido, porque Ele mesmo quis e não abriu a sua boca; Ele será levado como uma ovelha ao matadouro, e, como um cordeiro diante de quem o tosquia, emudecerá e não abrirá a sua boca (Is 53,4-7).

De fato, Jesus é este cordeiro descrito muitos séculos antes pelo Profeta Isaías: é o cordeiro inocente, o cordeiro de Páscoa, que nos livrou da morte eterna; pois dele escreve o Apóstolo São Paulo: "*Per quem Salvati et liberati sumus*". "Por Ele somos salvos e livres; e em outro lugar: morreu Cristo, por nós; por isso, agora que fomos justificados pelo seu sangue, seremos salvos da ira por Ele mesmo" (Rm 5,9).

Quanta gratidão não lhe deve a humanidade, pois ele se imolou para suspender a maldição que pesava sobre ela! Com os vinte e quatro anciãos que se prostraram diante do Cordeiro, devemos adorá-lo e dizer: *Digno és, Senhor, de tomar o livro e de desatar os seus selos, porque tu foste morto e nos remiste para Deus, pelo teu sangue* (Ap 5,8-9).

Todos nascemos com a culpa original, que é lavada no Santo Sacramento do Batismo. Mas, infelizmente, quase todos mancham novamente sua alma com pecados pessoais. É ainda o sangue do Cordeiro que tira esses pecados, sem o que não podemos obter a glória eterna.

Todos os santos que estão no céu lavaram a sua alma no sangue do Cordeiro, e *constituem assim a glória do Cordeiro que os salvou*.

São João escreve: *Vi uma grande multidão, que ninguém podia contar, diante do trono e à vista do Cordeiro, coberto de vestiduras brancas e com palmas nas suas mãos; e clamavam em voz alta: "Salvação ao nosso Deus que está assentado sobre o trono e ao Cordeiro"* (Ap 9,10).

Um dos anciãos perguntou a São João: "Estes homens que estão cobertos de vestiduras brancas, de onde vieram e quem são? E, como São João dissesse que não sabia, ele mesmo disse: *São aqueles que, vindos de uma grande tribulação, lavaram as suas roupas no sangue do Cordeiro* (Ap 7,14).

Confirma, pois, o apóstolo o que o profeta predisse: Assim como o sangue do Cordeiro pascoal livrou os judeus da morte, assim o sangue do Cordeiro de Deus nos livrou da morte eterna, lavando a nossa alma de todas as máculas, e restituindo-lhe a estola cândida da graça santificante.

Ofereçamos ao Pai eterno o preciosíssimo sangue de Jesus, que foi o preço da nossa redenção e pelo qual ainda hoje obtemos o perdão das nossas culpas. Pois o Cordeiro de Deus, que se imolou de modo cruento no alto da cruz, renova diariamente o mesmo sacrifício, de um modo incruento, sobre os nossos altares, na santa missa.

Por isso, o sacerdote, antes de dar a santa comunhão, levanta a hóstia e, mostrando-a aos fiéis, diz como São João Batista: "Eis o Cordeiro de Deus, que tira o pecado do mundo". É o mesmo cordeiro inocente que morreu na cruz e que se imola sobre o altar.

Recebamos frequentemente a santa comunhão, lavemos as nossas vestes no sangue do Cordeiro, e nossa alma tornar-se-á "branca como a neve".

Hattler conta, em seu livro *A via-sacra*, que um sacerdote, muito perturbado pelas faltas da sua vida passada, depois de uma boa e santa confissão, foi celebrar a santa missa. Na consagração, quando elevou o cálice, com o preciosíssimo sangue de Jesus, ofereceu-o ao Pai eterno, dizendo: "Eu vos ofereço o sangue de vosso Filho, que foi derramado em remissão dos nossos pecados; este sangue vale mais do que todas as minhas dívidas, portanto paguei tudo". Desde então sentiu uma grande tranquilidade na alma.

Ele tinha toda a razão; o sangue do Cordeiro é o preço mais do que suficiente para pagar todos os nossos pecados. Por isso, escreve o Apóstolo São João: "Jesus Cristo é a propiciação pelos nossos pecados, e não somente pelos nossos pecados, mas também pelos de todo o mundo" (Jo 1,22).

São João Batista aponta-nos o Cordeiro que tira o pecado do mundo. Nossa Senhora fez muito mais: Ela nos deu o Cordeiro.

Maria trouxe o Cordeiro de Deus sobre os braços; alimentou-o com o seu leite. O sangue do Cordeiro, que foi derramado em remissão dos nossos pecados, foi tirado do sangue de Maria. Assim foi ela a principal cooperadora na nossa redenção.

Quando uma grave culpa pesar em nossa consciência; quando o pecado nos roubar a paz da alma, e de filhos de Deus nos tornarmos "vasos de ira", Maria nos dará o Cordeiro imaculado em cujo sangue nos purificaremos.

Lemos na vida de Santa Francisca Farnese que, durante algum tempo, ela vivia preocupada porque julgava não agradecer devidamente os inúmeros benefícios que recebia de Deus, pois cometia ainda muitas faltas.

Não sabia como repará-las e agradecer dignamente a Deus. Apareceu-lhe então Maria Santíssima, deitou-lhe nos braços o Menino Jesus, o Cordeiro inocente, que reparou as nossas faltas, e disse: "Toma este menino; oferece-o a Deus; pois Ele é a propiciação dos pecados e o melhor meio de agradecer a Deus".

Acolhendo piedosamente o conselho da nossa Mãe, ofereçamos frequentemente o Cordeiro de Deus ao Pai eterno, em reparação das nossas inúmeras culpas e para lhe agradecer os grandes benefícios que diariamente nos dispensa.

Assim o Cordeiro apagará a nossa culpa e Deus terá misericórdia de nós.

Resolução: *Oferecer diariamente o sangue preciosíssimo de Jesus ao Pai eterno em remissão dos meus pecados e de todo o mundo, e pelas benditas almas do purgatório.*

Conecte-se conosco:

- **f** facebook.com/editoravozes
- **◉** @editoravozes
- **X** @editora_vozes
- **▶** youtube.com/editoravozes
- **☏** +55 24 2233-9033

www.vozes.com.br

Conheça nossas lojas:

www.livrariavozes.com.br

Belo Horizonte – Brasília – Campinas – Cuiabá – Curitiba
Fortaleza – Juiz de Fora – Petrópolis – Recife – São Paulo

EDITORA VOZES LTDA.
Rua Frei Luís, 100 – Centro – Cep 25689-900 – Petrópolis, RJ
Tel.: (24) 2233-9000 – E-mail: vendas@vozes.com.br